U0443065

南湖法学文库

2017年国家社科基金重点项目
"地方立法质量评价机制与标准体系研究"（批准号：17AFX001）最终成果

立法评估新论
我国地方立法质量评估机制与标准重构

张德淼　杜朴　王树彬　著

法律出版社
LAW PRESS·CHINA
—— 北京 ——

图书在版编目（CIP）数据

立法评估新论：我国地方立法质量评估机制与标准重构／张德淼，杜朴，王树彬著. -- 北京：法律出版社，2025. -- ISBN 978-7-5244-0236-7

Ⅰ. D927

中国国家版本馆 CIP 数据核字第 202571JE07 号

立法评估新论：我国地方立法质量评估机制与标准重构
LIFA PINGGU XIN LUN：WO GUO DIFANG
LIFA ZHILIANG PINGGU JIZHI YU BIAOZHUN
CHONGGOU

张德淼
杜　朴　著
王树彬

责任编辑　陆帅文
装帧设计　贾丹丹

出版发行	法律出版社	开本	A5
编辑统筹	法律教育出版分社	印张 10.125	字数 248 千
责任校对	张翼羽	版本	2025 年 6 月第 1 版
责任印制	刘晓伟	印次	2025 年 6 月第 1 次印刷
经　　销	新华书店	印刷	北京建宏印刷有限公司

地址：北京市丰台区莲花池西里 7 号（100073）
网址：www.lawpress.com.cn　　　　　销售电话：010-83938349
投稿邮箱：info@lawpress.com.cn　　　客服电话：010-83938350
举报盗版邮箱：jbwq@lawpress.com.cn　咨询电话：010-63939796
版权所有·侵权必究

书号：ISBN 978-7-5244-0236-7　　　　定价：46.00 元

凡购买本社图书，如有印装错误，我社负责退换。电话：010-83938349

南湖法学文库编辑委员会

主　　任　吴汉东

副 主 任　陈柏峰　张　宝

委　　员（按姓氏笔画排序）
　　　　　石晓波　向在胜　江　河
　　　　　张忠民　张德淼　胡开忠
　　　　　胡弘弘　黄美玲　黎江虹

总 序

历经几回寒暑,走过数载春秋,南湖畔的中南法学在不断精心酿造中步步成长。中南法学的影响与日俱增,这离不开长江边上这座历史悠久、通衢九州的名城武汉,更离不开中南法律人辛勤耕耘、励精图治的学术精神。中南学子源于各地聚集于此,又再遍布大江南北传播法学精神,砥砺品格、守望正义的同时也在法学和司法实践部门坚持创新、止于至善,作出了卓越的贡献。

纵观中南法学的成长史,从1949年12月成立中原大学政治学院,到1953年4月合并中山大学、广西大学、湖南大学的政法系科,成立中南政法学院,后至1958年成为湖北大学法律系,1977年演变为湖北财经学院法律系,转而于1984年恢复中南政法学院,又经2000年5月的中南财经大学与中南政法学院合并至今,中南财经政法大学法学院已然积淀了70余年的办学历史。2005年9月,学校进入国家"211工程"重点建设高校行列;2017年9月、2022年2月,法学学科相继入选首轮和第二轮国家"一流学科"建设名单。虽经几度分合,但"博学、韬奋、诚信、图治"的人文精神经过一代又一代中南学人的传承而日臻完善,笃志好学的研习氛围越发浓厚。中南法学经过几十年的积累,其学术成果屡见丰硕。"南湖法学文库"这套丛书的编辑出版,就是要逐步展示中南法学的学术积累,传播法学研究的中南学派之精神。

中南法学经过数十载耕耘，逐渐形成了自成一格的中南法学流派。中南法律人在"为学、为用、为效、为公"教育理念的引导下，历练出了自有特色的"创新、务实"的学术精神。在国际化与跨地区、跨领域交流日益频繁的今天，中南法学以多位中南法学大家为中心，秉承多元化的研究模式与多样性的学术理念，坚持善于批判的学术精神，勇于探讨、无惧成论。尤其是年轻的中南法学学子，更是敢于扎根基础理论的研习，甘于寂寞；同时也关注热点，忧心时事，活跃于网络论坛，驰骋于法学天地。

从历史上的政治学院到21世纪的法学院，前辈们的学术积淀影响深远，至今仍给中南法学学子甚至中国法学以启迪；师承他们的学术思想，沐浴其熠熠生辉的光泽，新一辈的中南法律人正在法学这片沃土上默默耕耘、坚忍不拔。中南财经政法大学法学院推出这套"南湖法学文库"，作为中南法学流派的窗口，就是要推出新人新作，推出名家精品，以求全面反映法学院的整体科研实力，并使更多的学者和学子得以深入了解中南法学。按照文库编委会的计划，每年文库将推出5~6本专著。相信在中南法律人的共同努力下，文库将成为法学领域学术传播与学术交流的媒介与平台，成为中南法律人在法学研习道路上的阶梯，成为传承中南法学精神的又一个载体，并为中国法学研究的理论与实践创新作出贡献。

晓南湖畔书声琅，希贤岭端佳话频。把握并坚守了中南法学的魂，中南法律人定当继续开拓进取，一如既往地迸发出中南法学的铿锵之声。

是为序。

吴汉东
2011年2月1日
2024年10月16日改定

作者简介

张德淼

湖北仙桃人,中南财经政法大学法学院二级教授、博士生导师,校学术委员会委员,法学院、法学学部学术委员会主任,法治评估研究中心主任;兼任中国法理学研究会常务理事、中国立法学研究会常务理事,湖北省法学会常务理事、湖北省法学教育研究会会长、湖北省法理学研究会副会长。主编、参编《法学通论》《中国地方法治实施效能评价指标体系研究》《中国法治评估的理论与实践探索》《法理学》等著作、教材十余部;公开发表学术论文八十余篇;主持国家社科基金重大课题、重点课题,中国法学会重点课题,司法部重点课题,文化和旅游部重点课题以及湖北省各类科研课题二十余项。2024年入选中国知网高被引学者TOP1%。主要研究领域:法理学、立法学、法治评估学。

杜　朴

山西高平人,法学博士,湖北工业大学马克思主义学院讲师,研究方向为法理学、法治评估学、中国特色社会主义法治。

王树彬

山东淄博人,中南财经政法大学法学博士,研究方向为法理学、立法学、法治评估学。

序　言

　　要坚持问题导向,提高立法的针对性、及时性、系统性、可操作性,发挥立法引领和推动作用。要抓住提高立法质量这个关键,深入推进科学立法、民主立法,完善立法体制和程序,努力使每一项立法都符合宪法精神、反映人民意愿、得到人民拥护。*

——习近平

　　本书是2017年国家社科基金重点项目的最后成果,2023年年初正式通过结项。本课题获批国家社科基金重点项目立项之后,我们即着手系统研究地方立法质量评估问题。由于该问题本身的复杂性与任务的艰巨性,我们经过数年的反复思考与研究,才形成现在的成果,供学界同仁与实务界人士检验和指正。

　　作为我国法律体系的重要组成部分,地方立法伴随改革开放和我国的现代化建设已经走过了40余年的光辉历程。经过2015年与2023年修订后的《立法法》赋予和更新设区的市地方立法权,地方立法的实践规模进一步扩大。中央扩大地方立法的主体和权限,希望

---

* 习近平:《在庆祝全国人民代表大会成立六十周年大会上的讲话》,载中共中央文献研究室编:《习近平关于全面依法治国论述摘编》,中央文献出版社2015年版,第47页。

地方立法机关能够根据本地方的实际情况制定出解决地方实际问题的法规规章,以发挥地方立法在国家治理与地方治理中的重要作用。一方面,我们看到我国地方立法工作取得了显著成绩,为地方法治实践提供了坚实的基础;另一方面,随着地方立法数量的增加,我们也发现有些地方立法的质量却并没有得到较好的提升。习近平总书记深刻指出:"人民群众对立法的期盼,已经不是有没有,而是好不好、管用不管用、能不能解决实际问题;不是什么法都能治国,不是什么法都能治好国;越是强调法治,越是要提高立法质量。"[1]在立法实践中,地方"越权"立法、"重复立法"等现象时有发生,这严重影响了地方立法的实效。因此,需要对地方立法的质量加以评估,确保地方立法能够与时俱进、因地制宜,实现立法效果与社会效果相统一,推进地方治理的有序和有效。

关于关注并提升地方立法质量,各地方在立法评估实践中也积累了一定的经验。悉心观察各地方的立法评估活动可以发现,立法质量评估基本上是在立法机关的主导下,运用一套标准和定量、定性的分析方法来衡量立法的真实状况,因而呈现出一种"自上而下"的"管理型"评估路径。并且,立法机关相当注重立法文本质量的评估,究其原因,一方面,立法质量评估要以实施后的法律规范作为评估对象,要评估该法规是否有效或者是否应当继续有效的问题;另一方面,以规范为基础的评估直观具体,其中的文本评估更有助于评估活动的开展和结果的产生。这种以立法机关为主体的内部评估模式秉承着"工具主义"理念,只是将立法质量评估机制当作实现自身目的的手段,并没有对其进行合理定位,评估的结果是对立法工作的"绩效"检验。

不可否认,法的形式是法学研究与法治实践的核心问题。从形式理性的角度去认知法的规范性问题、规则与原则间的内部体系等

---

[1] 中共中央文献研究室编:《习近平关于全面依法治国论述摘编》,中央文献出版社2015年版,第2页。

问题具有重要意义,也更能直观凸显出立法的成果。这种评估暗含着对标形式法治立法模式的倾向。于是,在形式法治观的影响下,对法律或者立法的评估是以法律规范为本位,以法律人内部视角来对标准则的,其尽可能满足法的形式特征,以此来促进立法技术的改善。然而,在我国现代化进程中,立法尤其是地方立法需要以解决社会实际问题作为立身之本,如环境问题、食品安全问题。这也决定了地方立法必然要以实践为导向,且需要追求更高的价值。在此方面,单纯以形式法治为基础的内部评估并不能为地方立法的检验提供理论支撑,更难以有效衡量出立法的质量如何。换言之,对地方立法质量的评估不能仅限于文本质量,对立法价值和立法实效均应该衡量。基于此,本课题以我国地方立法质量评估机制与评估标准为研究对象,围绕现有的立法评估实践总结出立法质量评估存在的问题,进而在理论上加以反思,在形式法治与实质法治理论相结合的基础上,优化了地方立法质量评估机制的路径,构建出以价值、规范、实效为标准的地方立法质量评估指标体系,最后对地方立法质量评估的反馈机制进行专门研究,以期为我国地方立法质量评估提供较为全面的理论指引。

本书除导论外,共分为七章,各章内容概述如下。

第一章,地方立法质量评估的概念、功能与理论难题。本章对地方立法质量的基本理论问题作出界定和辨析,是研究的前提和基础。首先,对相关概念进行厘清,包括地方立法、地方立法质量、地方立法质量评估、地方立法质量评估标准等。本课题所研究的地方立法主要针对省、设区的市的地方性法规,且地方立法质量包含地方立法满足规制社会秩序的"工具"质量和立法之于本身所具有的合目的性或者是价值质量。其次,在阐释地方立法质量评估的构成要素和基本类型的基础上,明确了功能和定位。尤其是需要妥善处理评估中"政治"与"科学"的关系,确保评估的中立、有效。最后,提出了地方立法质量评估机制形成可能面临的理论难题,包括价值取向难题、评估主体的公信力难题、评估标准的科学性难题。

第二章，地方立法质量评估机制的现实基础与实践逻辑。立法质量评估要发挥其应有的作用，就必须具有可操作性，即通过一种可测量或可认知的方式检验立法质量。本章对我国各地方立法质量评估的实践样态进行描述性分析，在总结共性经验的基础上剖析出其所具有的实践逻辑：包括立法质量评估的"权力谱系"、立法质量评估的基本流程、立法质量评估标准的可操作性逻辑。

　　第三章，地方立法质量评估机制的现实困境及原因。本章承接上一章的内容，对现有的地方立法质量评估机制进行了整体分析，发现各地方的评估暗含"结果导向"的管理思维，呈现一种"工具主义"属性。在这种认知下，我国地方立法质量评估在实践中出现了"失灵"，主要表现为：评估目的指向模糊；评估主体的认知有限；评估方式在技术层面存有局限；评估标准片面低效；评估程序的静态简易。在明确问题之后，又从理念、制度、实践等层面剖析了我国地方立法质量评估可能存在的原因。在理念层面，评估主体秉承着管控理念且视野局限，致使评估认知受限；在制度层面，立法质量评估仍旧无法摆脱惯性思维，"自上而下"的评估路径阻滞了评估的有效性；在实践层面，受我国法治发展道路的影响，地方立法交织着技术属性与政治属性，面临实质理性消解的状况。

　　第四章，立法契合法治：地方立法质量评估机制的理论证成。本章旨在为后续立法质量评估机制的路径优化和标准的建立提供理论基础。立法需要符合法治建设的需求，能够为执法、司法、守法提供制度规范。然而，现有的地方立法质量评估多是在形式法治观下对法律规范的认知，注重立法文本的质量评估，却忽视了立法价值和立法效果的评估。因此，为了克服形式法治或者规则主义法治的缺陷，需要注重法的实质理性。理想的立法质量评估机制与评估标准要建立在形式法治与实质法治的基础之上，进而从理念、主体、标准和程序上进行回应。

　　第五章，地方立法质量评估机制的优化路径。评估主体决定了评估的公信力，评估程序决定着评估的正当性和结论的有效性。本章对评估主体和评估程序的完善提出了建议。首先,明确提出了立法质量评估主体的模式是由立法机关组织、第三方实施、多方主体参与的第三方评估模式。然而,不同主体在评估中的作用、地位是有很大差异的,这也决定了不能简单地对主体进行分类,而需要明确主体之间的关系及习性,进而明确各主体在立法质量评估场域中的作用。于是,本书借用布尔迪厄的场域理论,分析了不同主体在场域中的关系和习性会影响其作用的发挥,提出了不同主体的优化路径。其次,对于评估程序的完善从启动、过程、结束三个方面进行优化。对于启动程序,要对可评估的法规进行权重论证,以确保选取的科学性,并且提出了自下而上的启动权。对于评估过程,要注重评估期限、信息收集与指标运用的控制,确保评估的效率。在评估结束之后,要关照结果的运用,以保障公众参与的效能和评估的效益。

第六章,地方立法质量评估标准体系的重构。地方立法质量评估标准体系的重构遵循"维度—标准—指标"的路径。在"形式"与"实质"法治相结合的理论基础之上,依据重构指标体系的价值基准,形成了"价值标准""规范标准""实效标准"的立法质量评估指标体系。其中,价值标准处于引领地位,包含法的传统价值、新发展理念下所体现的价值,如促进人的全面发展;规范标准为基础,包含合法性、合理性、完备性等指标;实效标准为落脚点,包含效益、效率、满意度等指标。这三种标准对应地方立法的不同面向,最终促使立法的政治效果、法律效果与社会效果的实现。

第七章,地方立法质量评估回应机制的实践路径。以专章从理论与实践结合的角度,讨论地方立法评估回应机制的建设问题。首先界定地方立法质量评估结果回应机制的内涵与价值,在分析评估结果回应机制的理论基础上,提出其评估结果回应机制的价值在于:提高评估的理论价值与实践价值融合度;促进实现地方立法的秩序价值;丰富地方法治实践的正义内涵。进而在分析地方立法质量评估结果回应机制的现状与冲突、问题与困境的基础上,提出了完善地方立法质量评估结果回应机制之几点建议:第一,在理论上,分析建构唯理主义与进化理性主义的同源同构性的同时,反思理性主义下回应型法治理论下的质化与量化,强调在制度变迁理论引导下评估结果回应制度化建设;第二,在规范层面上,强调完善评估结果回应机制的内容和程序;第三,在实践层面上,则强调进一步实现地方立法质量评估结果回应主体的权责一致,增强评估结果的监督与测评机制。

我国地方立法质量评估机制与评估标准,以及立法质量评估的回应机制,还需在实践中进行进一步检验与完善。本课题成果所提出的关于地方立法质量评估标准、立法质量评估机制的优化路径以及评估回应机制等,既是一种研究立法质量评估问题的理论尝试,也是向学术界与实务界抛砖引玉,期待获得更多更好的成果回应。

参与完成本课题的除本人外,主要成员还有我指导的法学理论专业的博士生杜朴和王树彬,我们分工撰写,进行了很好的合作与探讨。其中,整体框架由我负责设计,导论、第一章至第六章由我和杜朴负责完成;第七章由王树彬负责完成。此外,中南财经政法大学徐汉明教授、陈柏峰教授等同仁提出不少宝贵的修改意见,法律出版社编辑陆帅文老师等也进行认真编审,特此致谢。

张德淼

2024 年 12 月

目 录

导 论 001
  第一节　选题背景、问题提出及意义 001
  第二节　现有研究之综述 008
  第三节　研究目标、思路与方法 023
  第四节　本书的创新点 025

第一章　地方立法质量评估的概念、功能与理论难题 027
  第一节　地方立法概述 028
  第二节　地方立法质量评估的内涵、构成与类型 038
  第三节　地方立法质量评估的功能与定位 051
  第四节　地方立法质量评估机制形成的理论难题 058

第二章　地方立法质量评估机制的现实基础与实践逻辑 066
  第一节　我国地方立法质量评估的形成与发展 066
  第二节　我国地方立法质量评估的实践样态 071
  第三节　我国地方立法质量评估的实践逻辑 086

第三章　地方立法质量评估机制的现实困境及原因 099
  第一节　我国地方立法质量评估机制的整体分析 100
  第二节　我国地方立法质量评估机制的现实问题 106

第三节　我国地方立法质量评估机制产生困境的原因　120

第四章　立法契合法治：地方立法质量评估机制的理论证成　134
第一节　地方立法质量评估体现的"法治"理路及反思　134
第二节　地方立法质量评估的理论跃升：综合法治观　146
第三节　迈向综合法治观的地方立法质量评估机制　151

第五章　地方立法质量评估机制的优化路径　164
第一节　地方立法质量评估主体的优化　164
第二节　地方立法质量评估程序的优化　183

第六章　地方立法质量评估标准体系的重构　193
第一节　地方立法质量评估标准设立的价值基准　193
第二节　地方立法质量评估标准及指标体系的内容　199

第七章　地方立法质量评估回应机制的实践路径　213
第一节　地方立法质量评估结果回应机制的内涵与价值　213
第二节　地方立法质量评估结果回应机制的现状与冲突　234
第三节　地方立法质量评估结果回应机制困境的三维分析　261
第四节　地方立法质量评估结果回应机制之完善　273

结　语　290

参考文献　293

图表目录

图 0-1	关于立法评估制度的地方立法数目	008
表 0-1	关于各地立法前评估的标准	009
图 0-2	地方立法质量评估标准体系	024
表 2-1	国家立法质量评估的实践	074
表 2-2	重庆市地方立法质量评估实践	077
表 2-3	宁波市地方立法质量评估实践	079
表 2-4	广州市立法质量评估实践	083
表 2-5	部分广州市地方性法规的评分结果	085
图 2-1	地方立法质量评估的生成过程	088
表 2-6	部分省份规定的评估标准	092
图 2-2	甘肃省地方性法规质量评估标准量化转换	094
表 4-1	法的类型	147
表 5-1	评估参与主体的划分	181
图 6-1	立法原则到评估标准关系	197
表 6-1	黄冈市不同类型法规的立法目的	201
表 6-2	地方立法质量评估指标体系	204
图 7-1	回应机制横向维度	218
图 7-2	回应机制纵向维度	220
表 7-1	七部地方人大常委会制定之法规	236
表 7-2	二十四部地方政府制定之规章	239

表7-3	五部规章制定办法	240
表7-4	九部规章评估结果实际回应	243
表7-5	质性研究与量化研究之差异对比	250
表7-6	评估报告之四维效度	255
表7-7	地方立法质量评估结果回应机制范式比较	257
图7-3	非深度性回应拆解分类	284

导　　论

法律是治国之重器,良法是善治之前提。*
　　　　　——《中共中央关于全面推进依法治国
　　　　　　　　若干重大问题的决定》

第一节　选题背景、问题提出及意义

一、选题背景

　　法律为人们的行为提供了规范性预期,尊重和保护了个人权利的实现,以满足人民对美好生活的向往和需求。相较于在国家治理层面统摄调整社会关系的中央立法,地方立法依据本地区的实际需要,在坚持法制统一的基础上,调整与规范区域发展平衡,保障地方政策与制度稳定实施,确保公众切身利益的实现。在全面推进依法治国的进程中,需要充分理解我国政治空间的多元化以及地方的差异性,发挥地方立法对地方法治的引领和主导作用。正如苏力所言:"中国的法学人和法律人必须面对和理解中国。要把中国这个高度抽象的概念转化为具体的山山水水和在上面生活的具体的人,要冷峻直面这块土地上的城市乡村,平原水乡,重峦叠嶂,雪域高原,要使

---

* 《中共中央关于全面推进依法治国若干重大问题的决定》,载《人民日报》2014年10月29日,第1版。

所有这些没有体温的词和词组都在某种程度上与法治的想象和实践相勾连。"[1]

自1979年《地方各级人民代表大会和地方各级人民政府组织法》开始把立法权下放到省级人大及其常委会以来,经过40多年的发展,我国的地方立法取得了较为突出的成就。一方面,地方立法机关制定了数量庞大的地方规范;另一方面,地方立法充当着中央立法的"试验田",在推进制度创新与改革等方面为国家立法提供了经验。在此过程中,地方立法主体由"较大的市"向"设区的市"扩展,这是我国全面深化改革发展的必然。2014年党的十八届四中全会指出:"明确地方立法权限和范围,依法赋予设区的市地方立法权。"[2]2015年3月,《立法法》明确了设区的市立法权。2018年3月通过的宪法修正案进一步确认了设区的市地方立法权的宪法地位。2023年3月,修订后的《立法法》再次限定了设区的市立法权限范围,包括城乡建设与管理、生态文明建设、历史文化保护、基层治理等方面。自2015年3月至今,我国享有地方立法权的设区的市、自治州共323个,包括289个设区的市、30个自治州和4个不设区的市,地方立法总量突破2400件。[3]仅2024年度,新制定设区市地方性法规583件,涵盖了生态文明建设、数字经济、基层治理、民生保障等领域,体现了立法权扩容后的积极性。

立法数量是从立法的外在方面评判规范性文件的有无、多寡,法律法规的效用如何则更需要从内在方面评判质量的优劣。党的十八届四中全会指出,立法先行,发挥立法的引领和推动作用,抓住提高立法质量这个关键;党的十九大报告指出,推进科学立法、民主立法、

---

[1] 苏力:《崇山峻岭中的中国法治——从电影〈马背上的法庭〉透视》,载《清华法学》2008年第3期。
[2] 《中共中央关于全面推进依法治国若干重大问题的决定》,载《人民日报》2014年10月29日,第1版。
[3] 参见闫然、马海棋:《地方立法统计分析报告:2024年度》,载《地方立法研究》2025年第1期。

依法立法,以良法促发展、保障善治。党的二十届三中全会要求,通过立法与改革深度协同,构建系统完备、科学规范、运行有效的法律体系,以高质量立法保障现代化建设。由此,在中国特色社会主义进入新时代的背景下,建设社会主义法治体系,需要立足法治实践,不断提高立法质量,实现立法精细化、法治化和良善化就成为主要目标。然而,现实中的法律法规在质量方面仍旧存在诸多问题。在国家层面,立法机关注重所立之法的权威性,在很大程度上容易忽略市场及社会公众的需求,往往未能"全面反应客观规律和人民意愿",易出现"部门化倾向、争权诿责现象"。在地方层面,立法顽疾仍然突出。例如,地方事权没有得到厘清;地方立法对上位法"简单重复",缺少"独立性创制";各地方立法"抄袭""复制"情况严重,地方特色无法凸显、可操作性低等。因此,在推进地方法治实现的过程中,需要重视立法质量的评判,实现数量型立法向"质量型立法""引领型立法"的转变。

良法是善治之前提。为回应国家治理体系与治理能力现代化的要求,地方立法在注重质量的同时能够促进地方治理能力的提升。党的十九届四中全会提出了加快推进市域社会治理现代化的行动目标,并在十九届五中全会再次明确了加强和创新市域社会治理,推进市域社会治理现代化。衡量社会治理现代化的关键在于治理效能,而治理效能提升的关键在于通过制度化、法治化的手段推进治理领域的权责与能力的统一。在此种境况下,地方立法权向市级延伸就是要推动地方治理的结构转型,在提升地方法治的同时塑造更为均衡的央地治理体系,推进国家治理的有序和有效。因此,如何在兼顾国家法制统一和地方治理特殊性的现实基础上评估地方立法的发展状况,挖掘立法存在的问题以提高立法质量,不仅关系到"良法"的生成,也关系到市域社会治理现代化的实现。当然,地方立法质量评估并不是简单地数值评判,而是通过程序、标准、方法等要素将理念逐步转化为具体行动的过程,评估标准是衡量地方立法质量的主要依据。依据评估标准产生的评估结果可以反馈到未来的地方立法过程中,以实现立法的科学化、民主化、法治化。

二、问题提出

对于如何提升立法质量,党的十八届三中全会指出,建立科学的法治建设指标体系和考核标准;党的十八届四中全会强调建立第三方立法评估机制。从法治建设指标体系的建设到引入第三方立法评估,反映出立法评估制度在提升立法质量的重要作用。就全国范围来看,我国的法治评估内生于政府的工作之中,起初由政府主导,以内部考核的方式考察各部门的法治绩效情况,是一种典型的"制度进路"。[1] 而作为法治评估的重要组成部分,立法评估也就成为衡量各地方法治建设的重要方面。从各地方的立法质量评估实践来看,多是由评估主体(立法机关)主导,通过建立各种各样的指标体系对相应的地方性法规或规章进行评估,最终得出评估结论。并且随着评估技术与方法的不断改进,逐渐形成了由政府委托、第三方评估机构进行立法质量评估的评估模式。从实践效果来看,立法评估促进了法治建设评估制度的创新,提升了社会公众参与立法的积极性。然而,我国的地方立法质量仍然备受争议,如存在立法权的僭越、象征性立法、倡导性条款数量较多等问题,这也侧面反映出我国的地方立法质量评估制度不够完善,其主要问题如下。

第一,地方立法质量评估制度的功能定位模糊,评估深度不足。作为一种检验立法质量的手段,立法评估的功能理应包括对过去立法状况的监督以及对未来法律法规立、改、废的指引两方面。规范层面的诠释使其成为一种监督方式,实践层面的推进有利于立法决策合理化的提升,促进法律法规的完善。然而,实践中的地方立法评估机制既缺少对监督功能的重视,亦忽略对指引功能的表达,其深度和广度较为欠缺。

---

[1] 张德淼:《法治评估的实践反思与理论建构——以中国法治评估指标体系的本土化建设为进路》,载《法学评论》2016年第1期。

第二,地方立法质量评估制度缺乏明确的价值取向,评估行为缺乏理论指导。价值取向,是指在价值理解基础上的目标选择,是一定主体所持的基本价值立场、价值态度以及所表现出来的价值倾向。虽然各地方立法机关都将"客观真实、公平公正、系统全面、公众参与"作为开展评估活动所坚持的基本原则,但实践中大多是将评估机制作为一种工具手段,且围绕着立法权力展开的评估仍以规范内部行为、确保评估取得良好质效为主,评估行为缺乏理论指导。

第三,地方立法质量评估标准体系的设立不够科学、客观,难以测评出真实的地方立法质量水平。地方立法质量评估标准是立法评估制度的核心构成要素,其是否设置或者如何设置,由客观的一般法理所决定,而非凭借地方立法机关的主观好恶。然而,反观现有的指标理论研究以及各地方实践中的指标设置,合法性、合理性、必要性、可操作性虽是其四大标配,但指标设计体系缺乏合理规划,基本凭借研究者及立法机关的主观能动性来设计。在这种境况下,立法评估的目的会难以完全实现,提高立法质量也就成为空谈。

上述问题贯穿地方立法质量评估的全过程,也是立法评估能否从形式意义转化为实质意义的关键所在。当然,立法质量评估水平的不足既不能简单地归功于内部评估模式的局限,也不能简单质疑评估机构的专业性,而是需要在法治建设的大环境下思考立法评估的内部机理。因此,本书的落脚点在于:如何在现有的地方立法评估实践中总结出立法质量评估的共性因素,发现立法质量评估机制存在的问题。在此基础上,选用何种理论来对评估机制进行路径优化以及构建一套评估标准体系。

三、选题意义

(一)理论意义

第一,整合地方立法质量评估研究的共性问题,为设立立法质量评估标准提供理论指导。地方立法质量评估涉及评估主体、评估对象、评估程序、评估标准、评估方法等多个方面,需要一套完整的理论体系为其提供指引。现实中各地方开展的立法评估实践活动较多，但对其理论研究仍旧处于缓慢的发展状态，鲜有学者去反思或者总结立法评估的经验以及未来立法评估的总体方向。例如，学界对立法质量评估类型的认知存在偏颇，混淆了前后立法质量评估的不同需求，致使评估的内容、标准杂乱。同时，立法评估的对象、程序仍旧不明确，其类型与选择标准仍旧根据评估主体的好恶来决定。

第二，注重立法质量评估体系的本土化研究。受国外法治评估或立法评估的影响，我国学者在借鉴相关成果的同时缺少必要的反思，尤其是在评估指标的设计层面。本书主张对国外的评估经验秉持审慎的态度，注重我国本土资源的挖掘和分析，以我国实际的地方立法质量问题为前提，而后借鉴共同的技术性经验，避免过多吸收价值层面的内容，以期实现评估机制与评估标准的本土化。同时，重视对地方立法的质量评估，能够为我国的法治评估提供经验，进而服务于法治国家、法治政府、法治社会一体化建设的大局。

第三，构建一套科学的评估标准体系，为地方立法质量评估的运用提供一种可能。现有的立法质量评估体系多是在形式法治理论上确立的"规范"性评估，忽视了价值标准。缺少价值标准的评估体系往往只是对法律规范的简单评估，无法有效地反映出真实的立法质量。本书将形式法治与实质法治相结合，在此基础上构建出包含价值、规范、实效三个标准的评估体系，以增强评估的有效性。

第四，拓展立法学研究视域。当前我国学术界关于立法的研究集中于立法的技术层面而忽视了理论研究。诸多成果围绕立法制度、立法程序、立法机构等方面展开，更多针对的是一种立法前的研究，并且以国家层面的立法为主。本书以地方立法质量评估为研究对象，注重对评估主体、程序、标准的理论构造，是从立法后的视角对地方立法加以研究，扩展了传统的立法学研究领域。

（二）现实意义

第一，对地方立法质量评估标准进行研究，有利于把握规律，为我国今后的评估实践服务。在评估实践中，由于缺乏统一的标准，各地方立法评估呈现出零散且碎片化的状况,甚至出现了偏离立法客观现状的情况,这极易误导未来地方立法的完善方向。因此,本书的研究更为关注地方立法质量的普遍问题,这能够为立法评估标准的设立提供一种理论上的框架。在此基础上,各地方可以结合本地实际将理论与实践相结合,从而提高立法评估结果的客观性、合理性,更好地推进我国地方法治建设。

第二,促进地方立法的有效性,确保地方立法科学化、民主化、法治化。立法总是面向未来、面向社会的,它为人们从事正当活动提供了法律依据。[1]作为对上位法的实施和细化,地方立法庞杂且具体,与社会公众的生活息息相关。因此,对地方立法质量评估进行研究,能够使立法机关立足于具体的立法实际,缩小立法预期与实际效果之间的差距,在现实的基础上不断追求较高的理想,保障地方立法的合理性与可期待性。

第三,有利于推进国家治理体系与治理能力现代化。地方立法为党和国家事业的长期发展提供了根本性、全局性的制度保障,促使政治治理、社会治理制度化、规范化和程序化。地方立法理念、事项、程序等应当现代化,从而推进立法权正当行使,为地方治理提供制度支持。对立法质量进行评估,本身就是一项重要的法治实践、治理实践,既涉及法律制度的完善,也涉及执法、司法的公开、公正,还涉及公众的法治认同。因此,注重对地方立法质量的评估,有利于发现立法实践中存在的问题,切实避免立法机关越权立法、重复立法、盲目立法,确保地方立法的不抵触、有特色、可操作性,这也有利于贯彻落实《法治中国建设规划(2020—2025年)》对地方立法的新要求。

---

[1] 参见张继成:《从案件事实之"是"到当事人之"应当"——法律推理机制及其正当理由的逻辑研究》,载《法学研究》2003年第1期。

第二节　现有研究之综述

一、国内各地方立法评估制度分析

(一)地方立法前评估规范的文本分析

2023年,新修订的《立法法》在第42条作出了关于"立法前"评估的规定。条文明确了常务委员会工作机构可对法律中主要制度规范的可行性、法律出台时机、法律实施的社会效果和可能出现的问题等进行评估。这项规定为立法前评估各种制度和规范的出台提供了依据。各地方基于自身的实际需要,纷纷制定了关于立法评估的制度与规范,并且在实践中进行了尝试。

由图0-1可以看出,虽然许多地方制定了关于立法评估的规定或办法,但多偏向于立法后评估,关于立法前评估的内容只体现在陕西省、广东省、本溪市出台的规章中(潮州市、唐山市只在立法评估规定中提到了立法前评估)。然而,这3个省市的立法评估规定虽然包含了立法前评估的内容,但是同立法后评估相比,其内容简单,多是一些原则性、抽象性的表述。

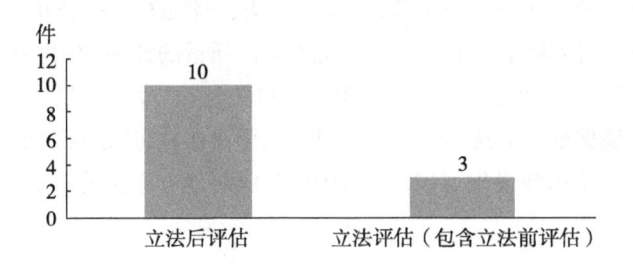

图0-1　关于立法评估制度的地方立法数目

结合表0-1的内容可以总结出以下几个特点:首先,从名称看,立法前评估的表述不同,体现为立法前评估、表决前评估和建议项目评估;涉及的主要是法规草案正式出台前的评估,尤以"表决前评估"最为突出,这种表述方式实则是将评估的内容进行限缩,无法体现出前评估的具体范围。其次,从评估标准的内容看,各地方以立法的必要性、可行性、实效性、成本效益分析作为主要标准。该标准使立法在形成阶段即接受评估和监督,为保障科学立法和后期的法律实施效果奠定了基础,有助于立法质量的提高。但是,上述的立法前标准并没有体现出民主立法的精神,忽视了公众参与的原则;并且其内容有高度的一致性,很难体现出地方特色。

表0-1 关于各地方立法前评估的标准

事前评估名称	所属省市	评估标准	具体内容
立法前评估	陕西省	必要性	立法选题的必要性、界定问题的清晰性
		可行性	制度设计的科学性、协调性
		成本效益分析	预测对政治、经济、社会和环境的影响
表决前评估	广东省	可行性	出台法规的时机是否合适;能否适应本区域的经济发展水平;法规的实施条件是否具备;配套措施及衔接制度是否健全完善
		成本效益分析	立法过程成本、执法与司法成本是否经过科学合理评估;实施后可能产生何种影响
		实效性	法规案通过后对本省发展改革产生的影响;拟采取的措施在区域内已然产生的效果
	潮州市	必要性	法规案出台的时机是否成熟
		可行性	是否与本省经济水平相适应;是否具备相应的实施条件;相关配套措施是否及时到位;立法对社会的影响
		成本效益分析	立法所耗成本与预期收益的对比度

续表

事前评估名称	所属省市	评估标准	具体内容
表决前评估	唐山市	必要性	立法事项符合地方需求,有明确的法律依据
		可行性	是否适应本市的经济发展水平;是否与已有制度相衔接;对可能产生的社会影响否进行论证
		成本效益分析	在发展、改革、稳定等方面可能产生的利弊;由立法产生的经济、社会、生态等效益
建议项目评估	本溪市	必要性	立法形式的必要性评估;立法背景评估;立法事项的重要性评估
		可行性	立法事项是否符合国家与地方政策;是否符合地方立法体系;拟定措施所产生的积极效果与消极后果的预测、评估及应对

资料来源:根据各地方人大常委会出台的立法评估规定整理所得。

(二)地方立法后评估规范的分析

从我国各地方评估制度所确立的评估模式来看,现有的评估多是由立法机关自己主导的"自我评估"。在该种模式下,立法机关一般是评估活动的组织主体、责任实施主体和监督主体,其评估结果也就缺乏客观性和真实性。然而,该种模式为什么如此广泛存在于我国的立法评估活动中,得益于其具有天然的优势性。首先,评估机关可以在极短的时间内组织大量的人力、物力和财力,能够迅速并且以较小的成本消耗完成;其次,评估者一般具有较高的专业知识,对法律文本和实施效果具有高度的敏感性,影响力较强;最后,评估结果具有保障,其能够对未来法律规范的立、改、废提供直接的帮助。当然,这种模式也存在缺点,主要是评估主体的客观性和中立性不足,致使评估标准与评估结果的正当性不足。

二、国内理论研究现状

（一）关于地方法治建设中的"绩效性"法治评估研究

考察真实的地方立法运行逻辑是对待地方治理的前提,关注现实中地方法治绩效评估能够展现整个地方法治发展状况,促进地方法治水平的提升。当前的地方法治评估主要在政府内部展开,并逐步呈现出"法治"竞争的局面。事实上,地域之间的法治竞争归根结底是政绩上的竞争,这在一定程度上促进了地方政府主体的积极性,间接推动了地方立法的完善。

针对地方法治建设,学术界普遍达成共识,即认为法治是地方治理的主要方式,其理论包含国家试错策略论、制度竞争论和法治先行论。关于国家试错策略论,付子堂认为,国家的"试验"策略会形成地方竞争,地方竞争(如经济竞争)会反作用于国家策略,而地方法治是"国家策略"下竞争的结果。[1] 钱弘道认为,法治评估应该在"试错"中逐步实现区域评估的规范化和制度化,在此基础上推动区域法治的建设,最终实现法治政府和法治社会的一体化发展。[2] 关于法治的制度竞争论,周尚君认为,鼓励和引导地方法治试验有利于推动制度的生成并提升其生命力,与经验"试错"的实践逻辑相吻合。地方政府通过其本身的资源推动地方发展,形成竞争优势;这反过来又会强化地方竞争,产生地方发展动力。[3] 马怀德认为,要将法治"GDP"引入领导干部的绩效考核中,以此为动力推进法治的建设,促进法律在社会中的实施。[4] 关于法治先行论,孙笑侠认为,经济发展水平的高低决定了资源利用率的水平,这也对法律提出了更高的要求。在此基础上,可以率先推进区域法治化,实现法治先行。例

---

[1] 参见付子堂、张善根:《地方法治实践的动力机制及其反思》,载《浙江大学学报(人文社会科学版)》2016年第4期。

[2] 参见钱弘道、戈含锋、王朝霞等:《法治评估及其中国应用》,载《中国社会科学》2012年第4期。

[3] 参见周尚君:《地方法治试验的动力机制与制度前景》,载《中国法学》2014年第2期。

[4] 参见马怀德:《法律实施有赖于"法治GDP"的建立》,载《人民论坛》2011年第29期。

如,在发达地区加大地方立法的程序化、民主化、科学化和本土化。[1] 当然,针对这三种理论,也有学者提出不同的观点,郑智航认为,上述三种观点并没有看到国家整体主义和地方法治之间的复杂关系,不利于地方政府解决实际问题能力的充分发挥。因此,应从国家整体主义视角思考地方法治生发及具体运作的基本出发点。[2]

通过法治评估不仅可以直观地了解地方法治发展水平,而且更有利于地方规划未来行政决策的方向。因此,各地方都通过制定指标体系或者发布"法治指数"来测评本地区的法治发展水平。但各地方的法治指数形态各异,体系与结构存有较大差异,在实际运行过程中并没有发挥出其应有的价值。对此,朱未易认为,[3]地方法治建设绩效测评体系的构建应遵循民主性与开放性原则、系统性与整体性原则、可达性与可操作性原则、普适性与特殊性原则、静态性与动态性原则,其指标体系中的一级指标可分为:民主政治、法制完善、依法行政、公正司法、公民普法。易卫中在比较余杭、昆明两地的"法治指数"后,认为现行的指标体系存在如下问题:法治评估主体缺少中立性;法治指标体系的内容和结构不具有科学性,无法测量出真实的法治水平。于是,为了确保指标体系的有效性,未来在建构法治评估体系的过程中,要逐步重视中立社会评估机构的建设,而评估指标也应当明确具体且突出地方特色。[4]

笔者认为,地方法治评估主要是在政府主导下开展的对本地区法治状况的一种绩效评估。一方面,从当前政府主导的评估主体和评估标准来看,评估主要依托于政府的力量展开,如"余杭指数""昆

---

[1] 参见孙笑侠:《局部法治的地域资源——转型期"先行法治化"现象解读》,载《法学》2009年第12期。

[2] 参见郑智航:《法治中国建设的地方试验——一个中央与地方关系的视角》,载《法制与社会发展》2018年第5期。

[3] 参见朱未易:《地方法治建设绩效测评体系构建的实践性探索——以余杭、成都和香港等地区法治建设为例的分析》,载《政治与法律》2011年第1期。

[4] 参见易卫中:《地方法治建设评价体系实证分析——以余杭、昆明两地为例》,载《政治与法律》2015年第5期。

明指数"等,民众的参与度低,这使法治评估结果的客观性、科学性大打折扣。同时,评估的内容大多是从公权力机关视角展开,其指标的设定也多是对权力制约与监督的相关考察,而公民权利的保障与实现却较少涉及。另一方面,缺少立法中的评估指标体系。立法对于地方法治的发展具有重要的引领作用,而在地方政府法治建设指标体系的设立中,对于执法、司法等方面的评估设定较为详细,对于立法中的指标则多是以"地方性规范体系是否完备"简单带过。

(二)关于地方立法质量评估机制的要素研究

1.关于评估主体的研究

评估活动的公信力不仅取决于制度设计的科学性,更取决于由谁来评估。[1] 为了保证评估活动的中立性以及评估结果的客观性,以主体为标准,现有评估模式主要分为以内部主导的多元评估模式及第三方立法评估模式。

第一,权力机关内部主导的多元评估模式。汪全胜认为,现阶段内部主体开展的评估活动呈现出垄断化、形式化和运动化的特征,为保证评估结果的科学化和规范化,应当建立多元化的立法后评估主体。[2] 孙晓东认为,为了保证评估的科学性,我国应考虑建立多元化主体参与的法律评估制度。法律、法规等规范性文件制定者是主导评估程序的主体,专家学者、社会公众等是参与程序的主体。[3]

第二,第三方主导的立法评估模式。陈珺珺认为,在行政立法后评估主体所构成的三种模式中,实施主体之外的评估主体应当成为未来主要的运用模式,但她并没有说明何种主体适合担任。[4] 俞荣根、刘艺提出了三种不同的第三方评估模式:一是立法机关占主导地位,在确定好评估内容、评估标准等要素之后委托第三方进行评估;二是立法机关组织多个第三主体共同开展;三是以政协为主导的多

---

[1] 参见陈林林:《法治指数中的认真与戏谑》,载《浙江社会科学》2013年第6期。
[2] 参见汪全胜:《论立法后评估主体的建构》,载《政法论坛》2010年第5期。
[3] 参见孙晓东:《立法评估的制度构建分析》,载《经济与社会发展》2014年第4期。
[4] 参见陈珺珺:《论行政立法后评估制度之构设》,载《兰州学刊》2006年第11期。

元评估模式。[1]于兆波认为,第三方立法评估制度的功能是偏向于科学性的证据说明、偏向于民主性的立法参与和偏向于法治性的立法争议中止功能,其中科学性的证据说明功能是主导功能。[2]当然对于第三方立法评估模式,有学者分析了其背后的理论逻辑以及可能出现的问题。张玲认为,第三方法治评估作为对内部评估的优化提出,在实践中却日渐形式化。要突破当下的实践困境,需正确认识第三方评估的性质与价值、科学界定评估受托方的权责、打破多元主体的传统关系,并建立有效的接纳机制。[3]

2.关于评估内容的研究

第一,关于立法成本—收益的研究。赵雷认为,理想型的政府评估机制应当考虑法律法规对经济、环境、健康等产生的影响。他指出,为了提升行政立法的质量,可以以程序性的成本收益分析为开端,并逐步过渡到软性的成本收益分析。[4]席涛认为,立法后评估与立法前评估不同,必须加以区分。立法后评估重点关注的是法律的影响,即对经济、社会和环境的影响,以及法规生效后因执法、守法而产生的成本和收益。[5]蒋银华认为,注重效率实现的成本——收益评估很容易产生现实困境,要使其发挥功效需要克服运行的成本问题。[6]

第二,对立法具体领域的评估。郑少华、齐萌指出,要运用要素量化评估法,并辅之以法律解释学的价值判断,对生态文明以社会调

---

[1] 参见俞荣根:《刘艺.地方性法规质量评估的理论意义与实践难题》,载《华中科技大学学报(社会科学版)》载 2010 年第 3 期。
[2] 参见于兆波:《第三方立法评估制度的功能》,载《学术交流》2018 年第 5 期。
[3] 参见张玲:《第三方法治评估场域及其实践逻辑》,载《法律科学(西北政法大学学报)》2016 年第 5 期。
[4] 参见赵雷:《行政立法评估之成本收益分析——美国经验与中国实践》,载《环球法律评论》2013 年第 6 期。
[5] 参见席涛:《立法评估:评估什么和如何评估(上)——以中国立法评估为例》,载《政法论坛》2012 年第 5 期。
[6] 参见蒋银华:《立法成本收益评估的发展困境》,载《法学评论》2017 年第 5 期。

节的法律体系进行评估。[1] 刘志鹏从具体的立法出发,关注村民自治地方立法的质量的评估。他认为,要想提高村民自治地方立法的质量,必须从合法性、合理性、可操作性层面进行评估,实现"良法"之治的目的。[2]

(三)关于地方立法质量评估标准的研究

评估对象的选择决定了评估的内容,评估内容主要是通过评估指标来获得。评估指标是立法评估活动的前提和基础,科学合理的评估指标是衡量地方立法活动和立法成果质量优劣的重要标准和尺度。探讨立法质量评估,必须注重评估指标的研究。

1. 立法质量评估标准的概念研究

从现有的理论研究来看,学术界对立法质量评估标准这一概念有不同的见解,与此相类似的概念有"立法后评估标准""立法评估标准""法律绩效评估标准"等。针对不同的概念,学术界的解释主要分以下几种:

第一,将立法质量评估标准等同于法律绩效评估标准,认为其是主体在评估过程中所遵循的某种准则。例如,汪全胜将立法后评估与绩效评估相等同,认为标准是对立法实施效果评估所依据的准则。[3]

第二,从法律文本评估的视角出发,将立法质量评估标准等同于立法评估标准。例如,俞荣根认为,立法后评估本质上是立法质量评估,相应地,在标准的构建方面也是相同的,即评估法律文本时所依据的准则和尺度。[4]

第三,在确定立法质量评估标准的概念时,应当明确评估法律的

---

[1] 参见郑少华、齐萌:《生态文明社会调节机制:立法评估与制度重塑》,载《法律科学(西北政法大学学报)》2012年第1期。
[2] 参见刘志鹏:《我国村民自治地方立法质量评价》,载《武汉大学学报(哲学社会科学版)》2011年第3期。
[3] 参见汪全胜:《法律绩效评估机制论》,北京大学出版社2010年版,第168页。
[4] 参见俞荣根主撰、主编:《地方立法后评估研究》,中国民主法制出版社2009年版,第16页。

范围、评估的目的以及评估的对象等。例如,王称心认为,立法后评估标准是评估主体对正在实施的法律规范进行质量和影响状况评估所依据的准则或尺度。其设计多种视角和维度,是应然与实然、形式与实质的统一。[1] 王柏荣也认为评估标准是一种准则或尺度,只是需要从法律文本和法律实施效果两个层面进行界定。[2]

2. 立法质量评估标准体系的研究

关于评估指标的内容,不同学科基于不同的视角对评估标准进行了解释。例如,哲学视角下的评估标准指主体的价值判断,是主体评估客体有无价值以及价值大小的尺度。经济学上的评估标准注重成本与收益的比值,其评估的目的在于以最小的投入取得最大的经济效益。社会学视角下的评估标准不关注价值判断,而重视事实实现的程度。[3] 管理学意义上的政府绩效评估往往是根据一定的准则对政府管理和服务的效果、效率及效能等方面作出测量和评估。[4] 政治学意义的评估标准是以政策的出台时间形成"事前"评估和"事后"评估的准则或尺度。"事前"评估是评估主体对政策的预期效果进行评估,"事后"评估是对政策运用之后的实际效果进行评估。[5]

从国内学者的研究状况来看,对于立法评估指标体系的研究主要从法的形式标准与实质标准、法的内在特征与外在特征等方面展开讨论,其主要观点如下。

王亚平认为,立法质量的评估标准分为法理标准、价值标准、技

---

[1] 参见王称心:《立法后评估标准的概念、维度及影响因素分析》,载《法学杂志》2012年第11期。
[2] 参见王柏荣:《困境与超越:中国立法评估标准研究》,法律出版社2016年版,第31页。
[3] 参见赵雷:《行政立法评估之成本收益分析——美国经验与中国实践》,载《环球法律评论》2013年第6期。
[4] 参见黄俊尧:《政府绩效评价、公众参与与官僚自主性——控制官僚的一项杭州实践》,中国社会科学出版社2014年版,第11页。
[5] 参见[美]弗兰克·费希尔:《公共政策评估》,吴爱明等译,中国人民大学出版社2003年版。

术标准和实效标准。其中,法理标准是用法的原理来评估立法,如法的合法性与合理性;价值标准是对立法目的、立法理念等所体现的价值取向形成的标准,如法的正义性标准与激励性标准;技术标准是从立法技术的角度探究法律内部的协调性、可操作性等;实效标准是对法律实施效果的评估。[1] 汪全胜将立法评估的标准分为效率标准、收益标准、效能标准、公平标准和回应性标准。[2] 除此之外,有学者从微观的方面提出了具体的评估标准:如俞荣根认为立法评估主要评估法规的必要性、合法性、协调性、针对性、可操作性、时效性、技术性、实效性;[3]任尔昕认为立法评估是评估法规的立法条件及目的、法制统一、制度设计和权力配置、地方特色、可操作性、现实适应性。[4]

当然,从上述的评估标准来看,学界的研究涉及立法的方方面面,但多是以一种技术理性的角度来进行分类,注重评估指标的工具性,并没有考虑该种指标的设计对提高我国的立法质量是否能够起到推动作用。对此,秦前红认为,不同形式、不同内容的标准杂糅于单一主体,导致地方立法质量评估功能式微、评估制度形式化和评估效果不尽如人意;在现阶段的法治发展状况下,应建构"国家—社会—公民"三元视野或分析框架下良法善治型评估标准体系。[5] 王称心认为,研究和构建科学合理的立法后评估标准应当汇集不同法学研究视角的合理元素,使评估结论尽可能地接近科学、客观公正,

---

[1] 参见王亚平:《论地方性法规的质量评价标准及其指标体系》,载《人大研究》2007年第2期。
[2] 参见汪全胜:《立法后评估的标准探讨》,载《杭州师范大学学报(社会科学版)》2008年第3期。
[3] 参见俞荣根:《立法后评估:法律体系形成后的一项重要工作》,载《西南政法大学学报》2011年第1期。
[4] 参见任尔昕等:《地方立法质量跟踪评估制度研究》,北京大学出版社2011年版,第100页。
[5] 参见秦前红、底高扬:《在规范与现实之间:我国地方立法质量评价标准体系的重构》,载《宏观质量研究》2015年第3期。

避免对立法决策产生不良影响。[1]

俞荣根根据不同类型的地方性法规设计了不同的评估指标体系,包含"宪法类""经济类""行政类""社会类"。每一类的评估指标体系由文本评估子体系和效益评估子体系构成。[2]

冯玉军以我国的法律规范体系和立法效果为落脚点,借鉴世界正义工程做法,对我国的法律规范体系和相关立法活动进行了评估,设计了立法完备性、科学性、民主性、受监督性4个二级指标和9个三级指标,并分别通过公众、专家和执业者进行问卷调查,最终根据数据来评判。[3]

李店标在总结了既有理论与实践的评估标准之上,根据评估的阶段建构了地方立法评估指标体系,包括立法前评估、立法中评估和立法后评估。其中,地方立法后评估从立法文本和立法实效两个维度设计了8个一级指标,40个二级指标。立法文本指标为合法性、合理性、规范性、执行性、特色性;立法实效分为效果性、回应型、效率性。[4]

学术界关于立法评估指标体系的研究为实践中的立法评估提供了重要的理论基础。但实践中在构建评估指标体系时,受各方面因素的影响,理论的探讨会与实践中的操作存在一定的差距。因此,需要对实践中的评估指标进行梳理和探讨,以期使本书所涉及的指标体系能够客观全面地反映法律法规在现实中的实施效果。

(四)总体评析

综观国内现有的研究成果,直接以"地方立法质量评估标准"为主题的文献并不丰富,学术界的研究大多围绕与其相类似的地方立

---

[1] 参见王称心:《立法后评估标准的不同视角分析》,载《学术交流》2016年第4期。
[2] 参见俞荣根:《不同类型地方性法规立法后评估指标体系研究》,载《现代法学》2013年第5期。
[3] 参见冯玉军:《中国法律规范体系与立法效果评估》,载《中国社会科学》2017年第12期。
[4] 参见李店标、冯向辉:《地方立法评估指标体系研究》,载《求是学刊》2020年第4期。

法评估来进行。就研究状况而言呈现以下两种主要的研究进路。

第一,遵循形式主义进路,从宏观的法学视角对立法评估的内涵进行解释,且在对评估要素说明的基础上提出完善相关法律法规的建议。这种进路主要是以描述性为主,其观点主要为:"地方立法评估是人类的一项实践活动,属于'制度事实'概念范畴,制度事实是与规则紧密联系在一起的。由于现阶段缺乏统一的法律进行规制,因此中央应该出台统一的法律(地方立法评估法)来明确与评估相关的制度性要素。"[1]同时,各享有地方立法权的机关应该完善和健全本地方的立法评估规定、评估办法,建构科学合理的与本地地方立法评估制度相关的法律规范。

第二,关注立法评估的具体面向。该种进路主要是从相对微观的角度分析具体的评估要素。它主要涉及立法的成本收益评估,评估主体的模式以及立法评估标准等。但从研究的具体内容看,多是从总体上探讨国家层面的立法评估制度,对于地方立法层面关注较少;并且评估标准的设计多是停留在法律文本上,无法体现立法背后的基本原理以及法规、规章实施所造成的社会效果。

尽管学术界有较多的研究成果,但理论层面较低,对于未来地方立法质量评估的理论及实践贡献仍旧存有局限,具体表现为以下几个方面。

第一,偏重评估实践的现象,缺乏将现象的描述上升到法学领域的理论自觉。就理论与实践的关系而言,理论的重要意义在于澄清实践背后的发生机理。具体到地方立法评估领域,立法机关在评估活动中反思性不足,但又需要遵循其自身的活动规律。而这种不具有反思性的实践活动很容易产生盲目性,可能导致浪费立法资源。既有研究涉及立法质量评估的内涵、评估要素、评估结果等内容,但多是从宏观上对整个立法质量评估制度的研究,并且以国家层面的

---

[1] 陈伟斌:《地方立法评估成果应用法治化问题与对策》,载《政治与法律》2016年第3期。

立法评估为主,这种研究忽略了地方立法评估的特殊性,呈现出重复性、浅显化的特征。正是理论支撑不足,导致地方立法质量评估指标体系的选择因缺乏有效统筹而较为松散,影响了评估的有效性。此外,法学研究不仅要观察评估实践中的各种现象,更要总结其背后所体现的逻辑机制,并上升到理论高度,从而为今后的评估实践提供正确的指引。

第二,既有研究在不同层面涉及了地方立法质量评估,但呈现碎片化局面,缺乏整合性。首先,关于立法评估研究并未主动接洽法治评估的研究成果,以解决问题的对策性成果较多,缺乏对评估模式、评估进路、评估标准理论的重点关注;其次,重视评估指标体系的技术性构建,但对涉及的基础问题浅尝辄止,导致各自的指标从评估内容、评估价值到评估方式存有差异,且未能对该差异提供充分的论证说明;最后,在对待地方立法上,现有研究还是集中于传统的地方性法规,主要是以省级地方性法规为主,而对新型的设区的市地方立法关注较少,其立法质量评估指标基本没有涉及。

第三,立法质量评估的研究方法较为欠缺。从理论上讲,评估并不单纯是法学领域的研究对象,其涉及政治学、社会学、经济学等诸多学科。当然,学界也意识到此种问题,有学者也从法经济学的角度研究立法的成本效益评估,将评估与社会福利相结合。但从总体上讲,理论的研究仍采取分析实证主义法学的立场,注重法律规则的形式理性而忽略了其背后的价值机理。

三、国外理论研究现状

国外对于立法评估的研究以政府绩效评估的研究为基础,重在评估政府或法律的规制作用。在政府绩效评估的基础上,国外在实践中也开始了立法评估。具有代表性的有美国、英国以及欧盟。美国和英国是较早开始系统地进行立法评估实践的国家,并且在实践的基础上将立法评估制度化(如美国的《监管计划与审查》、英国的《监管影响评估指南》),欧盟在立法评估的系统性和规模上都取得了重要的成就。欧盟在评估实践中注重公众参与,其发布的《影响评估指南》规定将咨询公众的意见作为影响评估必不可少的内容,且实施评估的机关及时地对公众意见进行反馈,从而保障立法的民主性。以上实践中,美国的立法评估制度较为典型。

美国的立法评估制度与20世纪60年代产生的日落法相关。日落法的理念根植于西方民主政治的传统,它表达了一种思想:所有通过民主选举产生的政府官员都应该有任期的限制,在任期结束后,他们的职权自动终止。[1]于是,美国将该理念运用于日落法中,通过立法机关颁布法律来审查政府机构的运作情况,以提高行政机关的公信力,保障人民的权益。日落法的内容主要包括两方面:一是自动终止期,即事先规定的政府机构或者条例有一个时间期限,在期限届满后如果想要继续进行,则立法机关要重新立法;二是周期性审查评估,即所有的规章条例或者政府机构需要在一定期限内接受审查。[2]在进入21世纪之后,其因为"无良好的效果""成本—收益"不相称等原因而逐渐废除,后在联邦立法与州立法中逐渐以"日落条款"所替代。[3]例如,1994年美国国会通过的《暴力犯罪控制和法律施行法》则以单独条款规定"于2004年失效"。[4]之后美国开始用成本与效益这种经济分析法评估法律制度的成功与否,这也是西方国家主流的评估方法,并通过一系列的行政命令和国会法律加以制度化和规范化。又如,1974年福特总统发布了《通货膨胀影响说明》第11821号行政命令,将对环境规章审查制度系统化。德国的

---

[1] 参见冯洋:《美国"日落立法运动"的理念、过程与得失》,载《地方立法研究》2017年第2期。

[2] See Dan R. Price, *Sunset Legislation in United States*, Baylor Law Review, Vol. 30, p. 417(1978).

[3] See Rebecca Kysar, *The Sun Also Rises*: *The Political Economy of Sunset Provisions in the Tax Code*, Georgia Law Review, Vol. 40, p. 355(2006).

[4] 当然,适用日落条款后,其结果包含以下三方面:更新—维持、更新—改变、合并以及终止。See Brian Baugus and Feler Bose, *Sunset Legislation in the States*: *Balancing the Legislature and the Executive*, Mercatus Research, p. 6(2015).

立法评估制度也注重成本收益分析。其中,效益可通过"$Z = V - C$"公式来表达。其中,Z 为立法效益,V 为社会财富,C 为立法成本。当 $V \leq C$ 时,$Z \leq 0$,立法项目没有效益;当 $V > C$ 时,$Z > 0$,立法项目有效益。

除上述制度层面外,各国学者对本国的不同法律进行了评估,并形成了相应的理论成果。澳大利亚有学者对本国的机动车安全带立法进行了评估。他在建立数量模型的基础上,通过对收集的数据与设计的指标进行分析,发现该立法并没有取得应有的效果。[1] 德国有学者在对欧盟的规章进行评估时,认为应当包含多种主体,以确保信息的全面,即除了法律系统内的立法、执法、司法机构,还必须重视律师、各行业以及公众的意见。[2] 还有学者认为如果要对经济、社会以及环境等方面开展多方位、体系化的评估,应该需要科学的评估方法。对此,他认为德尔菲法的作用较大,即重视专家的评估。[3] 此外,有学者认为,各国开展的评估都是将法律当作"工具"对待,尤其是法律的影响评估。因此,要重视法律的其他作用,以确保评估活动的全面。[4]

笔者认为,国外的立法评估制度最初的发展动机在于减少和改善法律对经济的干预,提升经济竞争力,然后才逐渐转化到对社会的管理及权利的保护,这从其颁布的法律名称可以看出。此外,从研究状况上讲,国外的理论研究呈现如下特点:首先,国外的学者关注的并非理论方面的问题,而是从实践入手来评估法律所存在的问题,其

---

[1] See John A. C. Conybeare, *Evaluation of Automobile Safety Regulations: The Case of Compulsory Seat Belt Legislation in Australia*, Policy Sciences, Vol. 12, p. 27 – 39 (1980).

[2] See Koen van Aeken, *From Vision to Reality: Ex – post Evaluation of Legislation*, Legisprudence, Vol. 5, p. 41 – 68 (2011).

[3] See Evgeny Guglyuvatyy, *Climate Change Policy Evaluation – Method and Criteria*, Environmental Policy and Law, Vol. 40, p. 355 – 361 (2010).

[4] See Dirk H. van der Meulen, *The Use of Impact Assessments and the Quality of Legislation*, The Theory and Practice of Legislation, Vol. 2, p. 305 – 325 (2013).

多是一种理论性的阐述,采用数据表达较少。其次,国外学者的研究多重视评估方法和标准的建构,而很少去探讨评估主体的问题,这可能是由于法治发展的不同阶段及水平所引起的差异。最后,国外立法评估起步较早,无论是事前评估还是事后评估,多侧重于法律影响性评估,重点在于考察立法者目标的实现程度。

第三节　研究目标、思路与方法

一、研究目标

本书在厘清立法质量评估的基本范畴的前提下,对我国的立法质量评估活动进行了比较与分析,由此进入地方立法质量评估的实践反思当中,总结出各地方的共性做法并挖掘出实践中存在的问题。在此基础上,对现有的评估理论、立法质量评估标准理论、立法等理论进行分析探讨,归纳、构建出地方立法质量评估的理论基础。随后从立法质量评估机制与评估标准体系两方面进行完善。根据评估要素的不同作用,在评估机制层面,主要对评估主体和评估程序进行优化;在评估标准体系构建方面,从价值、规范、效果三个方面构建了评估指标体系。

第一,分析现有立法质量评估标准体系低效的原因。现有立法质量评估标准体系的低效只是其内部运作不畅的外在表现。查找深层次原因有助于本书规避现有评估体系的不足并有效改善既有缺陷。

第二,分析立法质量评估机制运作原理和方式。设计一套立法质量评估标准体系之前必须把握立法质量运作的基本原理及功能。这就要求了解构成立法质量评估体系的核心要素的作用及对评估体系的功能和影响。

第三,重构立法质量评估标准体系。通过了解地方立法质量存在的普遍问题,本书将针对这些问题设定判断指标,从而提炼出地方立法质量评估标准的类型,进而从多方面来重构适合我国本土指标体系。

二、研究思路

本书遵循"先破后立"的基本思路。"破"意味着对现有地方立法评估实践的深刻反思,总结出现有的评估模式及其经验;"立"则表现为在理论反思的基础上,对不同的评估要素进行分析解构,从而构建出一套科学合理的地方立法质量评估标准体系。具体而言,本书是在厘清地方质量评估标准内涵的前提下,以现有的立法评估制度文本、立法评估实践中的指标体系及评估报告为起点,挖掘出现阶段地方立法质量评估所面临的具体问题。在明确立法质量评估功能出现偏差的原因后,以立法契合法治为基准,对地方立法质量评估标准所需的理论进行证成,从而为评估标准体系的构建确立理论基础。最后在综合法治观的理论指引下,规划出合适的评估指标体系,如图0-2所示。

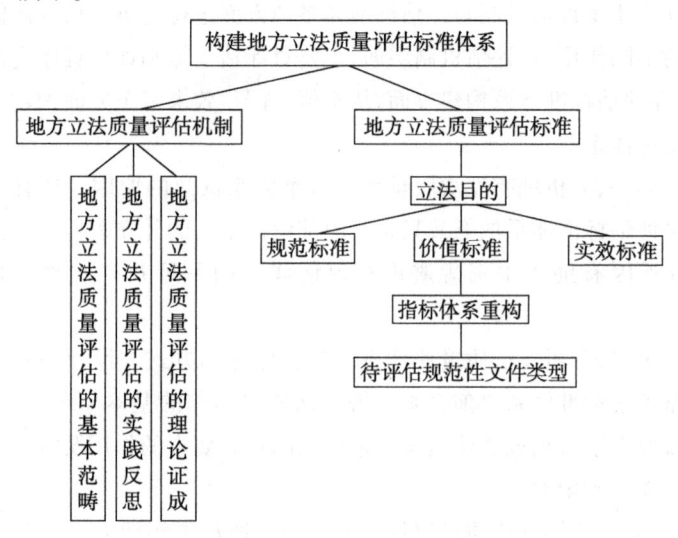

图0-2 地方立法质量评估标准体系

三、研究方法

第一,规范分析法。规范分析法具有价值衡量、思辨推理等特点,旨在根据一定的价值观念对研究对象进行描述和评估,回答研究对象是什么及应当如何的问题。本书需要运用该方法对现有的立法质量评估成果进行分析,从量化结果中对立法质量评估体系的有效性作出诠释,从而明确本书的研究对象,分析归纳出立法质量评估制度存在的主要问题。

第二,比较分析法。比较分析法是指对两个或两个以上有联系的事物进行考察,寻找其异同,探寻普遍规律与特殊规律的分析方法。本书在研究我国的地方立法质量评估制度时,要从微观领域对立法质量评估制度各要素的关联度进行分析,来明确它们之间的关系,从而为构建完整的评估标准体系提供基础。同时,也需要将国家层面的立法评估与地方层面的评估进行对比,从纵向层面突出我国地方立法评估的特殊性,以尽快形成符合我国实际的立法质量评估标准体系。

第三,跨学科交叉研究方法。质量评估并不单纯局限于法学领域,其涉及社会学、经济学、政治学等学科领域。如果只从单一的法学研究角度来探讨,势必会出现研究的片面性。因此,只有采取跨学科的综合研究方法才能找出不同学科和领域之间的核心问题,才能寻找出本选题欲解决问题的具体路径。

除主要运用上述研究方法外,本书还综合运用了概念分析法、价值分析法、案例研究分析法、文献分析法等一般理论研究方法。

第四节 本书的创新点

第一,评估主体构成应具多元性以维护评估的民主性。现有地方立法质量评估体系多属于立法机关担纲的自我评估形式,评估权过于集中,不符合立法民主性的要求。本书提倡构建多元化的评估主体,并建议将这一模式进行规范化、制度化。评估权的分配可形成主体间的相互制衡,实现民主评估。具体而言,立法质量评估仍然是由立法机关组织,但这仅是一种程序上的组织,具体实施需要由专业人士开展,但需吸收公众、利益相关者等非专业人士参加。同时在评估实施人员的构成上,要吸收不同行业、不同领域的专家,并且也要重视法律实务界的其他人员,如律师。

第二,立法需要契合法治,因而地方立法质量评估必须重视价值标准的引领作用。伴随我国立法精细化的发展,地方立法评估始终贯彻规则主义法治。在这种法治观的引导下,很容易忽略立法的价值,产生"就规范评规范"的现象。而价值性指标作为最根本的标准层级总领评估指标的设计,与评估体系的整体价值相关联。因此,本书倡导完善评估指标的逻辑层级并注重价值指标对整体评估价值的表达和反映;在原有规范评估指标的基础上,设计了价值性指标和实效性指标,以确保评估链条的完整。

第三,地方立法质量评估的研究需要在方法上寻求价值无涉与价值关联的平衡点。就地方立法质量评估的研究而言,其方法论基础在于法治"规范"和"实效"的结合,因而,评估指标的构建与运用应当坚持主观和客观相统一、定量与定性分析相融合。一方面,评估不能以价值无涉的态度对立法进行机械的分解;另一方面也不能过度地以价值关联的立场对立法进行抽象解读,而应当是在主观与客观、确定性与不确定性中找寻到一个契合点,真正地使立法质量评估能够对我国的地方立法有益、对法治建设的推进有用。

第四,创造性地提出地方立法质量评估回应机制问题。将立法质量评估回应机制作为立法评估机制与评估标准体系的重要补充,是以往学界所忽略的。本书将评估反馈机制从理论与实践多个层面进行系统思考,提出适合我国地方立法质量评估反馈机制完善的几点建议。

第一章　地方立法质量评估的概念、功能与理论难题

> 立法者应该把自己看做一个自然科学家。他不是在创造法律，不是在发明法律，而仅仅是在表述法律，他把精神关系的内在规律表现在有意识的现行法律之中。*
>
> ——[德]马克思

党的十八届三中全会通过的《中共中央关于全面深化改革若干重大问题的决定》明确指出"建立科学的法治建设指标体系和考核标准"，党的十八届四中全会进一步指出，"建设中国特色社会主义法治体系，必须坚持立法先行，发挥立法的引领和推动作用，抓住提高立法质量这个关键"。针对"立法质量"的提升，党的十九届四中全会再次强调"不断提高立法质量和效率""以良法保善治"。党的二十届三中全会指出，"深化立法领域改革"，从而实现"中国式现代化的法治保障"。由此，对于如何衡量我国法治（立法）的评估方案逐步成熟并展开实践。一方面，我国的立法质量需要通过评估来发现问题；另一方面，地方立法质量评估实践仍旧缺乏统一、成熟的理论支撑，尤其是在评估标准体系的设计方面。廓清地方立法质量评估的基本范畴就成为立法质量评估研究的基础和起点。考虑到之后

---

* 《马克思恩格斯全集》（第1卷），人民出版社2001年版，第183页。

章节的整体均衡，本章并未覆盖地方立法质量评估基本范畴的全部，而是根据行文需要选择较为重要的部分进行阐述，以便于后文的理解与论证。

第一节 地方立法概述

伴随改革开放及我国的现代化建设，地方立法已有40余年的历程。回顾这40余年的立法过程，在我国"一元两级多层次"的立法体制及统一的法律体系下，地方立法在推进国家法治建设中发挥了重要作用。在中国特色社会主义进入新时代的背景下，如何发现地方立法在实践过程中存在的局限以及未来如何完善，且在中央统一立法之下实现地方治理成为现阶段不可忽视的问题。随着"建设中国特色社会主义法治体系、建设社会主义法治国家"的目标确定及推进，国家法治建设的重点在很大程度上将从法律制定（立法）转至具体的执法和司法实践，着眼于从深层次、从细节来解决中央立法没有解决或不可能解决的局部、具体问题，将从宏大叙事的国家"法治"建构走向具体的地方"法治"实践，[1]这也是为什么需要重视地方立法质量。

一、地方立法的发展历程

我国地方立法的发展与立法体制的变迁紧密相关。新中国成立以来，我国的立法体制经历了数次变迁，形成了立法权在横向层面和纵向层面合理配置的局面。横向层面表现为中央立法权在全国人大及其常委会、国务院及各部门之间的分配，纵向层面则是央地立法权

---

[1] 参见封丽霞：《认真对待地方法治——以地方立法在国家法治建设中的功能定位为视角》，载《地方立法研究》2016年第1期。

的配置。[1] 根据纵向立法权的配置过程,我国的地方立法可以分为以下四个阶段。

(一)第一阶段:探索积累期

新中国成立后,我国确立了单一制的国家体制。具体到立法体制上,由中央权力机关行使立法权。1949年通过的《中国人民政治协商会议共同纲领》确立了人民代表大会制度,但其实权力的行使授予给了各级人民政府。在国家层面,全国人民代表大会闭会期间的权力授予中央人民政府;在地方层面,各级人民代表大会闭会期间的权力授予各级人民政府。[2] 随后,在1949年到1950年通过的各级政府组织通则规定了县级以上的政府可以根据地方政务需要拟定有关的暂行法令、条例及单行法规等,且需要报上级人民政府批准或者备案。[3] 1952年颁布的《民族区域自治实施纲要》规定了民族自治地方可以根据自治权限,制定本地方的单行法规。但就现代地方立法的观念来看,不论是地方各级政府的暂行条例法令还是民族自治地方的单行法规,并非现行立法体制中的地方立法,可以称为萌芽。在此时期,《中国人民政治协商会议共同纲领》实际上确立了中央集中行使立法权的立法体制。

这种集中的国家立法体制在1954年的《宪法》中得到确立。1954年《宪法》规定了全国人民代表大会是行使国家立法权的唯一机关,有权"修改宪法""制定法律",全国人大常委会只能"解释法律""制定法令"。但也规定了自治区、自治州、自治县的自治机关可

---

[1] 参见李涛:《论地方人大立法"不抵触"原则——以伦理评价为分析视角》,载《法律与伦理》2020年第1期。

[2] 参见周尚君:《中国立法体制的组织生成与制度逻辑》,载《学术月刊》2020年第11期。

[3] 中央人民政府政务院于1949年公布《大行政区人民政府委员会组织通则》,1950年分别公布《省人民政府组织通则》《市人民政府组织通则》《县人民政府组织通则》。其中,《省人民政府组织通则》第4条第3款规定,省人民政府委员会在中央人民政府政务院或大行政区人民政府委员会的直接领导下,有权拟定与本省政务有关的暂行法令条例,报告主管大行政区人民政府转请中央人民政府政务院批准或备案。

以根据本地方政治、经济、文化等特点,制定自治条例和单行条例。[1] 在这种立法体制下,国家层面的立法成为我国管理各种事项的依据。然而,在我国社会主义建设过程中,如何发挥地方的积极作用,是央地关系所必须面对的重要问题,这也反映出中央集中立法的局限。对此,毛泽东同志在《论十大关系》中对央地关系的处理进行了论述,提出可以将立法权适当下放。他指出,"在不违背中央方针的条件下,按照情况和工作需要,地方可以搞章程、条例、办法"。[2] 彭真同志也指出,要调动地方的积极性,需要将立法权下放,在"最大限度地保证法制统一"的基础上,"充分发挥中央和地方立法两方面的积极性",[3] 避免立法体制的僵化。

(二)第二阶段:初步发展期

改革开放以来,经济、社会的发展对立法提出了新要求,立法权也逐步下放到地方权力机关中。1979 年全国人大二次会议通过的《地方各级人民代表大会和地方各级人民政府组织法》明确了省级地方立法权。在第 6 条和第 27 条分别规定了省、自治区、直辖市的人民代表大会及人大常委会制定地方性法规的权力。[4] 1982 年《宪法》确认了省、自治区、直辖市拥有制定地方性法规的权力。与此同时,1982 年修改的《地方各级人民代表大会和地方各级人民政府组织法》规定了省、自治区的人民政府所在的市和经国务院批准的较大的市的人民代表大会常务委员会可以拟订地方性法规草案的权力,没有地方性法规制定权。此次修改为"较大的市"拥有地方立

---

[1] 根据《宪法》(1954 年)第 70 条第 4 款的规定,自治区、自治州、自治县的自治机关可以按照当地民族的政治、经济和文化的特点,制定自治条例和单行条例,报请全国人民代表大会常务委员会批准。
[2] 中共中央文献研究室编:《毛泽东文集》(第 7 卷),人民出版社 1999 年版,第 32 页。
[3] 钱大军:《立法权的策略配置与回归——一个组织角度的探索》,载《现代法学》2020 年第 2 期。
[4] 如第 6 条规定:"省、自治区、直辖市的人民代表大会根据本行政区域的具体情况和实际需要,在和国家的宪法、法律、政策、法令、政令不抵触的情况下,可以制订和颁布地方性法规,并报全国人民代表大会常务委员会和国务院备案。"

法权提供了基础。随后1986年修改的《地方各级人民代表大会和地方各级人民政府组织法》规定了"较大的市"的立法权限,其制定的地方性法规须报请省、自治区人大常委会批准后实行。在此阶段,全国人大于1988年、1992年、1994年和1996年分别授权海南省、深圳市、厦门市、汕头市、珠海市人大及其常委会可以根据经济特区的需要制定地方性法规。

从立法内容来看,该阶段的地方立法可以分为两个时期:一是1978年至1992年;二是1993年至1999年。在1978年至1992年间,各地方还处于初步探索阶段,每年制定的法规相对较少,包括实施性立法和创制性立法。在1993年至1999年,该时期主要是围绕经济体制改革目标,以立法促进经济发展。1992年党的十四大将建立社会主义市场经济体制作为经济体制改革的目标;1997年党的十五大明确提出"依法治国,建设社会主义法治国家"的目标,并且要把"改革和发展的重大决策同立法结合起来""到二零一零年形成有中国特色社会主义法律体系"作为立法要求。以湖北省地方性法规为例,1980年到1992年平均的立法数量为3件,实施性立法如《湖北省实施〈中华人民共和国村民委员会组织法(试行)〉办法》《湖北省实施〈中华人民共和国水法〉办法》《湖北省土地管理实施办法》等;创制性立法如《湖北省厂矿企业安全生产管理条例》《湖北省技术市场管理条例》《湖北省人民代表大会代表持证视察办法》等。1993年到1999年,湖北省立法步伐明显加快,经济立法比重逐步增大,年均立法18件。其中,《湖北省统计管理条例》《湖北省产品质量监督管理条例》《湖北省个体经营户和私营企业条例》《湖北省建筑市场管理条例》等一大批规范市场主体、维护社会市场秩序的地方性法规成为主体。除此之外,在维护公民权益、保护生态环境等领域,湖北省也出台了相关的立法,如《湖北省未成年人保护实施办法》《湖北省汉江流域水污染防治条例》《湖北省大气污染防治条例》《湖北省实施〈中华人民共和国妇女权益保障法〉办法》等。

(三)第三阶段:快速发展期

2000年3月,第九届全国人民代表大会第三次会议通过的《立法法》规定了不同层级的法律规范的立法权限和立法程序,即法律、行政法规、部门规章、地方性法规、自治条例、单行条例和政府规章。对于地方立法,《立法法》第63条分别规定了省、自治区、直辖市和较大的市人大及其常委会的立法权;[1]第73条规定了省、自治区、直辖市人民政府的制定规章的权力。[2]《立法法》的出台,促使地方立法更加制度化、规范化和法制化,进一步确立了我国一元多层的立法体制。

在党的领导下,该阶段的地方立法日趋成熟,各领域协调推进,并逐步重视立法质量的提升。党的十六大报告提出立法要"适应社会主义市场经济发展、社会全面进步和加入世贸组织的新形势""提高立法质量";党的十七大报告指出"全面落实依法治国基本方略,加快建设社会主义法治国家",并且要"坚持科学立法、民主立法,完善中国特色社会主义法律体系"。在这一时期各地方立法工作进一步加快,涉及的领域也不断拓宽,经济立法和社会立法并重,基本涵盖了政治、经济、社会、文化、环境保护等领域。为了提高立法质量,一些地方开始实现立法后评估,制定地方性法规的质量标准,并加大了法规强清理的力度。为了确保2010年中国特色社会主义法律体系的形成,各地方人大及时开展地方性法规的清理工作,突出解决早期制定的与社会主义市场经济要求不适用、与法律法规相抵触等方面的问题。例如,甘肃省人大常委会根据加入WTO的新形势以及

---

[1] 根据《立法法》(2000年)第63条的规定,省、自治区、直辖市的人民代表大会及其常务委员会根据本行政区域的具体情况和实际需要,在不同宪法、法律、行政法规相抵触的前提下,可以制定地方性法规。较大的市的人民代表大会及其常务委员会根据本市的具体情况和实际需要,在不同宪法、法律、行政法规和本省、自治区的地方性法规相抵触的前提下,可以制定地方性法规,报省、自治区的人民代表大会常务委员会批准后施行……

[2] 《立法法》(2000年)第73条第1款规定,省、自治区、直辖市和较大的市的人民政府,可以根据法律、行政法规和本省、自治区、直辖市的地方性法规,制定规章。

实施立法法、监督法和行政许可法等法律的要求,及时修改和废止了一批法规、条例。[1]

(四)第四阶段:成熟稳定期

党的十八大明确指出,法治是治国理政的基本方式,要持续推进科学立法、严格执法、公正司法、全民守法,坚持法律面前人人平等,保持有法必依、执法必严、违法必究;党的十八届三中全会指出,要逐步增加有地方立法权的较大的市数量;党的十八届四中全会指出,立法要主动适应改革和经济社会发展的需要,并且要依法赋予设区的市地方立法权。2015年3月修改的《立法法》赋予了设区的市人大及其常委会、人民政府制定地方性法规和政府规章的权力。自党的十八大以来,全面深化改革的需要对地方立法的系统性、整体性、协调性提出了更高的要求。首先,诸多地方立法对国家与地方改革发展的稳定提供了制度支撑,如自由贸易试验区、区域协同发展、营商环境等领域的立法。其次,由"数量型立法"向"质量型立法"转变,立法不再追求大而全,而是"小而精"。最后,设区的市拥有立法权,对于推进地方社会治理具有重要作用,尤其是城乡建设与管理、环境保护等事项的规制。2023年3月,新修订的《立法法》扩容设区市立法权限,要求在"城乡建设与管理、生态文明建设、历史文化保护、基层治理"等方面实现精细化、协同化立法。至此,我国的地方立法主体从"较大的市"扩展到"设区的市",地方立法进入了稳定且全面发展阶段。党的二十大明确提出,健全共建共治共享的社会治理制度,推动地方立法助力中国式法治现代化。党的二十届三中全会更加注重通过高质量立法,巩固并深化改革成果,推进国家治理体系和治理能力现代化。

审视地方立法的发展历程,由省一级的地方立法权的确立,扩展到较大的市,再扩充到设区的市,体现了国家治理理念与治理方式的

---

[1] 参见《改革开放40年甘肃地方立法的历程及成就》(下),载甘肃人大网2018年10月23日,http://www.gsrdw.gov.cn/html/2018/lfdt_1023/17832.html。

转变。从本质上讲,地方立法权由全国人大授予,从属于国家立法权;但在不与法律、行政法规相抵触的情况下,地方立法展现出了独立性,即可以通过设立不同层级的规范对本区域的相关事务加以规定,以满足地方的实际需求。

二、地方立法的界定

从地方立法的发展历程看,其所关注的是国家立法体制中立法权的配置,对地方立法的含义并没有加以说明。一般来说,从功能主义视角看,立法是创制"法"的活动。例如,"立法是由特定主体,依据一定职权和程序,运用一定技术,制定、认可和变动法这种特定的社会规范的活动"。[1] 李龙认为,立法活动是行使立法权的过程和表现,这种活动涵盖国家和地方,呈现层次多、范围广和数量大的样态。[2] 以此类型的含义来看,立法由动态的"立法"活动和静态的"规范"组成,强调主体和形式。根据我国《立法法》的相关规定,"立"主要是指制定、修改和废止;"法"包含多种层级,可分为法律、行政法规、部门规章以及地方性法规和规章、自治条例、单行条例。所谓地方立法,指特定的地方政权机关,依法制定和变动效力不超出本行政区域范围的规范性法律文件活动的总称。[3] 根据主体的不同,地方立法可以分为省、设区的市两级立法,其形式又可分为地方性法规和政府规章。这是从广义上所作出的划分。有学者严格区分了人大和政府主导的立法,认为在立法性质上政府的立法权是授权立法,并非严格意义上的立法行为,而地方政府规章属于行政决策的范畴。[4] 本书所研究的地方立法主要是指省、设区的市地方人大及

---

[1] 周旺生:《立法学》(第2版),法律出版社2009年版,第55页。
[2] 参见李龙主编:《良法论》,武汉大学出版社2005年版,第155~156页。
[3] 参见曲颂:《地方立法与国家治理体系和治理能力现代化》,载《江海学刊》2020年第5期。
[4] 参见谭波:《论体系化背景下地方立法质量评价机制的完善》,载《河南财经政法大学学报》2020年第1期。

其常务委员会制定的地方性法规,由此产生的执行性立法、创新性立法与自主性立法。[1] 当然,必须强调的是,地方立法包含经济特区的立法、民族自治地区的立法,如自治条例和单行条例,但为了研究的需要,本书还是以一般意义上的地方立法为主。

三、地方立法与地方法治的关系

改革开放以来,我国的地方立法经历了40多年的发展,从央地立法事权及立法权的位阶来看,地方立法已然形成了多层级、多种类的立法体系。[2] 从法治的运行层面上讲,立法为执法、司法、守法提供了制度性的法律规范,促进法治的实现。不可否认,中央对立法权的下放,由地方根据实际需要解决问题是地方法治产生的重要原因。相较于国家层面的"宏观法治",法治的渐进性、具体性、能动性是地方法治的可能性基础,而各个区域(地方)的特殊性则是地方法治的正当性基础。[3] 于是,"地方法治"概念的出现催生了地方法治建设的各种实践活动。例如,2000年《立法法》实施后,各地方陆续开展的"法治江苏""法治广东""法治浙江"建设活动;党的十八大之后各地方又开始对法治的建设成果进行评估,基于法治政府形成的"评估潮"在全国范围内蓬勃开展。然而,对于地方法治,学界的评估各异,呈现出支持和否定两种态度。持肯定态度的学者认为,地方在实现国家整体法治的过程中起到了重要作用,提出了"先行论"[4]、"试错论"、"竞争论"[5]等理论。例如,"试错论"认为,中国的法治

---

[1] 参见张帆:《地方立法中的未完全理论化难题:成因、类型及其解决》,载《法制与社会发展》2015年第6期。

[2] 参见封丽霞:《中央与地方立法事权划分的理念、标准与中国实践——兼析我国央地立法事权法治化的基本思路》,载《政治与法律》2017年第6期。

[3] 参见封丽霞:《认真对待地方法治——以地方立法在国家法治建设中的功能定位为视角》,载《地方立法研究》2016年第1期。

[4] 孙笑侠:《局部法治的地域资源——转型期"先行法治化"现象解读》,载《法学》2009年第12期。

[5] 周尚君:《地方法治竞争范式及其制度约束》,载《中国法学》2017年第3期。

建设秉承一种"试错"策略,即国家在发展过程中先进行试点探索,在总结经验之后向全国推广。对此,付子堂认为,国家整体主义法治观无法真实呈现国家在法治建构与推进中的基本路径,地方是法治国家的承载体,没有地方法治就没有国家法治。地方法治推进先行先试,能够为国家法治建设提供示范样本。[1] 持否定态度的学者认为,现代法治只能从国家治理的整体层面去认知,地方法治缺乏形成的基础。张彪、周叶中认为,国家主权是现代法治概念产生的基础,基于主权不可分割的客观现实,地方不可能因分权而要求主权可分,自然也不能衍生出区域法治或者"地方法治"的概念。[2] 陈景辉认为,"法治"作为一种值得追求的理想,主要是为了限制国家/政府针对其国民或者其他国家的专断权力,而这种专断权力并不能够为地方政府所享有,因此"地方法制"或者"地方法治"的概念不具有规范性基础,也就不能形成。[3]

无论对"地方法治"采取何种态度和解释,地方立法确实为地方行使"治权"提供了依据,对增进地方治理共识、提升地方治理效能具有重要作用。对此,地方法治可以理解为,在社会主义法治国家的框架下,各地方法治主体根据本地政治经济、社会管理、文化传统等特殊情况和实际需要,以地方性法规、规章等地方法制为基础,通过地方执法和地方司法活动,最终实现法治目标和地方善治的一系列活动的总称。[4] 检验法治建设取得的成效,可以通过评估来实现。从地方法治评估的动力机制来看,既是法治中国构造过程的必然结果,也是检验地方法治建设水平基本方式的当然选择;从地方法治评估的内容来看,涵盖了立法、执法、司法、守法和法律监督等法治领

---

[1] 参见付子堂、张善根:《地方法治实践的动力机制及其反思》,载《浙江大学学报(人文社会科学版)》2016年第4期。

[2] 参见张彪、周叶中:《区域法治还是区域法制?——兼与公丕祥教授讨论》,载《南京师大学报(社会科学版)》2015年第4期。

[3] 参见陈景辉:《地方法制的概念有规范性基础吗》,载《中国法律评论》2019年第3期。

[4] 参见封丽霞:《认真对待地方法治——以地方立法在国家法治建设中的功能定位为视角》,载《地方立法研究》2016年第1期。

域。由此,地方法治的实现依托于地方立法的完善情况,两者关系类似于目的与手段。衡量一个地区的法治状况如何,立法的完善可行是其基础,因为执法、司法活动的开展都需要围绕立法展开;而地方立法是否能够达到其制定的目的,则需要最终的地方法治状况来检验。换言之,地方通过法治试验和法治竞争为国家法治提供了经验,而这又必须依赖地方立法的规范供给。

正是因为地方立法在地方法治中的重要作用,党的十八届四中全会提出了下放立法权,通过扩大立法权的主体来推进国家与社会治理。然而,地方立法权的扩大势必会对国家法制的统一产生挑战。例如,南京市 2018 年 12 月实施的《南京市国家公祭保障条例》、2019 年 7 月实施的《南京市教育督导条例》、2020 年 7 月实施的《南京市社会信用条例》是否属于设区的市立法范围,其制定有没有突破"不抵触"的界限,这是存有疑问的。而在法律责任的规定中,尤其是行政处罚的种类或者行为,各地方仍旧存在突破上位法的界限。例如,《大气污染防治法》第 119 条规定,对"露天焚烧秸秆、落叶等产生烟尘污染的物质的",可以处"五百元以上二千元以下的罚款",而宁夏中卫市《中卫市农作物秸秆处置条例》第 10 条规定中,对"露天焚烧农作物秸秆的"行为,直接"处五百元以上二千元以下罚款",此处将《大气污染法》的"可以"直接转变为"应当",会侵害行政相对人的权益。同时,"黑名单、列入失信档案"频繁出现在地方立法条文中,这种"处罚"是否属于行政处罚的种类仍旧没有厘清。同国家立法相比,地方立法基于主体的立法能力、地方的实际需求等因素很容易产生与宪法、法律不一致的情况,其规范性、合理性、正当性也会受到质疑。因此,针对地方立法在实践中可能出现的问题,必须建立起相应的立法质量评估机制,从而提升地方立法在推进国家法治建设中的治理效能。

2023 年修订的《立法法》考虑到实践状况,明确设区的市的立法事项,以进一步规范地方立法行为。然而,对于较大的市或者部分经济发达、社会治理较好的设区的市而言,这种规范忽视了它们的实际需求。但从立法精神来看,2023年修订的《立法法》致力实现所有设区的市在地方立法层面的统一化和均等化,通过规范立法权的行使,缩小地方立法应然设计与实践之间的张力。

第二节 地方立法质量评估的内涵、构成与类型

一、地方立法质量评估的基本内涵

(一)评估的含义

在日常语言中,评估的概念被广泛使用,如"这首歌曲是优秀的,因为它让我身心感到快乐或愉悦",这是将价值归功于某个事物或者某件事情,是表明我们的意识对这个行为所作出的反映。[1] 同日常典型意义上的含义有所不同,本书对评估的运用包括了对某种事项或者客体的评判与衡量,是有目的性的活动,包含价值认知与价值评估;是特定主体分析事物所产生的收益、价值与预期目标设计的差距,从而得到特定信息的过程。[2] 评估是指特定主体对某事物的数量、价值以及情状等方面进行分析或者判断的过程。[3] 它蕴含着定性分析与定量分析双重含义。定性分析主要分析事物的性质、特点及自身蕴含的发展规律;定量分析则是通过建立模型分析事物的各项指标得出所需数值。评估具有一定的目的和方法,"项目评估是对有关项目的活动、特性和成效的信息进行系统收集,以便对项目作出判断,改进项目的效能和告知未来项目设计的决定"。[4] 因此,评估主要由以下五个基本要素构成:一是具有经验素材与研究的评

---

[1] 参见江传月:《评价的认识本质和真理性——刘易斯价值理论研究》,中山大学出版社2005年版,第137页。

[2] 参见牟杰、杨诚虎:《公共政策评估:理论与方法》,中国社会科学出版社2006年版,第21页。

[3] 参见郑宁:《行政立法评估制度》,中国政法大学出版社2013年版,第5页。

[4] [德]赖因哈德·施托克曼、[德]沃尔夫冈·梅耶:《评估学》,唐以志译,人民出版社2012年版,第68页。

估对象;二是客观化信息收集的方法或技术;三是科学、严格的评估标准;四是一定的、明确的评估目标;五是隐含着价值判断。

(二)地方立法质量评估的含义

1. 地方立法质量

从"质"和"量"的角度来解析,质量包含"量"上的多寡和"质"上的优劣。有学者认为,质量包含优秀、价值、符合规范和要求、适用性、满足消费者预期等层面。[1] 这是从物质、产品的属性或者评估者的认知来理解质量。从管理学的角度看,"质量"意味着产品或者工具具有的某种能力或者属性,提高"质量",就意味着提高其能力或者属性,以达到满足用户需求的目的。[2] 质量的优劣需要通过不同的指标来衡量,大卫·加文提出了多维度指标结构,包括绩效、特征、可靠性、一致性、持久性、适用性、美感和感知质量。综上,地方立法质量中的"质量"是"事物、产品或者工作的优劣程度",它同时具备了主观属性和客观属性,其评估需要一定的指标。由于事物的内在性质不同于数量上的直观计算,其衡量标准与评估结果因不同主体会呈现较大差异。当然,地方立法体现了从属性和自主性的特征。在从属性层面,地方立法必须以宪法为核心和统帅,不能突破上位法的限制,须恪守"不抵触"原则;在自主性层面,地方立法必须基于地方实际,充分发挥积极性确保立法内容体现"有特色""可操作"。因此,地方立法质量需要依据自身特性,包含着对立法机构、立法活动、立法结果等内容的评估,且主要是考量立法文本的优劣、立法效果的实现程度。

2. 地方立法质量评估

综观各地方的实践活动及学界的理论,探讨立法质量评估,多是以立法评估出现。立法评估是由西方国家率先提出并加以运用的,

---

[1] 参见陈水生:《什么是"好政策"?——公共政策质量研究综述》,载《公共行政评论》2020年第3期。

[2] 参见尹奎杰:《权利质量研究的理论视域》,载《河南大学学报(社会科学版)》2019年第2期。

其最初应用于管理领域和公共政策领域,而后发展至立法领域,成为提高立法质量的重要手段。

在实践中,各地方都积极开展了立法评估活动,其称谓纷繁复杂,具有代表性的观点有:"立法回头看""立法后跟踪评估""法律效果评估""法律绩效评估",[1]但其评估活动的实质皆为"立法后评估"。目前,诸多地方的人大和政府为了指导本地方的立法后评估活动都制定了相应的评估办法或规定,实务中的立法后评估概念得到了界定。例如,西安市发布的《西安市政府规章立法后评估办法》明确指出,立法后评估是指西安市政府对实施一定期限的政府规章,通过科学的标准和特定程序对法律的文本质量、现实的运行情况和实施效果等因素进行调查、分析和评估,为规章的设立、修改、废止提供科学依据的活动。虽然各地方称谓不尽相同,但实质含义都是对地方性法规或规章制定后进行的评估,只是评估内容的侧重点不同才造成了称谓的差异。

对于立法后评估的界定,理论界多是以评估发展的进程以及评估的价值为标准来确定其内涵,代表性的观点主要有以下几种:一是法律完善论。许安标根据立法的不同时间段区分了立法前评估和立法后评估。他认为立法后评估是完善立法的一种方式,其目的在于发现国家立法及实施中存在的问题,并从中总结经验,为法律的完善和日后的相关立法提供借鉴和指导。[2] 二是法律评价论。以俞荣根和周旺生为代表的学者主要持这种观点。该观点认为立法评估实质上就是立法评价,是指特定的主体在法律实施一定时间后,根据特定的评估标准和评估方法对法律的文本质量和实施效果进行定量分析和定性分析,在此基础上对法律的功能作用、质量进行价值评

---

[1] 如"立法回头看"出现在云南、山东等地;"立法后跟踪评估"出现在海南、甘肃等地;"法律效果评估"出现在福建等地;"法律绩效评估"出现在北京、浙江等地。

[2] 参见许安标:《立法后评估初探》,载《中国人大》2007年第8期。

估。[1] 三是立法过程论。汪全胜认为立法是一个连续性的过程,根据不同阶段可以将立法评估分为立法过程的前、中、后三个部分。其中,立法过程前评估(立法前评估)和立法过程评估都主要是论证法律出台的可行性和必要性,如对立法的技术方案、现实的需求、成本与收益的预期等因素进行分析;而立法后评估除了对上述内容进行论证外,还要对法律的实施效果、未来的立法决策等内容进行分析。[2] 此外,还有学者认为,立法后评估的作用是立法监督,是对法律、法规、规章的合法性评估。[3]

立法的质量如何评估,自然涉及评估标准的确立。理论界对于立法质量评估标准这一概念,有诸多表述,如"行政立法评估标准""法律绩效评估标准""立法质量跟踪评估标准""立法质量检测标准""立法后评估标准"等。总的来看,具有代表性的有以下几种观点:第一,从价值和事实层面进行界定,认为立法评估标准是法律文本质量、立法价值及法律实施效果的准则和尺度,是在对法律功能作用、实施效果评论估价的基础上对整个立法质量、价值进行的评论估价,其目的在于检验法律实施效果,发现问题,为未来的立法提供科学的立法依据;[4] 第二,从立法的应然性进行评估,注重法律文本自身的质量评估;[5] 第三,从立法的实然角度讲,对法律实施后的效果评估,即将立法评估标准直接等同于法律绩效评估标准,是有关主体对立法实施效果进行评估时所依据的准则、尺度。[6] 在规范层面,国家和地方的立法评估制度并没有对评估标准进行界定,只是规定

---

[1] 参见俞荣根主撰、主编:《地方立法后评估研究》,中国民主法制出版社2009年版,第11页;周旺生、张建华主编:《立法技术手册》,中国法制出版社1999年版,第55页。
[2] 参见汪全胜等:《立法后评估研究》,人民出版社2012年版,第5页。
[3] 参见郑文金:《立法后评估探讨——全国人大常委会立法后评估研讨会观点综述》,载《楚天主人》2008年第9期。
[4] 参见王称心:《立法后评估标准的概念、维度及影响因素分析》,载《法学杂志》2012第11期;周旺生、张建华主编:《立法技术手册》,中国法制出版社1999年版,第499页。
[5] 参见俞荣根主撰、主编:《地方立法后评估研究》,中国民主法制出版社2009年版,第16页。
[6] 参见汪全胜:《法律绩效评估机制论》,北京大学出版社2010年版,第168页。

了评估活动可以从哪几方面来评估所立之法,如陕西省所确立的立法评估标准分为合法性、实效性、合理性、协调性、可操作性。

3. 本书对地方立法质量评估的界定

学界多是以规范性的角度来研究立法评估,或是强调法律文本本身,或是强调法律实施后的效果,但这种内涵只是从立法的结果出发,却忽视了立法的过程以及立法机构的重要性,其评估自然呈现出一种结果主义导向,这极易导致立法评估的工具性。实务界只是对评估标准进行了概括式的列举,并没有对标准如何选择、形成作过多的解释,因此其是否科学合理较难判断。因此,本书所论及的地方立法质量至少应该包含地方立法满足规制社会秩序的"工具"质量和立法之于本身所具有的合目的性或者是价值质量。这两种立法质量相互独立但又是紧密相连的,体现了地方立法的构成性以及调适性。它既是一种描述性的概念也是一种评价性的概念。相应的地方立法质量评估包含对立法文本、立法价值、立法实施效果的评估。必须强调的是,广义上的立法质量评估等同于立法评估,其中包含立法前评估、立法中评估和立法后评估,但本书使用狭义的概念,即仅是从立法质量这一层面来进行论述,相当于立法后评估。

在明确地方立法质量评估的内涵之后,本书再对立法质量评估机制进行说明。机制通常有四种内涵:一是源于古希腊文,指机器的构造和工作原理;二是指事物的结构、功能和构成要素之间关系;三是规律性的自然现象;四是一个工作系统的组织或部分之间相互作用的过程和方式,如运行机制、考核机制等。在社会学领域中,机制主要是指事物自身的构成及其运动中的某些由此而彼的必然联系和规律性。[1] 因此,地方质量评估机制是指立法质量评估所构成部分,如评估主体、评估标准、评估方法、评估程序等,以及这些部分在质量评估中相互的联系和作用。

---

[1] 参见孔伟艳:《制度、体制、机制辨析》,载《重庆社会科学》2010年第2期。

二、地方立法质量评估的基本构成

立法质量评估是评估主体在一定的价值指引下依据评估程序，采取特定的评估方法进行的，并通过评估提升立法的科学性、民主性与合法性。而立法质量评估系统是评估活动的载体，厘清评估要素的相关作用和特性，能够使评估机制更具有科学性和实效性。从实践来看，立法质量评估主要由评估主体、评估客体、评估程序、评估标准、评估方法等要素构成。

（一）评估主体

评估主体指向的是"谁来评"，即谁来组织评估？谁来实施评估？谁来参与评估？谁来监督评估？立法质量评估机制的实施离不开评估主体，可以说，评估主体贯穿评估活动的各个环节，负责整个评估指标体系的运行，包括确立评估的对象和内容、制定评估标准、收集评估所需信息、撰写评估报告并实施反馈等。评估主体对评估过程和结果的意义重大，其在评估过程中所秉承的价值理念、道德观念，其掌握的方法和认知能力等直接影响着评估结果的公信力和科学性。一般来说，评估主体是在立法质量评估活动中拥有一定权力，履行职能并承担责任，主持、组织、参与到评估过程中的组织和个人。根据主体所处环境的不同，评估（评估）可以分为内部或外部的专家实施。[1]内部的立法质量评估是指立法机关内部或者指定的法律实施部门组织推行，是自我评估；外部的立法质量评估是由独立的机构或者组织（一般指无委托或无官方资金支持的第三方）。从国际上的综合性评估项目来看，其评估主体都为独立的非营利性组织。例如，世界正义工程基于法治指数开展的"法治评估"，世界银行开展的"营商环境评估"。相较于这种独立的具有"社会型"特质的评估，我国的法治评估和立法评估主体带有浓厚的官方色彩，多为立法机关开展的自我评估。而根据在评估活动中的角色和地位，评估主体

---

[1] 参见[德]赖因哈德·施托克曼、[德]沃尔夫冈·梅耶:《评估学》，唐以志译，人民出版社2012年版，第1~2页。

又可分为组织主体、实施主体、监督主体和参与主体。由于立法质量评估工作主要由立法机关负责，虽然地方人大及其常委会已经在逐步推进委托式第三方，但当前的评估主体仍然呈现鲜明的立法机关主导下的"多位一体"特征。又如，重庆市人大常委会2013～2014年对四部关于科技系统的地方性法规的实施效果评估，是由万州、北碚、南岸、荣昌四个区县的人大常委会负责。

（二）评估内容

评估内容的确定依赖于评估对象的选择。评估客体指的是评估的对象，即哪些法律法规需要评估。评估客体的选择对评估的制度化、可操作化至关重要，是立法质量评估成熟的重要标准。原则上讲，从提高立法质量的目的出发，一个地方的所有法规都应当评估，但基于现实需要，这是不可能也没有必要的。从各地方的制度规定来看，地方立法质量的评估对象可分为以下几种：法规调整的事项与客观形式、经济社会发展发生了较大变化的；有关单位、人大代表、社会公众等主体对法规内容或实施情况提出意见较多的；涉及人民群众切身利益或者关系到社会经济发展的情形。然而，在立法质量评估实践中，由于选择的标准不同，各地关于评估对象的确定具有较大差异，这也导致了评估的重点具有很大不同。例如，广州市人大常委会于2015年开展的《广州市全民健身条例》评估、宁波市人大常委会于2015年开展的《宁波市城市绿化条例》评估。

评估对象关涉评估的内容，即从哪些方面来评估立法的质量。从我国的理论界与实务界的关注焦点可知，评估内容差别较小，集中在对立法的文本质量和法规实施情况的评估。这两项评估内容也体现了评估的"后立法"阶段，即重视规范本身。然而，除却对规范本身的"结果"评估外，还有评估主体对立法机关、立法程序等与法律质量相关的立法要素进行评估。例如，中国社会科学院所发布的《中国地方人大立法指数报告》涵盖了立法信息、立法活动、立法参与等方面，而非局限于法律实施效果。

(三)评估标准

立法质量评估标准是衡量立法过程和立法效果优劣的行为准则,其下设的评估指标是主体用以测量非物化现象的工具,是立法质量评估活动的重要前提和基础。评估标准的系统性、科学性决定了评估结果的有效性和真实性。实践中要科学、客观地评估立法质量,就必须有一套符合客观规律、科学可行的标准体系。对立法质量评估所依据的标准是多样化的,如对立法价值的评估,包含秩序、效率、公平、正义等;对立法技术的评估,包含法律法规的语言文字是否规范、体例是否完整等。另外,在具体的评估实践中,由于不同评估主体的理念、目的,选取的评估内容的不同,选取的评估标准也有很大差异,在指标的设计上并不具有统一性,自然最终得出的评估结果也会不同。从现实来看,在当前评估标准体系或者指标的选取上,主要以各主体的主观判断为主,并没有一套相对规范或者成熟的评估指标体系。

(四)评估方法

确定立法评估内容和评估标准之后,就需要以科学的评估方法来实现客观测度法的实际运行、实施效果和实际效力。评估方法是主体对立法质量进行定性、定量分析时所采取的技术、工具或者手段。科学地掌握和运用评估方法是做好评估工作、实现评估目标的重要保证。从评估方法的分类及比较来看,大抵上可分为定性评估、定量评估和综合评估法。其中,定性评估法具有强烈的理论分析和归纳演绎特征,其以主体的主观判断为主,通过对收集的信息进行整理分析对立法状况作出评估,包含访谈法、个案研究法、同行评议法、专家预测法等。定量评估采取客观、中立的实证主义方法论立场,通过指标体系的设计将评估的内容化约为可视化的数字,进而依靠信息与技术的结合对所收集到的数据进行统计和分析,以对法律的实施情况进行"客观测量",包含统计调查法、层次分析法、指标评估法等。综合评估方法,是指将综合运用定性、定量评估方法,包含社会调查法、德尔菲法、系统分析法等。近年来,随着法治评估、立法评估、司法评估等评估活动的不断推进,评估的方法也在不断改进,从各地的评估实践来看,基本形成了"技术+价值"相融合的评估方法。然而,需要强调的是,由于立法涉及的因素较多,很难用单一的方法进行评估,应该依据具体的情况灵活运用评估方法来获取不同主体的利益诉求和满意程度,以科学的方式呈现法律运行的现实状况。但是,鉴于立法质量评估的复杂性和不可预测性,要想完全依靠客观的指标来测量法治状况是很难做到的。因此,当前的立法评估实践多依赖定性的评估方法,以访谈法、问卷调查法、专家评估法、个案研究法为主。

(五)评估程序

评估程序是评估机制建设的重要组成部分,能够为立法质量评估工作的开展提供程序指引,其在很大程度上决定了评估过程和评估结果的合法性与正当性,为立法机关的最终决策提供了合法、合理的证成。立法质量评估程序是评估主体遵循事先设定的方式和关系,按照一定的步骤和时限,确保评估活动有序开展的一系列的跟踪调查,最终得出评估结论的过程。当前的立法质量评估仍旧缺乏统一的法律规定,尽管各地方已经开展了评估实践,但评估程序是不尽相同的,评估结果的可比性和权威性不足,评估结果的回应和反馈基本处于缺失状态。汪全胜将立法后评估分为三个阶段:评估准备阶段、评估实施阶段和评估结束利用阶段。其中,评估准备阶段包含确定评估对象,明确责任主体,制订评估方案;评估实施阶段是根据方案收集关于评估的信息,并且依据质量评估标准作出判断;评估结束利用阶段包含撰写评估报告,以及报告如何利用,做好后续的动态跟踪。因此,从程序方面讲,立法质量评估是静态与动态相结合的过程,评估主体需要做好评估结果的落实情况,及时去发现立法中的新矛盾和新问题,避免出现"一评了之""评后即完"的情况。

(六)衔接制度

立法质量评估机制的有效实施,需要相应的制度加以保障,以增强自身的制度化程度,同时也依赖于与其他提高立法质量制度的有效衔接。关于立法质量评估机制的配套制度,其核心在于"赋权"与"问责",即要保持权责一致的情况。在赋权方面,需要有相应的法律法规作支撑,确保评估机制的规范化、制度化和法治化;在问责方面,主要是加强立法质量评估的监督与问责机制,确保评估的"可追溯"。在制度约束下,对评估主体的监督乃至对评估结果运用的监督能够提高评估向未来立法的转化率。当然,立法质量评估的有效还需要同其他制度进行衔接,如执法检查、法规清理等,从而确保评估的结果能够与"立法的规划或者年度计划"进行接洽,及时对法规进行修改、废止或者对未来的立法提供意见。

三、地方立法质量评估的基本类型

(一)基于评估主体的分类

前文提到,根据评估主体的不同可以分为内部评估和外部评估。内部评估的组织模式通常是由立法机关及其相关部门实施的自我评估,属于第一方评估;外部评估则由第三方负责,属于第三方评估。根据评估项目是否来自立法机关的资助,又可以分为委托式第三方评估和独立第三方评估。

第一,立法机关内部评估。从我国的法治进程发展来看,自改革开放后法律体系开始构建,到 2010 年我国特色法律体系的形成,再到党的十八大之后法治体系的提出与建设,无论是中央立法还是地方立法,都遵循一种建构式的逻辑进路。这种带有明显建构色彩的立法使我国的地方立法评估在多数情境下呈现出官方主导的评估局面,近年来各地方的立法评估制度设计和评估实践都体现出此种特征。[1] 例如,陕西省发布的工作规定将省人大各专门委员会、常务会各工作委员会作为评估组织者。[2] 这种自检自评式的评估模式

---

[1] 参见付子堂、张善根:《地方法治建设及其评估机制探析》,载《中国社会科学》2014 年第 11 期。
[2] 《陕西省地方立法评估工作规定》第 4 条第 1 款规定:"省人大各专门委员会、常务会各工作委员会根据工作需要组织立法评估。"

实际上属于一种绩效评估,其目的在于检验本地方的立法成效,注重立法的效益实现。

第二,委托式的第三方评估。委托式的立法评估由独立于立法机关的外部机构进行,立法机构不介入具体的评估事项,只提供相关的资金、信息等其他方面的帮助,其代表为重庆市的地方性法规评估。这种合作式的评估模式看似科学,但却隐含着不同主体之间的利益博弈。由于评估组织被专业的科研机构所掌握,其自身带有偏好的价值判断,评估所包含的利益需求和享有具体评估权的评估者是有出入的。它可能会给立法机关带来"恐惧感"进而使其产生抗拒因素,如果最终的评估结果无法被委托者所接受,那么该项评估就毫无意义。因此,委托式的立法评估在实际运行中伴随复杂的立场选择与利益博弈,而评估结果正是评估主体相互博弈的妥协产物,双方主体很难撇开自身立场而独自决策。[1]

第三,独立式的第三方评估。相对于内部评估及委托式的立法评估,独立第三方因其地位的独立性、知识的可靠性及自身领域的专业性逐步受到学界的推崇。[2] 从现有的评估实践来看,高校机构和科研院所在第三方评估中占多数。然而,这种独立的第三方主体仍然存在自身的价值偏好和追求,如期望通过自身的评估结果倒逼立法机关增强法治意识,提升立法能力或者形成社会影响力来传播自身的学术观点。并且,受制于制度、主体、环境等多重因素的影响,独立的第三方评估所带来的结果因在深度和有效接纳方面存有天然局限而无法满足自身预期。[3]

---

[1] 参见万方亮:《有限理性视角下法治评估的模式重构及逻辑遵循》,载《行政法学研究》2020年第4期。

[2] 参见陈珺珺:《论行政立法后评估制度之构设》,载《兰州学刊》2006年第11期;汪全胜、金玄武:《论构建我国独立第三方的立法后评估制度》,载《西北师大学报(社会科学版)》2009年第5期。

[3] 参见张玲:《第三方法治评估场域及其实践逻辑》,载《法律科学(西北政法大学学报)》2016年第5期。

(二)基于评估目的的分类

第一,以立法绩效为目的的评估。这种"绩效型"评估往往存在于立法机关内部。作为检验立法效果的方式,内部的立法评估具有自查自纠的性质,这种特性决定了评估的目的在于发现问题并用以提高立法机关的能力和水平。在这种目的导向下,评估法律或者有关法律的规定总是倾向于"有"或"无",是一种事实性的判断。该类评估重视结果的及时性、具体性和总结性,以便能够反映出立法的真实效果,为未来的立法完善提供决策,但有可能受评估主体的影响而出现不客观的结果。

第二,以"知识生产"为目的的评估。"有些评估的目的不是直接为决策及其相关方面提供信息,而是因为更复杂的目的和向更多的受众描绘社会干预的性质和效果,从而增进相关知识"。[1] 这种"知识生产型评估"并非直接作用于立法机关的决策,而是根据自身的研究需要对立法的某一方面选择性评估,其目的可能是为相关领域的知识增长作出贡献。

(三)基于评估进路的分类

立法与法治是紧密相连的。基于对法治概念"薄"与"厚"的理解,法治评估分为"管理"与"治理"类的评估模式。"管理评估"采取"薄"法治观,由立法机关主导,以形式性、执行性和确定性的内部视角来评估法治;"治理评估"采取"厚"法治观,由理论界主导,以一种实质性、超越性和实验性的外部视角来评估法治。[2] 从评估进路来看,这两种模式被概括为"制度性进路"和"价值性进路"。[3] 立法评估也可分为这两种模式。其中,"制度性进路"是指以促进法律完善为目标,根据法律所确立的制度设计指标体系,凭借这些指标发现问题,达致"科学立法、民主立法、依法立法"的形式标准。"价值

---

[1] [美]彼得·罗希、[美]马克·李普希、[美]霍华德·弗里曼:《评估:方法与技术》,邱泽奇、王旭辉等译,重庆大学出版社2009年版,第25页。
[2] 参见钱弘道、杜维超:《法治评估模式辨异》,载《法学研究》2015年第6期。
[3] 张德淼、李朝:《中国法治评估进路之选择》,载《法商研究》2014年第4期。

性进路"从立法的价值出发,来衡量法的价值实现程度,如法对秩序、正义、自由等价值的保障,公民权利义务的实现等。

(四)基于评估方法的分类

第一,定量评估。定量评估主要是采取量化分析方法来对立法质量和实施效果进行评分,进而通过对各项数据的总结得出结果。"任何事物都有质的特征,也有量的特征,这种量的特征为我们从数量方面进行科学研究提供了可能。"[1]一般来说,定量研究的作用可以表现为几个方面:一是数字的表达有着普遍共识的研究对象;二是有着实体对应物;三是可以进行直观化的数字表达,如依据分数进行排名。[2]这种定量分析在法治评估中运用的较为普遍,如对司法评估时,可以考察立案数量、结案率、上诉率等客观指标。在地方立法质量评估中,主要是根据法规的相关规定,在进行"概念化"化之后抽离出可以直接测量的指标,用客观的数据评估相关立法是否实现立法目的。例如,广州市 2014 年对《广州市市容环境卫生管理规定》评估过程中,针对市容环境卫生的形象的评估,统计了道路保洁面积的增长量;市容环卫专用车辆设备的增长量;执法人员的培训教育数量。[3]

第二,定性评估。定性分析主要是研究者根据分析对象过去与现在的对比状况,通过自身的直觉、经验加以最新的信息材料,对分析对象的性质、特点、发展规律等作出理解和判断。基于这种方法形成的定性评估主张"理解因人的理性所构建的意义,对此意义的认

---

[1] 许晓东主编:《定量分析方法》,华中科技大学出版社 2008 年版,第 22 页。
[2] 参见风笑天:《定性研究与定量研究的差别及其结合》,载《江苏行政学院学报》2017 年第 2 期。
[3] 《广州市市容环境卫生管理规定》自 2007 年 1 月 1 日起施行以来,道路保洁面积由 2006 年的 6273 万平方米扩增 2012 年的 10,218 万平方米,增长了 62.89%,其中机械化保洁面积增长了 77.5%;市容环卫专用车辆设备总数由规定实施前的 1353 辆增长到 2012 年的 2017 辆。在执法人员的培训教育方面,开展了 18 期新队员岗前培训,设置了市容执法专题。

知构成了对社会现实的认知且可能成为人们行动的指南"。[1] 定性评估能够较为准确地把握立法或者法治的本质,了解法治实施的优劣和状态,但定性的主观性指标很难用量化的形式进行表达,实践中更多的是依赖评估者的主观判断和认定。例如,有学者评估法的可操作性时,其设立的指标包含"法规所规范的行为模式容易被辨识""法规中禁止性规定的法律责任承担方式明确、适当"。[2] 至于达到何种程度才可以体现"容易辨识""明确""适当"则需要主体自己把握。

第三节 地方立法质量评估的功能与定位

实践中的法治评估以及立法评估都在如火如荼地开展,也取得了较为丰硕的成就。论及法治评估,总是与"促进法治建设"相连接;谈起"立法评估",总是与"提升立法质量,促进科学立法"相接洽,似乎只要实施了"评估"就能实现它所欲达到的目标。实际上,这种假设或者期待首先需要回答一个至关重要的问题,即立法评估的功能到底是什么,其在我国法治建设进程中扮演着何种角色。只有进一步明确其合理定位,才能根据我国立法实践的具体情境规划和选择何种评估模式。否则,在预设了立法评估能够当然地提升立法质量这种泛泛而谈的前提下,还是会局限于"自说自话"的泥潭而不能自拔。

一、地方立法质量评估的功能
(一)深入认识和发现问题,提高立法的科学性

法律作为一种调整社会关系的行为准则,具有指引、评估等功

---

[1] [美]诺曼·K.邓津、[美]伊冯娜·S.林肯主编:《定性研究:解释、评估与描述的艺术及定性研究的未来》,风笑天译,重庆大学出版社2007年版,第1052页。
[2] 刘作翔、冉井富主编:《立法后评估的理论与实践》,社会科学文献出版社2013年版,第56页。

能,可以为人们的行动提供一种"规范性预期"。在立法实践中,为了确保法律功能的实现,立法者必须遵循"科学立法"的基本原则,以期制定出有效、适宜且满足实际需要的法律。然而,受制于立法环境和立法者认知的有限性,现行有效的法律并不完美,可能无法实现立法者的立法目的,如法律是否在价值落实方面做到了无矛盾?[1] 面对新情况、新问题,法律中的相关制度能否规制?既有的规范与整个法律秩序是否协调?更为重要的是,相对于中央立法,地方立法更为具体且可操作性更强,而成文法的稳定性所产生的僵滞性可能会抑制其作为的发挥。通过立法质量评估可以发现地方立法存在的问题,并进行纠偏,确保地方立法的实效性。实际上,作为一种发现问题的手段,评估已经开始嵌入在政策、项目等其他方面的规划、设计、执行、总结的过程中,发挥着解决问题的作用。[2] 因此,认识和发现问题的最终结果是要解决问题,即通过评估促进地方立法的清理、修改及质量的提升,以满足地方治理的需求。

(二)优化资源配置,满足市场经济下利益主体共享立法资源的需求

党的十八届四中全会通过的决定指出,社会主义市场经济本质上是法治经济。作为市场经济重要组成部分的市场规则,则由一系列相互配套的法律规则所规制。在此环境下,利益主体多元化以及共享资源的紧迫性已经成为社会结构调整方面重要的特征,而立法的过程就是利益博弈的过程,只有充分吸收多方的利益主体参与,才能够实现对"权力资源"和"权利资源"制度化的再配置,满足不同主体之间的资源需求。一方面,在立法评估场域中,交织着普通公众、专家学者与立法机关之间等主体的利益需求和价值偏好,评估结果的生成是不同主体进行斗争并妥协的结果。在这种开放与斗争的环

---

[1] 参见陈柳裕:《法治政府建设指标体系的"袁氏模式":样态、异化及其反思》,载《浙江社会科学》2013年第12期。
[2] 参见王浩:《论我国法治评估功能的类型化》,载《河北法学》2018年第12期。

境中,立法评估为公众提供了一个对法治建设监督的信息平台,通过对"法律"这一"公共产品"的评估,有助于立法资源的优化配置,促进评估效能的实现。另一方面,立法资源是有限的,任何法律的制定和实施都需要考虑成本与收益的转换,立法者须以有效的资源创造出最大的价值。在地方立法数量激增的现实条件下,立法者应该考虑到社会的接受程度,控制立法的总量进而提升立法的质量。这种"质"的提升为立法评估提供了实施空间,从而使立法者能够针对本区域所存在的突出问题对法规进行完善,保障不同主体的权益。

(三)加强对立法机关的监督,提升立法公信力

法治评估的一个重要功能,就是公众的监督与民主参与。[1] 对立法质量进行评估,实质上是评估立法的公信力。一方面,立法评估是一个沟通、反馈、再沟通、反馈的过程,立法机关与公众之间并不是在评估结果出现之后才产生交集的,而是几乎贯穿整个环节之中。在此过程中,公众的参与权得到了实现,在一定程度上弥补了立法前参与的不足,同时对权力机关也进行了监督,确保了评估结论的客观性。事实上,如果缺少社会的公众参与或者由政府单方面形成和公布评估结果,即使内容再充实也不能反映治理绩效的真实情况。[2] 另一方面,公开公正的立法质量评估能够践行"人大主导立法"的价值理念,弥补"精英评估"的不足。立法机关权力正当与合法地获得基于人民的授权与委托,信任是最为重要的纽带。于是,在公开公正的评估过程中,公众可以为立法评估带来更多真实、有效的评估信息,减少评估过程中的误差,在提高立法评估民主性的同时增强了立法机关的实质合法性。同时,法律在社会中的实施效果需要公众的经验感知和理性评估,立法机关在强调技术理性的同时注重大众的公共理性,可以减少立法的主观设计和部门立法的权力本位情怀,约

---

[1] 参见王利军:《论法治评估功能的定位》,载《法学杂志》2019年第6期。
[2] 参见吴建南、杨宇谦:《地方政府绩效评估创新:主题、特征与障碍》,载《经济社会体制比较》2009年第5期。

束个人价值对专业问题的判断。因此,立法质量的评估也是对立法机关立法成果的考量和监督,能够促使法律更多的回应社会需要,确保民意的充分表达,实现一种与社会变革相适应的规范化体系。[1]而这种互动式的交流可以进一步促进公众对立法机关的信任和认可,在增强立法正当性的同时有助于立法权威的树立。

(四)落实立法的引领作用,实现法治系统的均衡发展

全面依法治国是一项庞大的系统工程,既涉及立法、执法、司法和守法的整体推进,也涉及经济、社会、生态文明建设的方方面面。改革开放以来,在"粗放立法""加快立法""赶超立法"的立法理念下,现实中的立法可能会超出执法、司法与社会发展的承受能力,也可能会滞后于社会现实。如果立法与执法、司法不相匹配,就会影响权力的规制与权利的保障,在很大程度上制约社会公平正义的实现。因此,在新时代全面依法治国的布局下,实现立法与执法、司法的协调发展,应当成为法治建设的重点。"法律的生命力在于实施""法律的权威也在于实施",通过对立法实施效果的评估,使立法更具有可操作性。就地方性法规而言,其地位仅次于宪法、法律和行政法规,涉及社会生活的方方面面,是地方行政机关执法的重要依据,并且在诉讼中具有重要地位。[2] 因此,对地方立法质量的评估并非仅限于发现"立法"的问题,而是在保障"良法"的基础上,落实严格执法、公正司法,推进依法治国的实效性,实现地方法治系统的均衡发展。

二、地方立法质量评估的合理定位

(一)正确认识地方立法质量评估在推进"国家治理体系现代化"中的作用

党的十八大以来,推进国家治理体系与治理能力现代化,成为全

---

[1] 参见[美]诺内特、[美]塞尔兹尼克:《转变中的法律与社会》,张志铭译,中国政法大学出版社2002年版,第38页。

[2] 《行政诉讼法》第63条第1款规定:"人民法院审理行政案件,以法律和行政法规、地方性法规为依据。地方性法规适用于本行政区域内发生的行政案件。"

面深化改革的总目标。从概念上讲,"国家治理"具有时间性和空间性两个维度。时间维度揭示了从"管理"到"治理"的转型,空间维度则呈现了"中央"与"地方"的面向。在法治实践中,法治评估的定位必须置于"治理"的角度,也需要将"国家治理"和"地方治理"统一起来。从制度层面讲,国家治理体系包括经济、政治、文化、社会、生态文明和党的建设等各领域体制机制、法律法规的安排。[1] 要完善国家治理体系,需要在法治轨道上进行推进,[2]"科学立法"就成为评估法治指标体系的首要维度。当然,在地方治理的大框架下,还包含着省域、市域、县域治理现代化。其中,市域治理现代化是核心。党的十九届五中全会明确了"加强和创新市域社会治理,推进市域社会治理现代化"。因而,国家治理体系现代化的实现需要完善地方立法的立法体系,尤其是在立法权扩充至设区的市的背景下,更需要发挥地方立法在推进地方治理制度化、法治化的作用。基于法治的立场,建构并运用相对系统的立法质量评估指标体系,将制度规范与实施效果用指标的形式体现出来,并作为评估地方立法的指南和标准,能够反映出地方的法治状况,进而确保地方治理的回应性与调适性。

(二)妥善处理评估中"政治"与"科学"之间的关系

法律与政治的关系是立法所必须面对的问题。任何立法都依赖于特定的环境,诸如政治结构、经济体制、立法机关组成人员等内在与外在环境,其中"政治环境"是立法不可避免的。对此,沃尔德伦认为,我们如果准确恰当地理解立法就必须认真对待"政治的环境",这既是立法能够运作的场域,也是立法体现分歧的重要原因。[3] 关于法律与政治的关系如何处理,有学者作出了一种"理想类型"划分,他将两者的关系分为三种:自治模式、嵌入模式和相交

---

[1] 参见钱弘道、王朝霞:《论中国法治评估的转型》,载《中国社会科学》2015年第5期。
[2] 参见张文显:《治国理政的法治理念和法治思维》,载《中国社会科学》2017年第4期。
[3] 参见姜孝贤、宋方青:《立法方法论探析》,载《厦门大学学报(哲学社会科学版)》2016年第3期。

模式。[1] 其中,自治模式强调法律与政治的严格分离,法律不受政治的干扰;嵌入模式强调法律与政治紧密相连,甚至是政治的一部分,是政治目的得以实现的手段;相交模式注重法律和政治既相互区别又不可分离,法律并不能完全自洽。虽然受近代以来科学理性的影响,启蒙思想家将法律作为一个自治的系统,即法律具有明确性、客观性、合规律性,但其产生仍然离不开立法者的政治习性。事实上,现代国家的立法就是理性的立法者通过特定的程序所构建的一系列规则体系,并将这些规则应用于复杂社会中,用以调整社会关系,以达到维护社会秩序、促进社会主体自由发展的特殊活动。它包含着两种属性,一是理论属性或者法律属性,即立法是对规律性的表达,强调对社会事实所形成的法律关系的调整,体现了科学性;二是实践属性或政治属性,即立法总是实现特定的目的,如维护社会秩序或者实现个人自由。在地方立法中,基于社会管理的需要,立法机关往往会将立法作为实现政策目标的手段,体现着一定的政治属性。

由于立法与政治是很难分离的,立法质量的评估自然会受到政治的影响。为了保证立法质量评估的科学性,理想的状态是评估者具有"希望将政治与评估分离"的态度并且"有可能将两者分离"。然而,这种理想状态在现实中很少相符,政治作为主要任务的委托方会以各种各样的方式对评估产生影响。进一步而言,即使政治不是评估主要任务的委托方,且评估由独立的第三方机构进行,也仍然会面临政治困境。一方面,评估要想发挥作用,就必须深入分析除了科学价值之外的政治以及社会的价值,它需要着眼于实践和社会——政治问题的解决,以便为科学的决策提供合理的论证。另一方面,评估具有目标指向,它的有效性需要同事先给定的目标进行对比,最终来判断事项(法治/立法)在哪些部分有效或者无效。因此,对于立法质量评估的研究体现出一种"双重性":它既是社会科学研究的一

---

[1] See Mauro Zamboni, *Law and Politics: A Dilemma for Contemporary Legal Theory*, Springer, 2008, p.60.

部分,需要有科学合理的论证;它又会受到政治的影响,其结果对政治决策至关重要,会部分受到非理性的制约。

(三)理性对待地方立法质量评估的限度

我们强调"立法评估",本质上是通过检视立法效果来发现立法中的问题,从而淘汰不合时宜的法律,提高立法质量,增强立法效益,实现法律体系的协调和完善。然而,在如今地方立法权扩张的背景下,对于立法评估所能达到的程度不能带有较多理想化的期待,而是必须认识到"应然不等于实然",评估的作用仍然是有限度的。首先,从本质上讲,评估本身就包含着价值判断,其标准以及所使用的数据收集、统计技术在内的各种方法,从未摆脱研究者价值认识的制约和影响,甚至研究者的目的会贯穿于评估的整个过程。[1] 其次,对于法律实施效果的评估,重在发现问题,来检验立法目的是否符合预期,其本身并不能解决问题。换言之,评估的有效性取决于结果在实践中的运用,如是否将该法规列入年度立法计划、对于存在的问题应如何修正等。最后,修订后的《立法法》虽然对立法后评估作出了规定,但只是起到了一种导向作用,说明立法后评估得到了全国人大及常委会的认可,至于如何具体操作仍旧缺乏实质规定。从现有的法律制度来看,各地方多是以政府规章的形式对评估的运作进行规范,效力层级低。从制度的内容来看,诸多地方的规范只是一套基本的评估流程,至于如何科学合理地评判立法,并没有与之相对应的可操作性准则。因此,必须承认立法质量评估在提升立法质量中的有限性,才能够以一种科学的态度对待"评估",而非盲目地将其作用进行扩大。

---

[1] 参见张德淼主编:《中国地方法治实施效能评估指标体系研究》,法律出版社 2019 年版,第 33 页。

第四节　地方立法质量评估机制形成的理论难题

自从法律以文字的形式表达出来以后，人们就会产生将其修改完善的愿望。制定高质量的法律被世界大多数国家视为优先事项，尤其是以制定法为主要法律渊源的成文法国家。源于考察执法效果的立法质量评估机制已经走过将近 20 年的发展历程，其初衷是维护社会秩序，故带有极强的地方性和"官方"色彩，但现在已经逐步向制度化和模式化发展。然而，相较于比较成熟的政府绩效评估机制、重大决策社会稳定风险评估机制，立法质量评估机制具有较强的独特性，其在制度设计、实际运行中仍然存在很多问题，因而地方立法质量评估机制亟待完善和优化。当前，学界围绕立法质量评估机制及标准展开了一些探索和研究，并形成了一定的话语体系，但是其主观意志掺杂较多，并且尚未解决理论与实践的鸿沟，仍有诸多难题需要反思和解决。

一、评估需要何种价值取向

对立法进行评估需要坚持一定的价值取向，这是探讨立法质量评估机制应当首要解决的基本理论问题。在对立法的认知中，采取功能主义的立法观处于主导地位，即立法只是实现公共政策目标的工具之一，而立法的事前或事后的评估在于立法对社会的预期影响。这种影响性评估从立法能否实现政策目标的角度评估立法，其常用的评估标准是效率。在评估立法的活动中，研究者采取这种标准虽然提高了立法在实现某些目标方面的有效性，但可能陷入一种工具主义方法论，即它以法律作为一种工具理念为前提，以期有效地将社会引向立法者所期望的方向。事实上，十多年来，立法质量评估得以在我国迅速发展，是因为通过该手段能够直观地检验立法"成果"，而法律规范是否真正"有效"并非其首要目标，这种评估的标准涉及立法能够遵守立法者的政策目标的实现程度。与此相关,评估包含着两个假设:一是法律最重要的功能是政策目标的实现,二是立法者的目标有可能确定。这种假设即使不是毫无根据,也是值得怀疑的。因为法律往往有多种功能,立法者的目标并不总是明确的。如果强调法律作为一项实现公共政策的工具,会让人产生一种印象,即可以从社会和经济的成本——收益来评估法律质量。实际上,美国等西方国家也正是用这种"效率"标准来衡量法律的实现程度,我国学者所倡导的社会影响评估也属于此种评估模式。然而,法律具有规范预期功能、权力限制功能、社会协调功能等,这些功能不应当被立法所忽视。此外,在现代民主社会,立法是许多不同主体之间的利益竞争和协调的综合产物,这就会产生一个问题,即很难确定立法的实际目标到底是什么。因此,单纯地根据立法者的目的来评估立法是否有效是有失偏颇的,很容易陷入立法者所构建的"目标—手段"链条中。但是如果脱离了立法者所立之法的目的,以研究者超脱的视角去评估法律,则容易导致评估的"虚置化"。基于此,在地方立法质量评估中,选取何种价值取向或者理念就成为一个难题。

二、评估立法价值的困难

价值意味着对利益的衡量,法律本身就是对社会各种利益的协调和确认。对于立法价值,有学者认为,"立法价值表现为立法主体通过立法活动所要追求实现的道德准则和利益"。[1] 立法价值在不同的历史阶段可能会用不同的表达,但其所呈现的多元化、多层次性的价值体系却一直展现在立法者面前。[2] 就立法者与法律的关系而言,立法者将法律作为其实现价值追求的手段,法律本身承载了立法者的价值选择和价值理想。因此,法律既是一种行为规则,也是一

---

[1] 李林:《试论立法价值及其选择》,载《天津社会科学》1996年第3期。
[2] 参见陈雪平:《立法价值研究——以精益学理论为视阈》,中国社会科学出版社2009年版,第40页。

种价值导向。作为一种价值导向,法律通常浸染着立法者的价值诉求,它规范着人们的行为以达到价值导向的目的。[1] 当然,立法价值体系是多元的,原则上每一种价值都需要得到重视,但因各种因素却又无法全面地直接呈现,且价值的实现也遵循着一定的位阶。正如有学者所言:"法律中所存在的价值,并不仅限于秩序、公平和自由三种,许多法律规范首先是以实用性、获得最大效益为基础的。"[2]因此,作为抽象性的表达,价值评估是评估中的难题。

首先,立法价值诉求的不变与改变。在价值诉求中,有的价值是坚定的,并且无法发生改变,如秩序、安全、公平、正义等基本价值。对于某些容易改变的价值,如政治诉求的价值,则需要根据立法所处的阶段进行合理评估。因为对立法的评估总是在特定的时空背景下进行,其形成的评估报告需要满足政治决策的需求,能够为未来的立法决策提供证据。在不同的历史时期,因立法理念的不同常常会影响立法价值的判断。以我国在《野生动物保护法》修改过程中所体现的价值转换加以说明。1988 年制定的《野生动物保护法》所确立的立法目的是以实现经济价值为取向,以"发展、利用野生动物资源"的经济利益为中心,法律表达以"加强资源保护、积极驯养繁殖、合理开发利用"的十八字方针为主,对野生动物并非"保护"而是"利用"。这种以经济利益为主的价值诉求直到 2016 年《野生动物保护法》的修改才加以转变,树立了"保护优先、规范利用、严格监管"的原则,强调生态文明价值。从《野生动物法》的立法变迁来看,虽然"动物权利保护、维护生态平衡"是一直强调的价值取向,但真正落实到具体的条文规定中则需要漫长的时间来实现。同时,尽管《野生动物保护法》多次修改,但诸多地方关于野生动物的立法仍旧没有修改或者完善,立法目的还是以实现经济利益的"利用"为主,其

---

[1] 参见庞凌:《作为法治思维的规则思维及其运用》,载《法学》2015 年第 8 期。
[2] [英]彼得·斯坦、[英]约翰·香德:《西方社会的法律价值》,王献平译,中国法制出版社 2004 年版,第 2～3 页。

立法价值仍然充满着地方的政治诉求。

其次,评估过程中价值如何平衡。我国的地方立法多数是"管理型"立法,其内容涉及生活的方方面面,影响着公民权利的实现与义务的承担。主体在评估过程中,总会面临价值位阶,最突出的便是自由与秩序的冲突。如果将这两种价值进行解析,则是权力的限制与权利的保障。例如,关于公共安全视频监控地方立法评估,在很大程度上涉及公共安全与公民权益之间的冲突。对于公共视频安全监控的规制,地方性法规多以"安全技术防范条例"为立法名称。从立法内容来看,各地方主要以规范技防产品的安装、信息的使用等目的,强调对公共安全的保护。然而,公共安全视频监控法规中设置的广泛收集个人信息系统必然会造成公民权利的减损,如果运用不当会造成对私权利的侵害。虽然各地方规定了视频监控禁止安装的场所,但并没有对视频安装的必要性加以限定,也缺少对公众知情、同意等内容的设计。如果我们以公共安全的角度来评判立法的价值,无疑该项立法意义重大;但如果以信息权、隐私权等公民权利的合理保护为评估标准,则立法效果会大打折扣。

三、评估主体的公信力难题

上文提到,评估主体分为评估组织主体、评估实施主体和评估参与主体。评估主体的选择直接影响着评估的公信力,其中评估实施主体是核心,评估参与主体是基础。实践中,评估主体的组织主体为地方人大法工委,且为了弥补"自我评估"的局限,评估实施主体多为固定的某一地域的高校或者科研机构,其中尤以专门从事法学研究的法学院为主。

一方面,从主体的构成来看,组织主体与实施主体相分离,能够保证评估的独立性、专业性,然而却产生了另一个问题,即部门法内部专业的精细划分使评估实施主体很难跨越法学二级学科展开评估。[1] 由于地方立法存在不同的类型，如果不加区分地由一个团队进行评估，很容易造成评估专业性不足的问题。例如，某高校的评估团队可能是经济法领域的专家，对环境类的法规则认知较浅。事实上，鉴于我国教育资源不平衡的现状，抛开资源丰富的大省，我国诸多地方单一的高校或者科研机构是很难完全胜任立法质量的评估工作的。如果地方立法机关总是以固定的单一机构作为评估实施主体，看似实现了主体"中立"，但评估的公信力仍旧会被质疑，这也极易导致评估工作泛化或者表面化。

另一方面，公众参与评估产生的不确定性。首先，公众有序参与的前提应当是以评估法律信息的充分、透明等为基础，公众掌握的信息越多，在评估过程中所提供的意见自然就越有参考价值。[2] 然而，在地方立法评估过程中，立法机关输出信息的"质"和"量"与公众所能够提供信息的"质"和"量"不成正比。这种不成比例的信息"输出"与"接受"既有立法机关信息有限提供的外部因素，也有公众自身的内在因素。从公众自身角度看，由于其对法规规范的内容知之甚少，只是在经由某些社会事件发生后才会予以关注，如"地沟油"引起的食品安全卫生监管、"公共卫生事件"引起的野生动物保护等立法问题。如果在社会生活中并没有触及自身利益，普通的公众并不会真正关心法规的实施情况。其次，公众对法律的满意度并不等同于对法律的信任。在评估过程中，评估的实施主体总是以"满意度"调查来测量公众对立法的信任程度。在经验意义上，评估实施主体默认公众对于法治的满意度会合乎逻辑地形成对法律和立法机关的信任。公众对法治实施状况越满意，那么信仰法律的程度就越高。实际上，"公众对于政府的满意与公众对于政府的信任之

---

[1] 参见杜寅：《地方立法后评估面临的问题及规范化、科学化路径》，载《民主与法制时报》2020年5月28日，第7版。
[2] 参见张德森、杜朴：《立法后评估中的公众参与"虚置"及治理路径》，载《北京行政学院学报》2021年第1期。

间并非简单的线性逻辑关系",[1]这种"满意"与"信任"的复杂关系同样反应在对法律的满意度上。例如,各地方对于道路交通中"非机动车"的管制未必总是反映出立法的有效性,甚至对"非机动车"的整治会促使公众产生"乱象"感知。

最后,公众对立法的评估与专家评估的依据不同,其评估的重点并非"书面上的法",而是基于自身经历的生产生活方式,并且总是以执法行为的感知为基础。以基层食品监管为例来说明。针对小摊小贩的社会现象,各地方纷纷制定了规范小作坊、小经营店、小摊点合法经营的法规,旨在通过规制食品经营主体的活动来维护城市的形象、公众的健康和生命安全。从规范的内容来看,基于市场经济的现实基础,各地方借鉴或参照现代化、规模化的生产理念和模式规定了该类经营主体的规模、制造技术、生产场所等所需要达到的标准[2],并将这种标准作为严格的执法依据。然而,对于这些小型的经营者而言,严格按照法律的标准必然会加大资本投入,甚至扩大生产规模或者改变生产方式,导致很难依据法律法规来加以整改。如果执法机关在执法过程中和该类主体产生冲突,尤其是在媒体的"片面"解读下,很容易导致公众对执法行为的不理解进而影响对法律的认知,即执法机关依据的"法律"不近人情,并没有考虑到现实社会的实际需要,并非"好"的法律。

四、评估标准的科学性难题

要做到全面、科学、合理评估地方立法及其实施效果,离不开科学的评估尺度或者评估标准。从理论上讲,立法质量评估标准具有主观与客观之分;也可因范围的不同,分为一般评估标准和特殊评估标准。其中,一般性评估标准是以一套准则去衡量所有的法律法规,

---

[1] 王浦劬、孙响:《公众的政府满意向政府信任的转化分析》,载《政治学研究》2020年第3期。
[2] 参见于龙刚:《基层社会的轻微违法行为及其治理路径——基于数地考察的实证研究》,载《山东大学学报(哲学社会科学版)》2020年第6期。

最终得出宏观上的评估结果;特殊的评估标准需要根据不同的评估对象加以确定,注重标准的具体化和个性化。然而,无论是何种评估标准,立法质量的评估标准都是建立在实施对象的"主观性"与评估对象的"客观性"二元对立的基础之上的。法规实施的目标是由"静态的规范"转化为"动态的效果",其功能是使"规范"处于运行之中。从逻辑上看,"运行"的状态和结果呈现客观性,但应当使何者处于理想的"运行"状态却具有很强的主观性。所谓法律的实施,在评估机制中必然是通过被评估对象的"主观性"与"客观性"相互结合而体现出来的。

这种基于现实中的客观事实而设计的评估标准呈现出很强的主观性,其本质仍然是主观评估。一方面,无论是文本意义上的规范,还是超越文本意义上的立法价值,抑或是社会中的实施状况,都有着不同的差异。例如,对于规范文本的实施,就可以分为"可实施"和"不可实施","全部实施""部分实施""未实施"。一部法规在制定出台后,有的条文并不能在现实社会中发生作用,但却必不可少。另一方面,由于社会的复杂性,尤其是地方立法总是夹杂着各种利益交织,使得评估标准的构建存在"适度"难题。如果评估标准设计过高,则会使立法实践中评估对象无法达到要求,无法得出科学的结论;如果设计过低,则又难以反映出立法的真正质量,不利于立法评估工作甚至未来立法工作的展开。同时,社会的复杂性决定了评估标准设立的系统性和多元化,即评估标准要全面反映地方立法质量状况,其本身就必须是类型化、全面化的。基于现实的立法状况,在传统合法性、合理性、实效性标准的基础上,要根据不同类型的法规设立具有差别的评估标准。例如,涉及营商环境立法评估就不能同涉环境保护评估标准相一致,需要根据不同的评估对象选取合适的评估标准。

综上所述,地方立法质量评估的有效性取决于多方面的因素,存在诸多的理论难题,但最至关重要的问题包含两方面:一是评估机制本身的正当性与合理性;二是评估体系的公信力与科学性,这主要指评估标准与指标体系的科学性。对于前者而言,地方立法质量评估应有明确的评估理念与价值取向,要确保"法"的功能实现;后者在前者的基础上属于技术范畴,核心在于如何构建科学合理的指标体系。事实上,从评估学的角度看,依靠指标量化立法的"有效性"具有必要性和可行性,但又缺乏全面性,因为法律的实现程度具有强烈的价值导向,在诸多领域并不可量化。如果单纯追求量化指标,且在缺乏价值基准下,很容易增加立法者"有为"的心理,即把自己的"想法"强加于"现实",致使评估异化为"分数""排名",形成评估"失真"。在地方立法质量评估中,评估标准至关重要,缺少标准也就无法开展定量与定性分析。当然,从理论角度看,现有标准多是在传统视角下的分类。例如,有学者认为,地方立法评估的标准主要包括合法性、合理性标准、技术性标准和实效性标准。还有学者坚持成本—收益分析的方法,将评估标准分为效率标准、收益标准、效能标准、公平标准和回应型标准。[1] 与之相对应,有地方在实际工作中采用合法性、合理性、技术性、可行性标准。这种评估标准默认了一种前提,即所有的地方立法都可用一套标准评估,对于不同行业、不同区域的地方立法不存在差别。然而,为了确保地方立法"精细化"的实现,尤其是2015年设区的市拥有立法权后,需要根据地方立法的实际内容来展开评估,如社会事务管理类立法评估、文化教育类立法评估、资源环境类立法评估等。这种类型化的评估是新时代地方立法质量评估应关注的重点,也是构建立法质量评估标准的难点。

---

[1] 参见谭波:《论体系化背景下地方立法质量评价机制的完善》,载《河南财经政法大学学报》2020年第1期。

第二章 地方立法质量评估机制的现实基础与实践逻辑

> 为国也,观俗立法则治,察国事本则宜。不观时俗,不察国本,则其法立而民乱,事剧而功寡。*
>
> ——(卫)商鞅

作为涵盖法学、政治学、管理学等学科领域的评估制度,如果要达到检验立法质量的目的,就必须具有可操作性,即通过一种可测量或可认知的方式进行评估。[1] 然而,在将"零碎"的科学理论转化为实践的过程中,我国视域下的立法质量评估并未遵循立法的基本规律,而是在实践活动中逐渐形成了完整的程序,且具有可操作性。

第一节 我国地方立法质量评估的形成与发展

一、立法质量评估的形成背景

立法质量评估作为一种治理技术,有其固有的理论基础与话语模式,深受公共管理领域评估的影响。从国际范围的形成过程看,早

---

* 高亨注译:《商君书注译》,中华书局1974年版,第64~65页。
[1] See James W. Dean & David e. Bowen, *Management Theory and Total Quality: Improving Research and Practice through Theory Development*, Academy of Management Review, Vol. 19:3, p. 392 – 418(1994).

期的评估主要应用于企业管理中,旨在促进工业经济的发展,而为了提升工业生产效率所形成的成本收益法、工作效果测量法等理念与方法深深地影响了政府的管理部门。随后从 20 世纪 70 年代开始,新公共管理运动的兴起与发展将评估推向指标化管理阶段,政府运用该技术手段提高行政效率、缓解社会矛盾。一方面,随着新自由主义和市场主义的传播,政府开始转向新公共管理工具以确保更大的功效,其结果是定性评估和基准的量化测试迅速扩散,并在人类活动的一系列制度和领域内产生了重要的结构性影响。另一方面,各领域评估的不断出现和运用激发了人们日益浓厚的兴趣,表现在人们对社会不平等和精英管理的关注,而了解社会多重固有结构且能够解决社会问题成为紧迫的要求。要达到这样的目标,需要更好地了解一般意义上评估或者评估这样价值赋予的过程和实践。于是,各国政府和国际组织开始广泛使用指标化的方式对行政或者政府绩效进行测量和评估,以反映本国及他国的政府管理水平。当然,为了确保政府绩效评估发挥更大的作用,进一步实现评估的法制化、制度化,西方各国逐渐以法律的形式将绩效评估固化为一种长效机制,并且出台的相关法律都明确表示要在政府绩效评估中引入外部"第三方"知识、第三方主体等。[1]

与此同时,伴随美国"法律与发展运动"的兴起,为了衡量法律体系在国家发展和社会现代化中的作用以及其他各国制度的发展状况,人们开始运用新公共管理运动中的指标方法,借鉴政府绩效管理中的技术手段,形成了一系列的法治指标。[2] 之后随着法律全球化进程的加快,这种量化的评估开始运用在法治的测量中,其模式和经验开始引入我国,如余杭法治评估、香港法治评估就是在借鉴世界正

---

[1] 如英国 1997 年出台的《地方政府法案》规定地方政府必须实行最佳绩效评估制度,各部门每年都要进行绩效评估工作,在此过程中可以引入第三方评估或者第三方评估方案。参见尚虎平、王春婷:《政府绩效评估中"第三方评估"的适用范围与限度——以先行国家为标杆的探索》,载《理论探讨》2016 年第 3 期。

[2] 参见杜维超:《国际法治评估中的技术政治及中国立场》,载《法学》2021 年第 2 期。

义工程法治评估实践的基础上发展而来。法治评估通过设计评估指标，借助社会学的解释方法及管理学的计算手段和检验方式，结合定性方法从整体上来衡量一个国家或者地区的法治发展水平，最终判断该国或地区的法治状况。从域外评估法治的经验来看，量化指标代表了知识生产的权力确证，表达了研究者对于理想社会或者法治的认知，具有排序、评估和指引的功能，带有明显的价值倾向。当然，法治评估的定性与定量分析提供了一种"技术"化的数据驱动管理方式，并逐渐成为我国科层制管理模式下衡量地方法治实现的重要方式和方法。作为法治评估下的专项评估，立法评估自然吸收了法治评估中的经验。然而，我国的立法质量评估虽受公共管理领域评估的影响，但在一定程度上结合了我国法治发展的特征，并非单纯且不加改进地复制国际法治评估的模式和指标。究其原因，一方面，受早期"法律移植"的影响，以照搬西方法律所形成的制定法并不能够很好地适应我国本土国情，尤其是在我国社会、经济不断发展的现实状况下，"移植型"的法律并不必然地促进我国的法治建设。无论是中国的法律学者还是立法者都在反思我国法治建设的经验，以摆脱移植型法治所带来的困境，从而构建符合我国实际需要的立法产品。另一方面，作为我国法律体系的重要组成部分，地方立法需要满足地方的实际需要，解决本地方的现实问题。而随着地方立法数量的不断增加，我国日益呈现出立法"膨胀"现象。这种现象给地方立法治理带来了极大的挑战，突出表现为立法与社会发展不相适应、重视"管理层面"的秩序维护，忽视私权利的保障等。因此，为了提高立法的有效性，需要立法机关在重视立法数量的同时关注质量，由数量型立法向"质量型立法""引领型立法"转变。

二、地方立法质量评估的发展历程

（一）地方立法质量评估的制度化进程

2000年全国人民代表大会通过的《立法法》在规定地方立法权限的同时也明确了地方立法所遵循的基本原则，即"不抵触""有特色""可操作"。各地方在制定相关法规之前,必须以此为指引,注重立法的科学性。然而,此时的地方立法注重立法前的论证和规划,并未关注立法后的评估。随着立法机关对"科学立法"认知的深入,对于立法质量的后评估制度逐渐在中央、各省市所发布的规范性文件中得到确立。从制度生成上看,2004年国务院发布的《全面推进依法行政实施纲要》规定了规章、规范性文件在实施一定时间后由制定机关、实施机关进行评估,并且引入了"成本—效益"分析方法,即要求各级政府考虑立法实施后的执法成本和社会成本,这为行政立法后评估提供了制度指引。[1] 随后国务院在2008年发布了《关于行政法规、规章立法后评估的指导意见(征求意见稿)》,以期实现行政立法后评估的规范化和常态化。自然资源部(原国土资源部)也于2010年发布实施了《规章和规范性文件后评估办法》,用以指导本部门的评估工作。2010年全国人大常委会发布了《全国人大常委会2010年工作要点》,明确提出了要逐步开展立法后评估的试点工作,有针对性地选取若干部法律进行评估,探索创建立法评估的工作机制。2013年国务院发布了《国务院工作规则》,在第18条第3款再次重申了对于制定实施后的行政法规、部门规章进行立法后评估的规定。2015年修改后的《立法法》规定了立法前评估和立法后评估。其中,在《全面推进依法行政实施纲要》以及《立法法》的指引下,为了提升立法质量,推动评估工作规范进行,各地方也纷纷出台了规范立法评估的规定、办法等规范性文件。其中,甘肃省人大常委会于2005年7月、2009年12月颁布了《地方性法规质量标准及其保障措施》和《地方性法规立法后评估要素计分标准》,为地方立法量化评估开辟了制度化先河。江西省人大常委会于2007年12月、2011年10月分别颁布了《地方性法规质量评价办法》和《地方性法

---

[1] 根据《全面推进依法行政实施纲要》第17条的规定,积极探索对政府立法项目尤其是经济立法项目的成本效益分析制度。政府立法不仅要考虑立法过程成本,还要研究其实施后的执法成本和社会成本。

规质量评价工作规程》，从评估主体、评估内容、评估标准等方面确保评估工作的有效开展。2009年广东省实施的《政府规章立法后评估规定》(2017年已修改)是较早制定且具有示范性的典型制度，[1]之后各地方在"提升立法质量，确保立法精细化"的目标导向及"评估潮"的影响下，评估规范开始呈现井喷之势。截至2020年7月，已经有24个省、市政府出台了规范本地方立法后评估的办法或者规定，对评估的主体、客体、标准、程序及结果进行了规范。[2]

(二)地方立法质量评估的实践推进

实践中对立法质量的评估产生于地方，并逐渐发展到全国。自2000年开始，安徽省以政府法制办为主体，联合相关部门，通过"回头看"的方式每年对施行一定时期的省政府规章进行效果评估。2000年山东省人大常委会将"立法回头看"作为提高立法质量的重点工作并开始部署，其所属的法制工作委员会对《山东省法律援助条例》和《山东省就业促进条例》的相关条文进行了评估，这是较为早期的"评估"。2004年云南省人大常委会对《云南省邮政条例》《云南省农村土地承包条例》开展了评估，其重点在于透过实践看成效，以检验法规的实施状况。2005年上海市人大常委会对《上海市历史文化风貌区和优秀历史建筑保护条例》进行了评估，海南省人大常委会对《海南省红树林保护规定》进行了跟踪评估，北京市人大常委会对《北京市宗教事务条例》进行了评估。2006年浙江省人大常委会委托浙江省国土资源厅等行政部门对《浙江省殡葬管理条例》进行立法效果评估，在权责规定、可操作性方面都发现了问题。2007年黑龙江省人大常委会对《黑龙江省湿地保护条例》进行了评

---

[1]《广东省政府规章立法后评估规定》规定了评估的主体、评估的原则、评估的程序、评估的标准、评估的方法、评估的结果应用等内容，体例完整，具有较强的适用性。

[2] 在24个省、市中，有3个省出台了省级地方性法规，具体为江西省、陕西省、甘肃省；其余21个则出台了政府规章，具体为黑龙江省、安徽省、广东省、重庆市、上海市、广州市、贵阳市、青岛市、南京市、太原市、郑州市、哈尔滨市、本溪市、杭州市、宁波市、西安市、苏州市、西宁市、海口市、桂林市。

估;2008年宁波市人大常委会对《宁波市劳动合同条例》进行了评估;2012年重庆市人大常委会对《重庆市公路路政管理条例》进行了评估;2015年河北省人大常委会对《河北省邮政条例》进行了质量评估;2018年杭州市人大常委会对《杭州市生活垃圾管理条例》进行了立法后评估。[1] 除此之外,在国家层面,2006年国务院对《车船税暂行条例》《艾滋病防治条例》的有关条款进行了评估;2010年全国人大常委会对《科学技术进步法》《农业机械化促进法》两部法律中的有关制度进行了评估,这是首次在全国范围对人大制定的法律进行评估,2012年又对《残疾人保障法》《中小企业促进法》展开了评估,以确保法律作用的实现。

此外,为了保证我国立法过程的民主性,无论是中央还是地方的立法机关在进行立法后评估时,往往通过发放调查问卷的形式由社会公众对于法律的实施情况进行评估,并将"公众满意度"作为规制权力以及评估立法质量的依据。可以说这种由立法机关主导、多方主体共同参与的立法后评估活动实现了中央和地方相呼应,在全国范围内呈现出了"立法机关主导自上而下[2]、由地方到中央"的评估趋势,较为有效地提升了我国的立法质量。

第二节 我国地方立法质量评估的实践样态

经过十余年的发展,我国各级立法机关进行了大量的实践探索,取得了相对丰富可靠的经验,且理论界也开展了相关的评估活动。正如有学者指出,当前中国的法治评估存在两种模式,一种是国家机关主导的内部评估机制;另一种是理论界主导的外部评估机制。我国的

---

[1] 2014年福建省人大常委会对《福建省促进茶产业发展条例》进行评估,2016年南京市人大法工委对《南京市预防职务犯罪条例》进行评估。总之,各地方都纷纷开展了立法后评估活动,此处不一一列举。

[2] 此处的"自上而下"主要是由立法机关主导,然后从上到下层层推进。

立法质量评估大体上也遵循了这两种评估模式。为了更好地揭示立法质量评估的基本现状，了解各地方的评估实际，本节以立法质量评估报告为基础，分析了国家层面和地方层面的立法后评估状况。

一、国家层面的立法质量评估

（一）立法后评估的状况分析

根据中国人大网发布的数据并结合相关的网站、学术著作进行检索查找，2011年和2012年全国人大常委会法工委对四部法律进行了立法后评估，分别是《科学技术进步法》《农业机械化促进法》《残疾人保障法》《中小企业促进法》，并且也收集到了这四部法律的评估报告。从这可以看出，《立法法》修改之前并没有关于立法后评估的规定，但全国人大常委会已经作出了评估试验，即实践产生于法律规定之前；而法律在对立法后评估作出制度设计之后，却并未进一步地对相关立法实施评估。[1] 当然，国家立法机关在对某部法律修改时会进行评估，如《环境保护法》的修改，但这种评估并非严格按照"立法后评估"的制度进行，而是属于广义上的评估，本课题对此种评估不做探讨。[2] 从评估目的来看，其是对法律制度设计的科学性、合理性以及制度执行的可操作进行评估，发现问题，以期为日后的修改和完善提供建议。综合来看，主要呈现以下特点。

第一，从评估选取的对象看，4部法律有3部是关于"经济类"的法律，仅有1部涉及"权益类"法律。依据何种标准选取评估对象，全国人大法工委在选取《科学技术进步法》和《农业机械化促进法》时作出了说明，即从三个方面进行考虑：一是事关社会发展的关键问题，需要法律制度加以保障；二是明确重点，法律制度的设计和执行具有现实操作性；三是区别于执法检查的法律监督，确保评估指标可

---

[1] 参见郑文睿：《立法后评估的体系化思考：解构与重构》，载《江汉论坛》2019年第8期。
[2] 此外，国务院自2006年开始，对行政法规进行了立法后评估。2009年之后，开始进行了大量的评估工作，但鉴于论证需要，并没有将其作为分析对象。

以量化。[1] 最终对这两部法律相关制度的选择则是依据结构调整和经济转型的国家战略。而对于《残疾人权益保障法》《中小企业促进法》依据何种标准选取，评估报告并没有说明，更多的是对权益类法规进行的试点。但从这4部法律的发布时间和评估时间看，两者相距较大，其中2部法律的时间差甚至在20年左右。这也侧面反映出，立法后评估作为立法质量评估的方式，并非首选。

第二，从评估的方法看，全国人大法工委采取了多种方式，包括文献研究、问卷调查、实地调研、案例分析等，尤其是在全国各地进行调研以充分获取评估信息。例如，对于《科学技术进步法》的调研，全国人大法工委以专业的理论为指导，会同科技部组成5个小组，根据不同地方的经济程度以及科研资源情况，注重调研的覆盖面和代表性，在北京、吉林、青海、江苏、广东等9个省份听取科技、税务、财政、教育等部门及企业的意见。[2] 对于《残疾人保障法》的问卷调查采取了多阶段、分层抽样的方法。其中，包含14周岁以上的残疾人1217名，18周岁以上的居民617名，这两种主体均由城镇和农村居民构成；并且涵盖了残疾人所在地政府相关工作人员和相关政府部门。

第三，从评估标准看，包含科学性、合理性、针对性、可操作性。2011年2部法律的评估报告并没有注明明确的评估标准，只是根据制度设计和法律实施情况进行了较为宏观的评估。2012年的2部法律则围绕评估的内容，从法律制度设计、法律实施保障和法律实施绩效三方面设定了标准。例如，《残疾人保障法》的评估标准为：在法律制度设计层面，考量合法性、合理性，如法律制度是否符合立法

---

[1] 参见《全国人民代表大会常务委员会法制工作委员会关于立法后评估试点工作情况的报告》，载中国人大网2011年9月16日，http://www.npc.gov.cn/cwhhdbh/c4168/c16283/c16288/201905/t20190523_396919.htm。

[2] 参见《全国人民代表大会常务委员会法制工作委员会关于立法后评估试点工作情况的报告》，载中国人大网2011年6月27日，http://www.npc.gov.cn/wxzl/gongbao/2011-09/16/content_1671754.htm。

原则，内容是否完整；对于法律实施绩效的考量，则强调残疾人事业的发展状况、给予残疾人应有的待遇是否落实，注重事实层面的评估。

第四，从评估的结果看，立法建议较为简单笼统。一方面，立法建议只是从宏观上给予了方向，缺乏针对性。例如，对 2002 年《中小企业促进法》第 15 条的建议为，要进一步降低中小企业的融资门槛；建立针对金融机构中小企业贷款的评估机制和量化标准，以期扩展贷款渠道。但评估机制和标准如何建立以及该条款如何细化并没有可操作化的建议。另一方面，从评估结论的最终意见以及后续的完善情况看，立法建议得到了相对较好地采纳。在这 4 部法律中，有 2 部法律被建议修改，其中，有 1 部法律已经被修改，1 部被列入了修法计划，修改率达到 50%（见表 2-1）。当然，立法修改的结果并不能直接归功于立法后评估，但在一定程度上也能体现两者的关系。

表 2-1　国家立法质量评估的实践

序号	评估对象	发布时间	评估主体	评估时间	评估建议	评估后影响
1	《科学技术进步法》	1993 年	全国人大常委会法工委	2011 年	建议修改本法	未修改
2	《农业机械化促进法》	2004 年	全国人大常委会法工委	2011 年	未建议修改本法	2018 年修改
3	《残疾人保障法》	1990 年	全国人大内务司法委、法工委	2012 年	未建议修改本法	2018 年修改
4	《中小企业促进法》	2002 年	全国人大常委会法工委	2012 年	建议修改本法	2017 年修改

因为国家层面的法律需要有很强的稳定性和确定性,其在评估过程中涉及的因素较多,评估实施的难度较大,所以数量较少可以理解。但如果将立法后评估制度与另一法律监督或者提升立法质量的"执法检查"制度相比较,则会发现该制度可能并没有发挥出应有的效力。

(二)立法后评估制度与执法检查的比较

执法检查,通常是指法律法规实施情况的检查,是立法机关在实践过程中所形成的将工作监督与法律监督相结合的监督形式。通过该项监督,既能够促使国家机关更好地适用法律,又有利于法律的修改完善。2006年颁布的《各级人民代表大会常务委员会监督法》第三章详细规定了执法检查的计划、原则、内容、后续处理等事项。相较于立法后评估在法律层面上的优待,执法检查并没有被写入修改后的《立法法》中。但从实践来看,执法检查应用度远远大于立法后评估。从中国人大网所披露的信息来看,截至2020年12月,该网站共发布了30份执法检查报告。[1] 当然这并不代表自2006年以来全国人大只是对30部法律的执法情况进行了检查,这只是根据其发布的数据所作出的抽样分析。在这30份检查报告和4份立法后评估报告的立法建议部分,均包含了"建议修改本法"的结论,后续也确实有相关修改的活动。当然,一部法律是否应该修改并非只通过执法检查或者评估就可以决定,但两者之间却存在紧密的联系,即修法与评估相关联。对比执法检查与立法后评估的适用率,全国人大常委会平均每年对5部法律进行执法检查,这与立法后评估的"虚置"形成了鲜明的对比。从执法检查的报告结果看,在这30部法律中,有13部被建议修改。截至目前,已经有3部法律进行了修改,有7部虽未被修改但已经被列入年度立法规划。从结果来看,执法检查的建议具有较高的应用性。剩余的3部法律由于颁布的时间较短,全国人大常委会并没有明确的规划,但也有其考虑,因为在较短

---

[1] 根据中国人大网的信息披露,执法检查情况报告发布于2014年6月之后。

的时间内如没有发生突发状况并不能对其作出准确的判断。

从实践中的结果来看,执法检查每年都在进行,并且已经取得了良好的效果,而立法后评估呈现被"遗忘"的状态,即使《立法法》作出了立法评估的规定,仍旧没有改变"冷落"的现实。对此,有学者从"惯性制度和依赖原理"角度作出了解释,认为主体"惯性"和制度依赖是导致执法检查挤压立法后评估有效适用空间的关键性原因。[1]产生这种惯性的原因是执法检查经过长时间的发展已经成为固定的法律监督手段,而立法者也有很强的意愿来使用此种手段。这种解释只是从立法者自身主观的角度来解释,并没有考虑法律实施的现实情况,未能充分说明立法评估没有发挥实际效力的主要原因。事实上,国家层面的立法后评估还是通过问卷、调研等传统手段获取信息,遵循的仍旧是技术层面路径,并没有关于价值方面的任何评估,其结果仍然是对执法检查的一种深化,并没有突出评估的重点以及改进的具体建议。

二、地方层面的立法质量评估

相较于中央层面的立法评估实践,地方呈现出蓬勃发展的评估态势。各地方开展的立法评估活动数量不一,诸多省、市出现几年开展一次的情况,且评估报告也没有对外公布,因此,基于本课题论证需要,选取重庆市、广州市、宁波市三个地方作为分析对象。选取的原因如下:第一,重庆市、广州市、宁波市分别位于西南部、南部和东部,具有不同的经济文化特征,体现了不同地理环境的差异。第二,重庆市、广州市、宁波市开展的评估活动较早,并且形成了自己固有的评估模式。第三,立法后评估报告由官方主动公开,报告易获取且权威性高。第四,评估的结果受到立法机关的重视,且受到理论研究者的关注。

---

[1] 参见郑文睿:《立法后评估的体系化思考:解构与重构》,载《江汉论坛》2019年第8期。

(一)重庆市地方立法质量评估实践

重庆市开展的立法评估较早,在 2007 年重庆市人大以课题形式委托西南政法大学对具有效力的 160 件地方性法规进行了评估,其依据的标准主要为:法制统一、必要性、地方特色、权力配置、技术规范标准。随后 2011 年发布了《重庆市政府规章立法评估办法》,但该制度规定仍然是以规章评估为主,地方性法规的评估仍旧无制度可依。重庆市具有创新意义的做法是将评估分为文本质量和法律实施效果,这可以较为全面地检验立法质量。

自 2011 年至今,重庆市进行了 7 次立法后评估活动,其中于 2013 年开展了一次"一揽式"评估,即对科技系统的 4 件地方性法规进行了评估,如表 2-2 所示。

表 2-2 重庆市地方立法质量评估实践

序号	评估对象	发布时间	评估主体	评估时间	评估建议	评估后影响
1	《重庆市公路路政管理条例》	1998 年	重庆市人大常委会	2012 年	建议修改	已失效,失效依据是 2015 年 4 月 1 日发布的《重庆市公路管理条例》
2	《重庆市城乡居民最低生活保障条例》	2008 年	重庆市人大常委会	2012 年	无	2016 年 3 月 31 日修订
3	《重庆市技术市场条例》	1997 年	重庆市人大常委会	2013 年	建议修改	已失效,失效依据是 2020 年 3 月 26 日修订的《重庆市促进科技成果转化条例》
4	《重庆市科学技术投入条例》	1998 年	重庆市人大常委会	2013 年	无	已失效,失效依据为 2021 年 11 月 25 日发布的《重庆市科技创新促进条例》

续表

序号	评估对象	发布时间	评估主体	评估时间	评估建议	评估后影响
5	《重庆市促进科技成果转化条例》	1999年	重庆市人大常委会	2013年	无	2020年3月26日已被修订
6	《重庆市科技创新促进条例》	2009年	重庆市人大常委会	2013年	无	2021年11月25日修改
7	《重庆市安全消防条例》	2010年	重庆市人大常委会	2014年	无	已失效，失效依据为2024年3月28日发布的《重庆市消防条例》

此次评估最大的特点在于对法规规定的关键制度进行了重点关注，如《重庆市技术市场条例》确定的技术合同认定与备案登记制、举办技术交易会审批制度。然而，从评估的实施过程来看，评估的有效性较难体现。首先，从主体上看，评估主体依然是立法机关，虽然重庆市人大适当下放了组织权，如科技系统法规分别由万州区人大常委会、南岸区人大常委会、北碚区人大常委会、荣昌县人大常委会评估，但依然是上下级的关系，一开始的主体不独立就可能丧失了公信力。其次，从评估标准看，"地方特色"仍未显现。在该标准所规定的指标中，多数都不属于"特色"，如"立法原则是否在规范中得到体现""法律责任与行为模式对应""没有片面追求体例"等。该指标总共有5个，无关的却有3个之多。最后，评估的有效性无法预测。在7部法规中，失效的有2部，结果是被其他法规所替代；修改的有2部。从修改率来看，评估的结果似乎较让人满意。但仔细究之，法规的发布时间和评估时间着实过久，甚至是十年之多。并且1998年发布的《重庆市科学技术投入条例》（该法已于2021年失效，被《重庆市科技创新促进条例》所代替）仍旧在实行，这无形中消解了评估的价值。

(二)宁波市地方立法质量评估实践

宁波市虽然开展立法后评估的时间较晚,但从 2008 年开始,基本以每年 2~3 件的法规评估实施该项制度,在人大网站的信息披露中,共发布了 13 份立法后评估报告[1],经过分析可知,宁波市的立法后评估模式是在实践探索中逐步确立的,不同的发展阶段形成了不同的主体模式,这也能够反映出地方立法不同时期的需求,如表 2-3 所示。

表 2-3 宁波市地方立法质量评估实践

序号	评估对象	发布时间	评估主体	实施主体	评估时间	评估建议	评估后影响
1	《宁波市国有土地使用权出让招标拍卖办法》	1996年	宁波市人大常委会法工委	宁波市国土资源局	2008年	建议废止	2009年4月10日已被废止
2	《宁波市劳动合同条例》	2000年	宁波市人大常委会法工委	宁波市劳动和社会保障局、宁波市律师协会、宁波市总工会	2008年	无	2010年7月30日已被废止
3	《宁波市城市供水和节约用水管理条例》	2002年	宁波市人大常委会法工委	人大法工委	2008年	无	2010年10月26日已被修正,并于2012年再次被修正,现已失效
4	《宁波市学校安全条例》	2003年	宁波市人大常委会法工委	人大法工委	2008年	无	2020年6月5日已被修正

---

[1] 这 13 个法规的评估可以在宁波市人大官网上找到评估报告,但宁波市人大常委会评估的法规远不只这些。

续表

序号	评估对象	发布时间	评估主体	实施主体	评估时间	评估建议	评估后影响
5	《宁波市市政设施管理条例》	2004 年	宁波市人大常委会法工委	宁波市城管局、浙江万里学院	2013 年	建议废止或修改	2016 年 1 月 13 日已被修改
6	《宁波市象山港海洋环境和渔业资源保护条例》	2005 年	宁波市人大常委会法工委	执法部门、社会参与	2014 年	建议修改	未修改,现行有效
7	《宁波市城市绿化条例》	2006 年	宁波市人大常委会法工委	浙江和义观达律师事务所	2015 年	无	2017 年 12 月 18 日已被修改
8	《宁波市征收集体所有土地房屋拆迁条例》	2006 年	宁波市人大常委会法工委	浙江万里学院	2015 年	建议修改	未修改,现行有效
9	《宁波市殡葬管理条例》	2002 年	宁波市人大常委会法工委	宁波市法学会	2017 年	无	未修改,现行有效
10	《宁波市城乡规划条例》	2011 年	宁波市人大常委会法工委	浙江大学宁波理工学院	2017 年	建议修改	已被 2021 年 6 月 11 日发布的《宁波市国土空间规划条例》所取代
11	《宁波市城市排水和再生水利用条例》	2007 年	宁波市人大常委会法工委	宁波市法学会	2019 年	无	已于 2021 年 4 月 2 日修改

续表

序号	评估对象	发布时间	评估主体	实施主体	评估时间	评估建议	评估后影响
12	《宁波市房地产中介服务条例》	2004年	宁波市人大常委会法工委	部门自评、第三方独立评估	2020年	无	未修改，现行有效
13	《宁波市志愿服务条例》	2012年	宁波市人大常委会法工委	宁波市法学会	2020年	无	已于2021年12月3日修改

首先，在评估模式方面，评估主体经历了三个阶段，即以2014年和2020年为区分点。在2014年之前，评估工作是以人大法工委主导，以行政执法部门为实施主体，吸收社会参与。在评估《宁波市劳动合同条例》时，首次增加了第三方评估，即宁波市律师协会和宁波市总工会，但只是一种辅助关系。2014年到2020年间，人大法工委开始实施委托第三方评估，基本为市法学会和高校的法学院，这是为了保证评估的专业性。2020年之后，开始采取部门自评和第三方评估的"合作模式"，结果再由人大常委会决定。其次，从评估报告的结果来看，宁波市的评估将"立法质量"划分为法规的合法性评估和绩效评估，并逐步形成一种范式，其中合理性、可操作性标准并没有直接体现。这种评估还是以地方立法的不抵触原则为基础，依法立法原则为主导，而科学立法、民主立法原则会受限。最后，从评估后的影响来看，有2部法律被废止，4部法律被修改，修改的比率较低。从法规的发布到评估，大多时间跨度较大；但从评估之后到废止或者修改，其时间跨度较小。

（三）广州市地方立法质量评估实践

广州市人大常委会于2012年发布实施了《广州市人大常委会立法后评估办法》，在评估目的中将"法规的制定质量"加以明确。评估标准分为"合法性""合理性""操作性""实效性""协调性""规范性",分别占比为15%、25%、25%、25%、5%、5%。其中,"协调性"和"规范性"占比较少,说明广州市重在评估法规的内容,对规范的"形式理性"关注较少。在此基础上,法制工作委员会制作评分表,并且由评估组、专家组、法规的组织实施部门进行打分,法规最终得分依据的计算公式为:评估总分=评估组平均分×0.5+专家组平均分×0.3+法规的实施部门评分×0.2。通过广州市人大网的信息披露,其法规的开展在2013年之后,平均每年都会对2部法规进行立法后评估,从而来检验立法质量。

如表2-4所示,广州市选取的评估对象包含多种类型,既有权益类的如《广州市妇女权益保障规定》,也有生态环保类的如《广州市大气污染防治规定》。总体来说,呈现以下特点:第一,评估主体全部是人大常委会的委托的第三方,源于地方的高校机构,这样保证了立法评估的专业性,也是诸多地方立法评估中相对较为科学的设置。第二,广州市采取三方主体联合打分,并且最终形成一个平均分(见表2-5)。从结果来看,每部法规的评分都在80分以上,但不同的主体所得出的结果却存有较大差异。以《广州市妇女权益保障规定》为例,专家组的得分为81.9分,评估组的得分为89.14分,法规实施部门的得分为99分。这种评分结果与社会展现出的情况是有很大差别的。我们经常在媒体报道中看到就业歧视、家庭暴力等损害妇女权益的报道。因此,量化的结果在多大程度上能够反映法规的现实适用,这并不好作出判断。最后,从评估的效果看,评估报告都提出了相关建议,并且在后续立法中都得到了回应。其中,3部法规被废止,5部法规被修改。

表2-4 广州市立法质量评估实践

序号	评估对象	发布时间	评估主体	实施主体	评估时间	评估建议	评估后影响
1	《广州市大气污染防治规定》	1992年	广州市人大常委会	华南理工大学地方法制研究中心	2013年	在制度的执行上注重公平。排污监督管理制度、污染预防和控制制度、法律责任制度的可操作性、合理性、实效性需要加强完善	2015年12月23日修正，2019年1月30日废止
2	《广州市市容环境卫生管理规定》	2006年	广州市人大常委会	华南师范大学地方立法与执法风险评估研究中心暨南大学法学院、广东外语外贸大学法学院	2014年	在该规范的基础上，完善执法机制，适当加重法律责任。与市容环卫管理的配套制度需要制度化、规范化和程序化；构建符合现实需求的法治保障体系	2015年12月23日修改，2020年4月29日再次修正
3	《广州市城市轨道交通管理条例》	2007年	广州市人大常委会	广东外语外贸大学法学院、暨南大学法学院	2014年	建议修改、新增部分条款	2015年12月23日修改，2023年11月23日再次修正
4	《广州市全民健身条例》	2010年	广州市人大常委会	广州大学地方立法研究中心	2015年	建议修改《条例》部分条文，借鉴其他地方相关立法规定，增加部分条文	2015年12月23日修改，2020年7月29日再次修正

续表

序号	评估对象	发布时间	评估主体	实施主体	评估时间	评估建议	评估后影响
5	《广州市妇女权益保障规定》	2010年	广州市人大常委会	广州大学地方立法研究中心	2015年	建议增补文化教育权益、劳动和社会保障权益、财产权益、人身权利、婚姻家庭权益等方面的规定,同时,建议细化法律责任方面的规定	2015年12月23日修改,2020年8月20日再次修改
6	《广州市农药管理规定》	2007年	广州市人大常委会	广州大学地方立法研究中心	2016年	建议修改、新增、保留部分条文,但不需要废止	2018年8月8日废止
7	《广州市政府投资管理条例》	2011年	广州市人大常委会	广州大学地方立法研究中心	2016年	建议修改、增加以及保留相关条文,同时,建议修改《条例》名称	2019年1月30日废止
8	《广州市饮用水水源污染防治规定》	2011年	广州市人大常委会	广州大学地方立法研究中心	2016年	建议修改、增加以及调整相关条文位置,但无须对《规定》中的条文进行废止	2018年12月21日修改,2020年8月20日再次修改,2023年9月27日第三次修订

表 2-5　部分广州市地方性法规的评分结果

规范文本	评估组	专家组	法规实施部门	总分
《广州市市容环境卫生管理规定》	82.44	88.86	97	87.28
《广州市城市轨道交通管理条例》	78.43	70.58	87	77.79
《广州市饮用水水源污染防治规定》	75.27	82.50	100	82.39
《广州市妇女权益保障规定》	89.14	81.90	99	88.94

(四)各地方立法质量评估的经验总结

第一,从评估主体来看,"内部自评"仍然较受推崇。首先,"内部自评"不可或缺,甚至还占据着重要地位;综合各地方多年的评估经验来看,实践中仍未能突破此种固有模式。虽然第三方评估开始出现并付诸实践,但为了满足各地方自身的需求,"内部自评"仍然会继续存在,并且在"法治竞争"的局面下,这种评估会呈现愈演愈烈的趋势,宁波市的评估就反映出此种特征。其次,启动权仍然掌握在立法机关手中;是否需要通过评估检验立法质量,仍然要依据立法机关的需求或指示;只有当其需要时,评估工作方能启动;无论是法规实施部门或者第三方,都无法拥有此项"权力"。

第二,从评估的对象来看,仍然是以政府执法类的法规为主。相较于中央层面的立法,地方立法主要是以实施性立法为主,尤其是对于涉及地方的管理。而相较于保护"权益"类的法规,管理类法规中禁止性规范往往多于授权性规范,尤其强调行政相对人的义务。而这种"义务"类的立法往往容易制定,且评估难度小,能够比较容易地判断行政机关是否履行职责,通过组织行为也容易获取客观信息作为评估依据。

第三,评估仍旧是一种事实判断。各地方立法后评估虽然将"立法质量"作为判断立法的重要层面,但"评估"只是局限于下位法是否符合上位法、法规规定制度缺失、实施前与实施后的状况比较等"事实"问题,立法"质量"背后体现的立法者理念、立法目的仍旧难以体现。在强调"事实"的同时仍旧缺乏对价值的关注，以"分数"体现的质量评判是存有疑问的。

第四，立法评估的有效性难以体现。评估的重点是需要关注结果的有效性，即是否能够与法规的立、改、废相结合。但从实际来看，评估的法规在之后很少被修改或者废止，且诸多评估报告只是发现问题、提出建议，并没有对未来该法规的功效作出评判。

第三节　我国地方立法质量评估的实践逻辑

一、地方立法质量评估的"权力"谱系

从对立法质量的评估来看，评估围绕着知识与地位所形成的"权力"进行。前文提到，评估主体分为评估组织者、评估实施者、评估参与者。在这几种主体中，评估组织者起主导作用，它在组织机构中对具体的评估效果作出判断，拥有具体的评估权。[1] 评估实施者处于核心地位，其在评估者的引导下，负责评估活动的具体实施，并获取最终的评估结果，拥有评估实施权。评估的参与者处于边缘地带，它的主要作用在于为评估组织者提供相应的信息，以促使评估活动可以顺利开展，其权利主要是参与权。被评估者是评估的对象，在法治政府评估中通常指相关的行政部门。而在立法质量评估中，由于评估对象是正在实施的地方性法规或规章，因而不对被评估者进行考量。[2]

法治评估表现为评估主体对评估对象的主观认知过程，不同评

---

[1] 参见包国宪、周云飞：《政府绩效评价的价值载体模型构建研究》，载《公共管理学报》2013年第2期。

[2] 虽然立法机关会影响立法质量，如立法成员的构成、立法能力等因素，但本书重在对立法后的质量进行评估，不评估立法机关。

估阶段的认知活动必然是主体各种意识状态的综合和解释。[1] 因此,地方立法评估标准的构建受制于评估主体的认知活动,即评估主体如何能在合理合法的范围内实施尽可能高的客观性和可靠性评估,这也涉及基于"评估权"分配的评估模式。在理想的立法质量评估中,评估组织权和评估实施权是相互独立而又相互联系的,两者构成评估的权力谱系。评估组织者(一般是地方人大常委会或者法工委)的具体评估权基于主导地位,负责评估项目的宏观方向、总体推进及评估结果的有效性。评估实施者(一般是法规的实施部门或者法工委委托的第三方)运用实施权确保评估活动的顺利开展,从项目的投入到产出,再到后期的影响结果,它是评估活动能否取得预期和非预期效果的关键。评估参与者(包含专家、利益相关者及普通公众)是信息提供的重要主体。正是在这种"评估权"的权力谱系下,形成了第一方评估、第三方评估。[2] 当然,第三方评估还存在外部的独立第三方,一般为独立于立法机关外部的学术机构或者非营利性组织,如果以上述"权力"进行解释,这仍然是在组织权一维程度上的划分,并没有突破"权力"的谱系。

二、地方立法质量评估的基本流程

自地方权力机关拥有立法权之后,地方立法质量评估制度发展迅速,各地方也形成了较为成熟的评估体系。客观地讲,虽然我国没有运用统一的立法模式来确立立法评估制度,但各地方基于自身的实际需要进行立法评估极易导致地方法治的"割据化"。[3] 从总体看,各地方的评估模式也基本呈现出以下类型:体制内的自我评估模

---

[1] 参见万方亮:《有限理性视角下法治评估的模式重构及逻辑遵循》,载《行政法学研究》2020年第4期。
[2] 原则上讲,还存在第二方评估,即上级机关对下级机关的评估。但在地方立法质量评估中,为了保持科学性和客观性,这种组织内部的第二方评估较少运用。
[3] 参见尹奎杰:《我国法治评估"地方化"的理论反思》,载《东北师大学报(哲学社会科学版)》2016年第6期。

式、自我评估与委托评估的合作模式,体制外的独立第三方评估模式,这三种模式在具体的评估环节可能会有差异,却遵循着完整的生成性过程。

回溯各地方立法的评估活动及相关学者所建构出来的评估体系,其追寻的多是自身评估模式的差异性和特殊性,而忽视了共同性的存在。如图2-1所示,无论是何种评估机制或者评估标准,立法质量或者效果的生成都遵循一种客观过程,即包括目标、组织、实施、结果、效果几个环节,且根据特定的评估环境进行改良。

目标确定	标准建立	评估实施	评估报告	结果导向	最终目标
·认知 ·监督 ·发展	·指标分类 ·指标选择 ·指标赋权 ·体系确立	·短期评估 ·长期评估	·总体情况 ·各指标情况 ·未来改进方向	·负面抵制 ·正面激励	·科学立法 ·民主立法 ·依法立法

图 2-1 地方立法质量评估的生成过程

从各地法规评估所形成的报告来看,其表述多是"该法规符合社会的实际需求,基本起到了应有的作用;在某些方面存在问题,需要在日后加以改进"。[1] 这种"结果都好"的评估背后所展现的是一种"结果导向"式的管理思维,[2]是将评估机制作为工具的具体体现。既然立法评估作为一种实现目标的手段和工具,那不同国家及同一国家的不同地方都可以对其进行复制或借鉴,只需要加入自己的要求即可生成自我标准,这也就不难解释全国各地方兴起"评估热"的局面。

在以"工具主义"为导向的评估过程中,目标确定是地方立法质量评估的开始环节。各地方人大及其常委会以确定立法目标为前

---

[1] 如《杭州市城市生活垃圾管理办法》评估的结果为:虽存在不足,但总体方向正确,具体、细化了上位法。

[2] 参见尚虎平:《"结果导向"式政府绩效评估的前提性条件——突破我国政府绩效评估简单模仿窘境的路径》,载《学海》2017年第2期。

提,以期通过质量评估来推动立法能力的提升,促进本地方的经济、社会、生态发展;然后根据立法年度规划及实际需求,确定对何种类型的法规进行评估,并分解为经济效益、社会效益、生态效益等目标。例如,湖北省人大常委会2020年度立法计划中安排了两项立法后评估项目,分别是《武汉城市圈资源节约型和环境友好型社会建设综合配套改革试验区促进条例》《湖北省构建促进中部地区崛起重要战略支点条例》。标准建立是地方立法质量评估的关键环节,它决定着立法评估的科学性和可行性。从评估实践看,评估标准的构成主要包含指标分类、指标选择、指标构成、指标赋权四个方面。又如,《重庆市公路路政管理条例》的评估标准分为5个一级指标和26个二级指标构成,具体分为法制统一性(25分)、制度设计和权力义务配置(25分)、地方特色和可操作性(20分)、实施效果(20分)、技术规范(10分)。[1] 评估报告以相对完整的工作报告形式呈现,主要提交地方立法人大常委会。完整的评估报告会以较为详细的内容阐述评估的实施过程,辅以数据加以论证,分析存在的问题以及今后的改进建议。效果运用是评估机制的最终流程,即评估的结果到底能否对未来的立法产生影响。基于立法的基本原则,我国的立法评估工作总是以评估结果的"改良立法"为导向,综合运用成本—收益方法等获取立法的"投入—产出"。然而,结果不等于效果,至于评估的结果能否为未来法规的修改、废止等提供帮助,则需要其他立法活动实现。

在具体的评估过程中,根据目标、资源及时间等要素的要求,地方立法质量评估包含两个流程,即完整流程和简易流程。简易流程是对立法概念、立法原则的分解和指标的数据化运作,可分为目标确定、标准建立、评估实施、评估结果这四个方面。这种评估流程涵盖了评估模式的关键环节,即评估标准与评估结果的生成;该种立法评

---

[1] 参见《〈重庆市公路路政管理条例〉立法后评估报告》,载重庆人大网2013年6月13日,http://www.cqrd.gov.cn/home/index/more/id/190195.html。

估流程重在评估结果的得出,至于结果是否有效或者对未来地方性法规的完善是否有用,不是该流程考虑的范畴,其本质重在发现地方立法在文本及实施方面所存在的问题,至于如何解决问题则可能需要地方立法的其他制度予以实现。完整的地方立法质量评估过程包含上述所有环节,即涵盖目标确立到目标实现的整个流程,其实质是在评估过程的基础上,更加重视评估结果在未来的效用。当然,在我国的具体评估实践中,各地方基本遵循着简单流程,完整性质量评估几乎不存在。在此种状况下,评估实施多以短期评估为主,类似市场交易中的"一锤子买卖"。然而,社会是不断向前发展的,地方立法需要回应这种现实需要,如果单纯地以"一次性评估"作为地方立法工作的规划,那这种缺乏持续性的评估项目是否能够促进立法质量的提升是存有疑问的。事实上,每一次评估结果只是评估体系上的点,通过时间、空间的推进形成一条纵向的线,才有可能提升立法质量。[1] 因此,将我国的地方立法质量评估流程加以概括可得出,立法评估总是以立法结果评估为导向的,这种导向重视评估工具的运用,即评估标准的确立、分解及使用。

三、地方立法质量评估标准的可操作性逻辑

不可否认,数十年不断发展的立法评估制度为各地方的立法机构提供了一套相对固化的评估体系,在一定程度上实现了资源的有效配置。遵循这一发展路径,无论是实务界还是学术界都希望将这种评估机制作为一项技术手段提高立法质量,以期实现法治的社会治理。然而,以结果为导向的评估机制不可能将所有的立法过程及结果加以呈现,事实上评估主体也很少去关注立法过程,这就需要运用技术化的手段将诸多立法成果以相对有限的指标来加以衡量。

(一)评估指标的技术性设计

受制于法律实证主义理论,人们往往将"法律"认定为主权者制

---

[1] 参见张琼:《立法评估完整性研究及建设路径》,载《宏观质量研究》2016年第2期。

定出来的规范,是"意志"的体现。[1] 具体到科学立法中,立法者总是遵循"事实—目的"的基本模式,[2]并由此进行法律的立、改、废活动。为了维护法制的统一性,地方立法需要在国家立法的基础上去制定和实施,其立法较少地体现反思性,却又遵循自身的活动规律。在这种形式法治观的影响下,地方立法评估主要评估法律规范的形式合法性要求,评估其在社会现实中最可接受和最高效的程度。因此,各地方的立法机关和第三方评估机构都以立法评估从理论到实践不存在间隙为前提,默认自身建立的标准体系不存在逻辑上的漏洞,并以其特有的认知来构建起各种评估维度。但是,"默认前提"只是一种先验认识,并不代表它一定就是现实世界中的"真"逻辑。[3] 于是,为了保证理论上的评估体系具有可操作性,就需要对规范文本和实施效果的现实情况设计特定时间内可以量化的指标或者指数,并依据权重来为各种指标赋值,[4]最后以数值的多少来衡量法规的质量。

选择何种事项或者内容来反映地方立法的整体质量,是评估者首要面临的问题。根据认识论的现实主义观,经验科学的目的在于了解实在性的"真实结构"和规律性认识,并从理论上对其加以证明。[5] 就立法质量评估而言,指标体系的筛选与构建实际上是一个逐层赋权的类聚问题,指标设计者往往选择了地方立法中的显性、半

---

[1] 参见[美]布莱恩·Z.塔玛纳哈:《法律工具主义——对法治的危害》,陈虎、杨洁译,北京大学出版社2016年版,第63页。
[2] 参见裴洪辉:《合规律性与合目的性:科学立法原则的法理基础》,载《政治与法律》2018年第10期。
[3] 参见晋荣东:《逻辑的经验性与先验性——从嬴因到冯契》,载《华东师范大学学报(哲学社会科学版)》2009年第2期。
[4] 参见尚虎平:《政府绩效评估中"结果导向"的操作性偏误与矫治》,载《政治学研究》2015年第3期。
[5] 参见[德]赖因哈德·施托克曼、[德]沃尔夫冈·梅耶:《评估学》,唐以志译,人民出版社2012年版,第64页。

显性或者隐性的现象、行为、结果作为变量，[1]在对其进行逐层类聚的基础上形成一些概括性名词作为评估维度，依据维度形成标准进而再形成不同级别的评估指标。具体到评估的实践过程中，评估者首先根据其所认知的立法情况确定为一级指标，然后为了保障指标可量化，进而分解为二、三级指标，最终通过各自权重进行赋值形成评估体系，这便是评估标准及指标形成所依据的技术手段。这种评估标准和指标的设计基本涵盖所有地方的立法评估。

各地方基于实际需要，或是通过出台规范性文件来明确评估标准，或是在评估实践中形成实际层面的标准。于是，通过对立法的相关需求分解出一级指标，在此基础上确立二级指标，从而形成一个评估体系。例如，福建省人大常委会2014年开展的《福建省促进茶产业发展条例》立法后评估就是根据评估标准确立了一级指标，随后根据该条例的内容进行概括且以二级指标进行表达，如可操作性指标设立了4个二级指标，如"符合我省茶产业发展实际，能有针对性地解决茶产业发展的问题""行为模式与法律责任相配套，违法行为有相应的处罚规定"（见表2-6）。

表2-6　部分省份规定的评估标准

省份	评估标准	依据
上海市	合法性、适应性、可操作性、绩效性、特色性、参与性	《上海地方性法规立法后评估办法》（草案）（未施行）
河北省	合法性、实用性、规范性	无
山东省	针对性、可操作性、实效性	《山东省地方性法规实施情况报告制度》
陕西省	合法性、合理性、实效性、协调性、可操作性	《陕西省地方立法评估工作规定》

---

[1] 参见伍德志：《论法治评估的"伪精确"》，载《法律科学（西北政法大学学报）》2020年第1期。

续表

省份	评估标准	依据
甘肃省	法理标准、实践标准、技术标准、实效标准	《甘肃省地方性法规立法后评估要素计分标准(试行)》
四川省	法理指标、技术指标、实践指标	无
福建省	合法性、合理性、可操作性、规范性、实效性	无
广东省	合法性、合理性、协调性、可操作性、规范性、实效性	《广东省人民代表大会常务委员会立法评估工作规定(试行)》
江西省	法理标准、实效标准、技术标准、法规自身特征	《江西省地方性法规质量评价办法》

注：我国各地方都已经开展了地方立法质量评估，表格内容只是选取了评估经验相对丰富的省份(部分省份趋于制度化)。虽然有的地方无明文具体规定，但在实践中已经开展了立法评估，其评估标准依据法规评估方案进行总结。

（二）量化指标下的程序内评估

评估可以分为"定量评估""定性评估""建设评估"三类，作为可视化的评估方式，定量评估基于"实证主义"的社会科学研究范式被评估者广泛运用。[1] 在我国的地方立法质量评估过程中，质性与量化的转换是其关键步骤。第一种转换是根据立法的基本原则及地方性法规所规范的事项来确定基本标准，将抽象的立法分解为易于理解的表达内容，构建起体系化的评估标准。第二种转换是由原则性的规定发展到可操作化的层面，实现数字化的测量。在这两种转换过程中，将各种一、二级指标赋予相对应的数值，由不同的评估主体进行打分，从而形成了一套相对科学、直观的数字化评估，进而以客观的数据化来代替抽象的立法结果（见图2-2）。

---

[1] 参见孟涛：《论法治评估的三种类型——法治评估的一个比较视角》，载《法学家》2015年第3期。

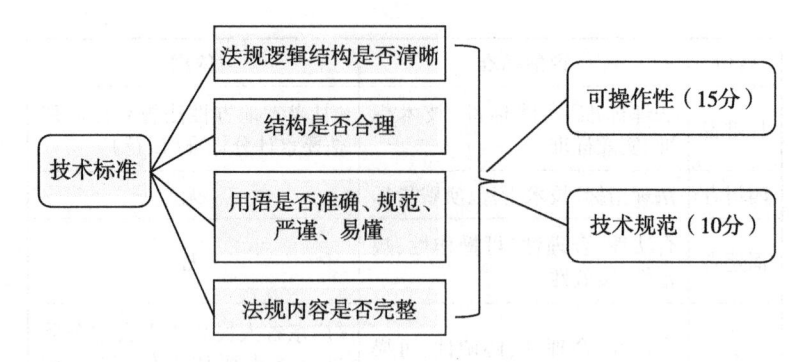

```
技术标准 ─┬─ 法规逻辑结构是否清晰  ┐
         ├─ 结构是否合理         ├─ 可操作性（15分）
         ├─ 用语是否准确、规范、   │
         │   严谨、易懂          ┴─ 技术规范（10分）
         └─ 法规内容是否完整
```

图 2-2　甘肃省地方性法规质量评估标准量化转换

甘肃省地方性法规质量评估标准的转换过程遵循了质性分配到量化检验的可操作性化原则,量化后的可操作性与技术规范是技术标准的类化分解。其中,技术规范分为:法规名称简洁、准确(1分);法规逻辑结构清晰,安排合理(2分);法律用语统一、规范(2分);法律条文规定准确、严谨、简明、无歧义(3分);标点、数字等的表达符合通用语言文字规范(2分)。然而,这种指数表现下的评估标准还是以地方立法机关所在的内部视角进行的评估,技术标准其实就是立法技术是否符合规范或者逻辑的具体展现,是一种数据化的内部评估。这种靠主动收集客观数据的方式所得出的结论是否有效却缺乏外部的验证,即我国的地方立法质量评估普遍缺乏验证,其默认都是有效的。这不同于世界正义工程所开展的法治评估,该组织会不断对指标加以修正,即采用不同的方法从数据内部进行修正,以检验评估的效度是否有偏差。[1] 对此,有学者采用成分分析法、重新赋值法对我国的几项法治评估的准确性进行了检验,结果显示,余杭法治指数的准确性低,评估结论不具有可靠性。[2]

---

[1] 参见张琼:《法治评估的技术路径与价值偏差——从对"世界正义工程"法治指数的审视切入》,载《环球法律评论》2018年第3期。
[2] 参见曾赟:《法治评估的有效性和准确性——以中国八项法治评估为检验分析对象》,载《法律科学(西北政法大学学报)》2020年第2期。

除此之外,为了使收集的信息数据更具客观化,评估者多遵循"制度—行动"的实践过程,即评估者只是借助于他的评估提供了一种行动选择,而且评估是根据事先确定的、透明的标准来进行的,在评估中会借助经验调查的数据来运用系统比较的方法得出结论。[1]在这种评估方法的指导下,评估者追求技术与制度的契合,其评估结果也重在对体制内的权力规制,忽视了法治生活场景中的权利保障,缺乏对法治社会的回应性关照。[2] 从本质上看,立法评估者仍然是以法律系统内易于获得的信息作为数据的主要来源,其目的仍聚焦于规范公权力机关的权力行使。

例如,中国社会科学院法学研究所对各方的立法情况评估也属于程序内的评估。从 2015 年开始,中国社会科学院法学研究所开始发布《中国人大立法透明度指数报告》,该报告以省级人大官方网站的数据作为样本来源,以此来评估各地方的立法情况。立法指数以四个方面设计评估指标,分别为:立法工作信息公开(权重 20%)、立法活动(权重 35%)、立法参与(权重 30%)、立法优化(权重 15%)。确定指标后,以 100 分为限值,分别对各个指标进行打分以确定排名。在 2014 年的指数报告中,上海以 79.5 分位列第一,其后为广东省(78.6 分)、湖北省(73.7 分)、北京市(73.6 分)和江西省(72.9 分)。[3] 2015 年评估指标有所调整,在多数指标不变的情况下,将"立法参与"修改为"立法公开参与",这也契合"立法公开"的评估目标。从 2017 年开始,该指数变为"中国地方立法透明度指数",并且指标也进行了调整,分为立法工作信息公开、立法活动信息公开、立法过程信息公开、立法优化信息公开,重点在于考察地方人大常委

---

[1] 参见[德]赖因哈德·施托克曼、[德]沃尔夫冈·梅耶:《评估学》,唐以志译,人民出版社 2012 年版,第 65 页。

[2] 参见李朝:《量化法治的权利向度——法治环境评估的构建与应用》,载《法制与社会发展》2019 年第 1 期。

[3] 参见李林、田禾主编:《中国地方法治发展报告(2014)》,社会科学文献出版社 2015 年版,第 343 页。

会的信息公开制度,其中排名前五的为上海市(68.40分)、重庆市(66分)、湖北省(64.15分)、广东省(63.30分)、北京市(62.36分)。2019年该指标继续进行调整,分为立法工作信息公开(权重20%)、科学立法信息公开(权重30%)、民主立法信息公开(权重30%)、立法优化信息公开(权重20%),其中将立法评估作为立法优化信息公开的重要组成部分,权重为40%。[1] 2019年排名前五的为贵州省(85.58分)、广西壮族自治区(83.48分)、上海市(79.50分)、北京市(77.56分)、安徽省(76.53分)。一直在前列的湖北省则掉至第11位,为62.96分。从信息公开的视角去探索立法实践中的公开立法、民主立法,能够确保立法的开放性,但这更多体现的是一种立法职能的实证评估,即程序内的立法公开制度的检验,并不能成为检验各地立法工作好坏的权威结论。况且,"地方人大立法指数"重点关注的是立法整个过程中的信息公开问题,与提升立法质量目标不同;况且对立法评估的考察只是考察该制度是否在各地方建立,运行效果等实质内容无法得以体现。[2]

(三)公众对于立法认知的期望与信任评估

一部良善的法律,既能立足于主体的实际,又能为主体确立较高的理想追求目标,从而使"理想"不断转化为"现实",同时还能在新的"现实"的基础上,提出更高的追求目标,以促进人与社会不断得以提升、发展。[3] 法律的规制并不是目的,其实质在于让人们能够更好地理解立法者背后的价值追求。在现实生活中,法律最基本的功能在于为社会成员提供了规范期望[4],这种规范性期望可能与

---

[1] 参见李林、田禾主编:《中国地方法治发展报告(2019)》,社会科学文献出版社2020年版,第31页。

[2] 从2019年开始,立法评估和执法检查、法规备案制度作为立法优化信息公开的下级指标,权重为40%。参见李林、田禾、吕艳滨:《中国地方法治发展报告(2019)》,社会科学文献出版社2020年版,第30页。

[3] 参见孙伟平:《事实与价值》,中国社会科学出版社2000年版,第132页。

[4] 参见[德]尼可拉斯·鲁曼:《社会中的法》,李君韬译,台北,五南图书出版股份有限公司2009年版,第183页。

法律实效有所差距,但仍然能够使社会成员对其进行坚守。法律的指引作用总是指向国家制定的法律法规,其实地方性法规或规章更与人们的生活息息相关,尤其是执法中的行政许可、行政处罚、行政强制等。一部法规的质量如何,普通人的法律意识实际上是"最有说服力"和"最具解释力"的。[1]

地方立法机关总是依靠调查问卷来探究公众对法规的认知程度,但设计的问题并非二级或三级指标的直接指涉,而是根据其内容来设定具体方面。一方面,公众的评估并不具有情境性,仍是简单的信息调查。从实践中的调查问卷看,"您对《×××条例》这一地方性法规是否了解""您认为我省的××××建设情况如何""您认为《××××》条例对我省××××起的作用如何""《××××条例》中规定的政府机关所应尽的职责是否满意"等问题基本为标配。[2] 从问题设置的内容及答案来看,评估者是希望通过受访人员的感受去了解某部法律的运作情况。然而,同权力机关的认知角度不同,社会公众往往通过是非善恶的标准或者自身经验来对待法律法规,而非从规则完备、权力制衡及权利保障的视角以及法律思维去认知。例如,重庆市在评估《重庆市消防条例》的条文合理性时,有一问题为"该条例设定的行政处罚和行政强制措施是否合法适当"。如果行政相对人没有违法,他是很难恰当地得出此答案的。另一方面,将立法的满意度评估转化为法治满意度评估。由于地方性法规的出台是立法工作者在系统理解和掌握了法学理论及法律术语的基础上,通过遵循立法活动规律所生成的专业化成果,这与社会公众的距离可能存有差距。因此,公众对于法律的认知更多的是通过执法或者司法行为,尤其是司法行为。然而,同立法的专业化相似,司法专业性的认知壁垒往往会影响知识的获得及理解,公众认知法律或

---

[1] 参见封丽霞:《大国变革时代的法治共识——在规则约束与实用导向之间》,载《环球法律评论》2019年第2期。
[2] 参见张德淼、杜朴:《立法后评估中的公众参与"虚置"及治理路径》,载《北京行政学院学报》2021年第1期。

者法治的真实状况并非依据程序内的法律知识,他们更愿意以一些标志性的案件或者一些司法制度来判断司法是否公开公正。例如,一些大案要案或者是影响性诉讼案件以及立案登记制、非法证据排除规则等。如果裁判结果与公众的认知反差巨大,那么司法的公开公正就会被质疑,"信仰法律"也可能就难以实现。这些因素应该在立法评估过程中有所体现。毕竟,这种以工具理性为主导的评估客观上要求权力机关必须拥有编制法律法规的能力,必须拥有执行法律法规的能力,同时还必须具备制定法律、执行法律的公信力。[1]

---

[1] 参见郑方辉、尚虎平:《中国法治政府建设进程中的政府绩效评估》,载《中国社会科学》2016年第1期。

第三章 地方立法质量评估机制的现实困境及原因

> 法律随着民族的成长而成长,随着民族的壮大而壮大,最后,随着民族对于其民族性的丧失而消亡。民族的共同体意识乃是法律的特定居所。*
>
> ——[德]弗里德里希·卡尔·冯·萨维尼

法律就像语言一样,既不是专断的意识,也不是刻意设计的产物,而是缓慢、渐进有机发展的结果。[1] 法律蕴含着民族精神,也是地方性知识的表达。作为我国地方治理的规范供给,地方立法的质量评估需要在实践中加以反思,从而为未来立法的完善提供方向。本章在承接上一章论证的基础上,对地方立法质量评估的实践状态进行了整体分析,归纳出了现有评估机制产生的现实偏差,并指出了其背后深层次的原因,以为后续的理论建构提供基础。

---

* [德]弗里德里希·卡尔·冯·萨维尼:《论立法与法学的当代使命》,许章润译,中国法制出版社 2001 年版,第 19 页。

[1] 参见[德]弗里德里希·卡尔·冯·萨维尼:《论立法与法学的当代使命》,许章润译,中国法制出版社 2001 年版,第 9 页。

第一节　我国地方立法质量评估机制的整体分析

一、地方立法质量评估活动的系统观察

目前,各地方立法机关重视本地方的立法质量,并且已经广泛开展了立法后评估活动。中央立法机关开展了几次立法后评估活动,并对立法质量的评估已有相当的关注,表现为在《立法法》中规定了立法评估的内容,结合执法检查的效果来确定对何部法律进行评估。当然,相比于法治政府建设的考核或评估,中央层面并没有出台相应的立法评估标准体系,但地方法治评估的经验仍可以为地方立法后评估所借鉴。

从地方立法质量评估的发展历程及评估实践看,我国的立法质量评估活动呈现出三种形式的演变:首先,最初的评估是"立法机关组织—立法机关评估"的模式,主要实行的是以法规的制定数量和执行效果为核心的"检查"评估体系。由于这种评估是来检验立法机关的工作成效的,因而都是由其内部组织完成。其次,随着我国法治建设的不断推进,2010年之后的立法质量评估实行"立法机关组织—多方主体(专家、公众)参与"的模式。该模式表现为在立法机关的组织下,作为"理性"代表的专家和作为"民主"代表的公众参与到评估活动中,开始对立法效果进行综合性的、软性指标衡量或者是软性和硬性指标的综合衡量。[1] 最后,随着"法治评估潮"的推动及国家治理现代化的需求,"立法机关组织—第三方机构实施—公众参与"成为最新的评估模式。虽然立法机关仍是组织主体,但将实施权下放到第三方的手中,通过专业、独立的评估主体确保评估的信度和效度。除此之外,我国的立法质量评估也出现了"第三方机构

---

[1] 参见王锡锌:《公众参与、专业知识与政府绩效评估的模式——探寻政府绩效评估模式的一个分析框架》,载《法制与社会发展》2008年第6期。

组织—公众参与"的模式,但这种模式多是对评估模式的理论探索,在全国范围内并没有开展规模化的评估活动。

描述至此,地方立法质量评估机制看似呈现出一幅美好的发展前景:第一,从中央到地方,立法后评估实现了理论与实践的结合,并逐步迈向制度化与规范化;第二,在传统"自上而下"评估模式的主导下,立法机关引入广泛的社会公众,由他们对法律的实施情况进行评估,体现了权力机关对公众主体性的尊重,展示了立法过程中的民主性;第三,公众在立法后评估的广泛参与有助于弥补立法前参与的不足,保证立法过程参与的完整性;第四,为了确保评估活动的专业性和科学性,第三方评估开始引入并且在某些地方省市已经开始试验;第五,立法后评估涉及法律实施的各个方面,包括执法、司法、守法等环节,这就对立法机关的要求更为复杂。在这种顶层设计的指导下,各地方立法机关根据自身需求,自上而下地对地方性法规进行评估。

然而,相较于其他领域的评估机制,如建筑工程质量评估机制、政府绩效评估机制、重大风险决策评估机制等,统一的地方立法质量评估机制并未建立,并且在各地方推进的过程中产生了许多问题。一方面,各地方开展的评估活动虽然声势浩大,但效果并不能让公众和学者满意。例如,诸多地方的"运动式"评估只是以形式化来表明其开展过该项活动,至于结果是否有效并不是其关注的重要问题。另一方面,评估重视工具理性忽视了价值理性。立法评估包含评估主体、评估客体、评估标准、评估程序、评估方法等核心要素,而评估主体和评估方法又是围绕着评估标准展开的,这一模式最大的特征在于,人们将评估问题作为科学问题进行研究,强调对立法目标实现与否、实现程度的结果导向。评估者针对已经确立的目标进行事实认知,描述法规的运行情况,从而为立法决策收集和分析信息,以此来强化专业性。这种评估结果势必会因技术的专业化而正当,却又与公众的"公共理性"形成冲突。马尔库塞认为,在现代社会,理性的工具化致使技术理性取代价值理性成为统治的工具,而这种技术理性在整体上既缺乏和谐,也缺少人性关怀,最终缺少了对价值的关照。[1]

二、地方立法质量评估的基本模式

地方立法机关的初衷是通过评估来发现立法实践及立法文本中的问题,从而提高立法质量,最终服务于地方的法治建设。从评估活动的演变历程来看,立法机关引入外部的"公众""第三方"也是希望能够改进工作的不足进而提升治理的效能。换言之,引入外部主体参与立法质量评估,是通过外部效能的刺激来促进内部评估的优化,其根本的意义是对立法权力正当行使的评估,同时这也可以实现民众对立法机关的监督,从而确保立法公信力的提升。然而,这种内部评估机制与外部评估机制是存有张力的,如果立法机关过分地注重社会主体(主要为公众)的主观评估,势必会造成评估结果的不确定性;但如果坚持以内部评估为主,又会丧失评估的可信度和合法性。然而,从各地方的实践样态来看,内部评估与外部评估的张力并没有得到妥善处理,加之缺乏正当的、可操作性的程序规则,公众的参与仍然处于边缘地带。对此,从地方立法质量的评估模式中也可以看出。

(一)注重执法效果的"秩序"模式

在地方立法后评估兴起时,受法律工具主义观念的影响,各地方立法机关在注重执法效果的基础上形成了评估的"秩序"模式。具体而言,地方的治理以"发展"与"稳定"作为首选目标,尤其是改革开放初期,由于缺乏一个标准的发展路线图,各地方为了"少出错"或者"不出错",稳定就成为衡量地方发展水平的重要考量。因此,在执法检查的影响下,地方立法后评估也多是以评估执法效果为主,稳定成为衡量一切的基础。于是,关于立法质量的评估基于两种需求:上级检查监督和法规的合法性。在这种评估目的的影响下,关于

---

[1] 参见殷文杰:《"项目治教":大学治理中技术理性对价值理性的僭越》,载《高等教育研究》2016年第9期。

立法的评估并非对立法质量的关注,而在于发现法律实施中的问题进而督促行政机关依法行政。事实上,各地方人大常委会往往将某类法律制度的合法性作为检查重点,并且要求提高执法质量的同时加大对某些不法行为的惩处力度。[1] 于是,在此种境况下,各地方的立法评估以政策为导向,重在发挥监督功能。同时,检查式评估不局限于触及行为的法律监督,更是政治监督的延伸。这种评估模式类似于地方政府的绩效检查,如果上级重视,则会"突击式"地完成考核任务,但并不关注最终指标的评判是否科学。时至今日,这种以"秩序"为主的评估仍是各地方检验立法质量的主要模式,只是在正当程序的理念下,开始注重指标、方法的使用。

(二)强调立法文本的"技术"模式

随着我国法治建设进程的加快,注重形式理性成为立法者的价值追求。并且在西方国家对法治的成效开始检验的背景下,我国的地方权力机关也逐渐重视评估的作用,于是,以直观数字化的"量化评估"成为各地方关注的重点。在这种境况下,上述以稳定为主的评估目标逐渐被直观呈现的"绩效"竞争代替,立法后评估的目标也逐渐转换。一般而言,立法活动的最终结果在于立法文本的形成,围绕立法文本可以进行多方面的技术设计,于是以文本质量为核心的技术模式逐渐成为主流。从本质看,这种模式是"将地方立法当作一种精确的方法和技巧来准确发现和表述立法客观规律的活动"[2]。因为立法技术是影响立法科学性的重要因素,相应地,文本评估就成为技术的评估。从实践中看,在对立法文本的评估过程中,各地方重视立法合法性的表达和立法技术的关照,其立法质量也多从立法文本的体例、结构、语言、逻辑等方面展开,并且有学者称为立法活动的延续。事实上,因立法所形成为规范文本是衡量立法质量

---

[1] 参见林彦:《全国人大常委会如何监督依法行政?——以执法检查为对象的考察》,载《法学家》2015年第2期。
[2] 王汉连:《构建地方立法质量评价体系》,载《中国人大》2010年第22期。

的重要方面,立法机关与学者加以重视本无可厚非,但是他们局限于"立法技术"则造成了评估的失衡。并且,这种技术评估模式忽略了立法所体现的价值追求,单纯地以专家主导的技术理性很容易导致评估的泛化和表面化,缺乏对地方特色以及法规可操作性的评估。

(三)满足地方需求的"利益"模式

利益是人们进行一切活动最原始的驱动力,而立法最主要的目的在于调整或调和不同主体之间的利益冲突。可以说,法治乃规划之治:它的价值源于社会规划所产生的利益,并且当法律架构将这些利益最大化的时候,它才能得到最佳实现。[1] 由于立法是一般性的并且指向未来,其所协调的必然是一个综合的利益体系,包含政治利益、经济利益、社会利益、文化利益、生态利益等。因此,立法质量评估的重要标准在于如何评判立法过程中的利益表达和有机整合,尤其是个人利益、社会利益、国家利益之间的衡量。因为诸多地方立法涉及的是行政管理事项,管理主体与管理对象的利益具有不可避免的冲突。以市容环境卫生管理为例,政府相关部门为了促使其职能更好地发挥,自然希望地方立法对相关的违法行为处以"重罚",如占道经营、乱丢垃圾等行为;而行政相对人为了维护自身的利益,自然不希望"一罚了事",也期望立法应当注重其他基础设施的完善。于是,两者的利益如何协调成为评估立法质量的重要方面。所以,在立法日益走向精细化的时代,以"利益"为主的评估模式产生了重大局限:它无法突破评估主体自我评估的藩篱,最终也可能同文本的技术评估一样,成为绩效的检验,甚至可能产生更为严重的地方保护主义。总而言之,这种实用主义下的"利益"模式秉承着阶层固化的理念,尽管一个时代、一个地方的"某种特定的历史或社会偶然性,可能会确定或强行设定社会利益之间的特定的位序安排,但试图为地方立法预设一种长期有效的或者刚性的价值登记序列并没有什么

---

[1] 参见[美]斯科特·夏皮罗:《合法性》,郑玉双、刘叶深译,中国法制出版社2016年版,第512页。

意义"。[1]

(四)追求外在判定的"标准"模式

就规范层面而言,法律的效力在于通过权利义务的配置来规范人们的行为,进而调整不同主体之间的社会关系。随着我国法治建设的推进,以法律关系和法律部门为主要内容所划分的法律体系也在不断完善,诸如"行业立法""领域法学"等问题已经超出传统的理论认知,并且在立法实践中得以呈现。于是,在相关的法律法规中,诸多的"外在标准"成为对相关法律问题的判定依据和准则。标准作为独立于法律的规范系统,本身并不能产生规范效力,只有通过法律的接受及规定才能发挥其应有的作用。[2] 因此,在相关领域的立法中,"行业标准""地方标准"成为衡量立法质量的评估标准。例如,我国《标准化法》的立法目的包含提升产品质量和服务水平,维护国家安全、生态安全等。在地方层面,《湖北省食品安全条例》规定,食品的生产经营者要按照国家标准确保自身的食品安全、可靠;对于地方特色食品,在缺乏国家统一标准下,要制定地方标准。当然,食品是否安全、无毒无害是一个科学问题,需要通过专业的技术标准来评判;该法规中的具体条文是否能够达到确保食品安全的目的,也需要相关领域的专家来评估。这种以"外在判定"为主的评估标准在一定程度上能够确保立法的科学性,但也应当明确:立法在界定和解释相关的核心概念时,不应过度地简单依赖外在的评判标准,而需要明晰行业标准与法律标准的界分。

总之,上述四种评估模式都可以在实践中找到原型,其自身的局限性也影响了立法质量评估作用的发挥。为了更好地使地方立法质量评估机制与评估标准达致"良法善治"所要求的理想状态,需要进一步来分析现有立法质量评估的问题及原因。

---

[1] [美]E.博登海默:《法理学:法律哲学与法律方法》,邓正来译,中国政法大学出版社2004年版,第240页。

[2] 参见柳经纬:《论标准对法律发挥作用的规范基础》,载《行政法学研究》2021年第1期。

第二节　我国地方立法质量评估机制的现实问题

地方立法评估的可操作性逻辑表明现有的立法评估是由评估主体在评估标准设立的基础上，经由指标分解及理性计算用以测量立法质量的技术评估过程。从评估目标的分解、评估标准的确立到评估指标的筛选，理性始终扮演着重要角色。[1] 理性包含着理论理性和实践理性，理论理性针对的是得到保障的认知统一性，实践理性针对的是得到保障的正确意愿和行为。[2] 当然，立法质量本身所蕴含的是法律法规的善恶性质与优劣程度，暗含着立法主体的价值追求。然而，在工具导向的评估路径下，我国的地方立法质量评估倾向于追求形式上的技术理性，忽视了立法背后技术与政治的互动关系，呈现出一种"功利化"的评估倾向。

一、评估目的的指向模糊

（一）地方立法治质量评估缺乏明确的导向选择

立法评估活动本质上是对立法效果的评估，基于此种功能主义视角，制度内的立法评估都具有明确的目标导向。无论是评估主体的公信力，还是评估标准的科学性，都是在为评估目的服务。作为提升立法质量的重要手段，以美国为代表的西方国家自20世纪70年代末将政府绩效评估延伸至行政立法领域，形成了较为成熟的立法评估制度。在早期的日落条款中，其实施的目的在于规范政府运作，提高行政机关的公信力。随后，受经济危机的影响，以"成本—收益"为主要内容的评估以扭转政策制定中的盲目性、不科学性为转

---

[1] 参见万方亮：《有限理性视角下法治评估的模式重构及逻辑遵循》，载《行政法学研究》2020年第4期。
[2] 参见［德］伯恩·魏德士：《法理学》，丁晓春、吴越译，法律出版社2013年版，第261页。

向,[1]避免行政资源的浪费,从而通过限制行政法案确保市场的灵活性。因此,美国的立法成本收益评估以满足法规制定的科学性以及帮助政府有效施政为目的,[2]其遵循利益驱动的市场治理路径,重在效率的实现。这种"提升政府公信力、实现资源有效配置"的目标导向在世界正义工程中的法治指数也可以得到印证。世界正义工程并没有对立法进行单独的评估,而是在"限制政府权力"下设了一个子指标,即政府权力被立法机关有效约束。这种目标导向也与西方的法治语境相一致,其三权分立的政治模式决定了评估法治状况需要评估政府的依法行政。

与西方的评估制度不同,我国的立法评估具有鲜明的中国特色,评估地方立法不仅涉及政府制定的规章,还包含更重要的地方性法规。从语义上来讲,地方立法质量评估当然以"提升立法质量"为主要目标,从而发挥立法的引领和推动作用。党的二十大报告明确指出,"推进科学立法、民主立法、依法立法,统筹立改废释纂,增强立法系统性、整体性、协同性、时效性"。因此,"良法善治"是立法的终极追求。然而,虽然各地方在制度层面都已将"提升立法质量"作为评估立法的主要准则,[3]但是针对地方立法的突出问题,如"重复上位法""缺乏精细化操作""立法同质化""实施性较差"等并没有在评估过程中体现,反而是以各地方的价值偏好来建立。于是,"地方立法促进经济发展""维护法制统一""体现地方特色"等形式性评估成为主流,其侧重于如何实现地方立法的科学性和规范性,而民主性、法治性等法律原则并没有很好地呈现,因而缺乏体系融贯、民众参与、法治认同的目标导向。换言之,我国的立法质量评估机制变成了单向的目标考评手段,并没有实现"回应地方具体情形和实际需

---

[1] 参见蒋银华:《立法成本收益评估的发展困境》,载《法学评论》2017年第5期。
[2] 参见赵雷:《行政立法评估之成本收益分析——美国经验与中国实践》,载《环球法律评论》2013年第6期。
[3] 如《南京市人大常委会立法后评估办法》第1条将"提高立法质量"作为立法目的。

要"[1]的立法目标。

(二)法治绩效下的"竞争型"评估

立法评估在衡量立法质量的同时,间接地对地方立法的成效进行了检验。由于我国的地方立法质量评估机制缺乏明确的目的导向,加之数字化的量化指标体系很容易产生"高低""优劣"的评估结果,因此,地方立法主体出于治理需要或者政绩的考量,会将评估结果作为"科学立法"在本地法治建设中的完美呈现。然而,单纯以"数字化"呈现的评估结果很容易忽略地方立法的真正需求,致使立法资源无法得到很好地利用。例如,在 2019 年国务院出台《优化营商环境条例》之前,共有 6 个省、市发布了规范本地方营商环境的法规,且规范的体例、内容等方面也有所差异。但之后的 2020 年就有 10 个省、市出台了相关的法规,且体例和内容基本是参照国务院出台的行政法规,集中于政务环境、市场环境、法治保障、监督管理方面,并没有很好地与本地方的实际相结合。因为不同地方的经济发展程度、资源分布、人文环境是有很大区别的,对于企业的发展需求也应当因地制宜、因时制宜地提供便利,而非罔顾实际盲目"优化"。正如有学者指出,作为制度竞争的重要形式,地方法治的本质在于通过立法、执法、司法等社会治理活动为地方的发展提供制度供给以及环境的改善,实现地方之间因制度优势而胜出的竞争范式。[2] 于是,在法治竞争的影响下,地方立法质量评估大量开展的后果就是盲目跟风以及评比现象严重,立法评估成为竞争的需要。一些地方看到某一个地方的评估活动取得了重要的成绩,就迫不及待对本地方的法规进行评估,殊不知这种活动往往基于对立法认识不深或者同本地方的实际脱节的情形而仓促推行,结果是为了评估而评估,难以促进地方的法治发展。

---

[1] 丁祖年、郑春燕:《中国地方立法的现实与转型》,载《地方立法研究》2016 年第 1 期。
[2] 参见周尚君:《地方法治竞争范式及其制度约束》,载《中国法学》2017 年第 3 期。

二、评估主体的有限认知

立法质量评估中评估对象的选择、指标的设计、方法的运用及量化结果的呈现都与人的理性相关。换言之,评估主体的认知在评估的推进过程中始终占据着重要地位。由于事实认知的局限性,人类的建构理性无法穷尽实践活动的全部,[1]个人及组织的决策过程存在大量的模糊性和不确定性问题,实证结果的效用性评估也必然存在技术操作的限度问题。因此,立法质量评估受制于评估主体的有限理性,即客观化的技术手段并不能保证评估结果的有效性。人的理性能力指人们作出与决策行为相关的选择性想法。这种想法不仅取决于主体所欲达致的内在目标与外部世界的一致性,还取决于自身对外部知识的掌握,以及是否有能力在相关的情况下调用该知识以计算出行动的后果,从而在应对不确定性和在相互竞争需求中所得出的可能性行动方案。这种能力是有限的,其方案的合理性也是受限制的。[2] 人的理性是有界限的,这种界限受制于人类在理性能力上的不足,而且该理性能力本身受到非理性、无理性因素的限制。[3] 当然,在有限理性视角下,个体的记忆力、注意力、能力也都是有差别的,其所掌握的知识、拥有的能力、利益偏好都是不同的,个体在组织中的能动性以及组织规则也是随不同的情景而变化的。这种差异和变化导致了个体或者组织在作出决策时的模糊性和不确定性。质言之,现实世界中的理性行为不仅取决于人们思想的"内部环境",包括他们的记忆内容和过程,还取决于人们所作用的"外部环境"。反映到地方立法质量评估过程中,评估主体的行为同样受到主观认知与评估环境的重要影响。

---

[1] 参见裴洪辉:《合规律性与合目的性:科学立法原则的法理基础》,载《政治与法律》2018年第10期。

[2] See Simon, H. A., *Bounded rationality in Social Science: Today and Tomorrow*, Mind & Society. Vol.1, p.25-39(2000).

[3] 参见[美]赫伯特·A.西蒙:《管理行为》,詹正茂译,机械工业出版社2004年版,第281页。

（一）指标设计与信息收集的"满意度"认知

从地方立法的一般原理出发，影响立法评估指标体系的因素是多维和复杂的，由于各地方面临的现实情境和工作重点不同，自然评估指标的选择会有所侧重。囿于理性的限度范围，评估主体的认知结构、所处地位、价值偏好等因素贯穿决策作出的全过程，因此，评估指标的选择与赋权并不是一个纯粹的技术性问题，而是受多种因素和变量所结合形成的操作性过程。[1] 在具体的评估实施中，指标的选择无法涵盖立法的方方面面，评估主体会根据自我认知的规则或策略去总结和梳理立法过程中的一些关键性要素，[2]这种规则或者策略既可能是心理上的，也可能是行为上的，其核心特征是利用自我的认知去搜寻评估者满意的方案。这意味着搜寻是指"提出策略并用来解决面临问题"[3]的活动，而活动所造就的方案不必是最优，只要达到评估者的满意度即可。比如，关于地方立法在法律适用中的情况，理论界的一大担忧是地方立法有架空上位法的可能，然而，现有的评估体系并没有对此问题有所关注。考察我国法院对地方立法在司法实践中的适用状况可以反映地方立法的利用率，其结果能够反映出地方立法对上位法的依赖程度，但各地并未涉及。

（二）评估环境或任务结构所产生的不确定性

在有限理性视角下，主体的认知成本因信息处理能力的局限导致认知不完全，这使决策只能聚焦于少数议题。其核心在于个体的认知偏好随着外部情境进行转化，或者是以内部环境去适应外部环境。[4]亦即现实世界的理性行为仍然取决于其所作用的外部环境。在我国的地方立法质量评估实践中，内部评估因其天然的局限遭到

---

[1] 参见万方亮：《有限理性视角下法治评估的模式重构及逻辑遵循》，载《行政法学研究》2020年第4期。
[2] 参见[美]司马贺：《人类的认知：思维的信息加工理论》，荆其诚、张厚粲译，科学出版社1986年版，第17页。
[3] 王家峰：《西方政治科学中的有限理性研究》，载《教学与研究》2020年第5期。
[4] See Simon & Herbert A., *The Sciences of the Artificial*, MIT Press, 1996, p.120.

摒弃,委托的第三方评估成为主流。事实上,第三方评估机构在实践中充当着一个"中间"角色,对上需要对地方立法机关(地方人大常委会)负责,对下需要关注公民社会的实际反映,毕竟法律的适用状况需要在社会中得到检验。因此,第三方机构实际上承担了两项责任:一方面评估具有政治工具性的要求,不只是以权力机关资助的形式去简单完成评估项目,它需要为立法机关的行为提供政治上的正当性,并且能够在之后的决策(修改法律法规)过程中转化为有用的行动方案;另一方面,专业机构自身的知识性追求。第三方机构通过自身的学术习性向公民社会进行法治宣传,用以证明立法的科学性,以便契合实践逻辑。我们姑且可以将这两项责任称为评估环境所形成的任务结构。然而,从关系上看,第三方机构与地方立法机关是委托与被委托、评估与被评估的关系。如果第三方机构在遵循学术规则的基础上按照评估标准得出合理的评估结果,并且能为地方立法机关在未来的行动决策中提供可操作性化的建议,那么该项评估就是有价值的,可以为委托机关所接受。反之,如果第三方机构认为自身超脱于这种场域之外,用专业的评估知识表达自己的立场,其结果可能就会成为象征式的评估,与实践也会脱离。事实上,第三方评估机构与委托主体的关系贯穿于评估的前期准备、评估的实际执行以及最后的评估报告审核全过程,关键的指标体系构建及信息的采集都可能并未按照设想进行。[1]由此评估过程或者结果都充满着不确定性。

三、评估方式的技术局限

在现代法治与社会发展的双重理论语境下,立法的指标测量提供了全国各地方法治建设的精确数据,反映出法律制度与经济、社会、文化、生态等领域的关系,从而以中立化的技术手段形成了一种

---

[1] 参见张玲:《第三方法治评估场域及其实践逻辑》,载《法律科学(西北政法大学学报)》2016年第5期。

数据决策。这种以技术理性为主导的评估正在逐步扩大且日益标准化,实务界和理论界也都在力求指标的复杂化和多样化,但指标是否能够契合具体的社会情境以及我国的法治话语体系,设计者和使用者却选择性忽视甚至无从察觉。针对地方立法后评估的指标体系,有学者总结出了三维度、四标准和六指标说。[1] 这种理论只是反映了前期评估指标研究的某一方面,并没有完全总结出现实中评估标准体系的多元性特征。实际上,为了凸显自身的指标设计更具有合理性,学者多数在追求一种系统上的完整性与自洽性。于是,在理论层面,逐步形成了多种评估体系。例如,地方立法程序质量评估和成果质量评估的评估体系;[2] 地方立法前和地方立法后质量评估体系;立法过程成本、立法实施后的执法成本和社会成本配置及产出的成本—收益评估体系、"国家—社会—公民"三重维度下的良法善治型评估体系。总体上看,这些地方立法质量评估体系重视一级指标的构建,并逐步以不同的维度、标准、指标进行概念表达。然而,技术上的体系构建存有诸多不足,具体表现为以下几个方面。

(一)评估目标基础上的"标准"与"指标"无法区分

标准与指标是两个不同的概念,标准一般指衡量人或事物的基准与准则,指标可以理解为衡量标准如何实现的方法,可以指数、标识等呈现。例如,在评估法律的内在形式时,富勒的八项准则比较典型,即法律的一般性、明确公布、不溯及既往、清晰性、不矛盾、不要求不可能之事、连续性、官方行动与公布的规则之间的一致性。[3] 在评估地方优化法治营商环境时,可以从地方政府所给予的承诺行为是否满足企业自身的发展以及政府的稳定性预期、是否规定了企业

---

[1] "三维度说"指地方立法质量评估标准体系的合法性、适用性和规范性;"四标准说"指法理、价值、实践和技术标准;"六指标说"指必要性、合法性、协调性、可操作性、影响性、特色性。参见李店标、冯向辉:《地方立法评估指标体系研究》,载《求是学刊》2020年第4期。

[2] 参见谭波:《论体系化背景下地方立法质量评价机制的完善》,载《河南财经政法大学学报》2020年第1期。

[3] 参见[美]富勒:《法律的道德性》,郑戈译,商务印书馆2005年版,第20页。

行为的边界并且有相关的措施进行监督等目标来具体构建法治营商环境的评估标准。地方立法质量的评估是要以具体目标来构建评估标准,并逐步地进行分解。但理论界和实务界并没有区分"标准"和"指标"的概念指引,而是基本将标准作为一级指标去应用,如合法性、合理性、实效性表达既是评估标准又是一级指标。

(二)"成本—收益"分析的评估难题

前文提到,一个完整的立法评估生成过程包含需求、组织、实施、结果等多个环节,实施投入意味着有成本支出,结果生成意味着收益的产出。因此,为了直观地呈现出立法评估的"投入—产出"效果,诸多学者将经济学中的"成本—收益"分析方法引入立法评估中,尤其是注重卡尔多—希克斯法则,即在任何情况下,选择能够产生最大净收益的那个政策,即注重社会福利的总体增量。[1] 在立法质量评估中引入该原则,其目的是重视立法所取得的最大收益。这种追求效益最大化的方法以效率作为首要的价值目标,将净收益作为立法的制定与修改的标准,其结果是有利于增进社会总体效益。[2] 然而,这种效率导向的评估准则在实施过程中会面临诸多难题。首先是立法的正当性难题。立法具有正当性,是现代法治基本的需求,但立法内容的正当性如何判断,并没有明确的可量化参照系。尤其是涉及公共利益和个人利益的立法实现方面,以效率优先的成本—收益分析工具极易忽视社会公平性,可能会造成公共利益对于个人利益的践踏。例如,在公共安全视频监控的地方立法中,维护公共安全是第一价值取向,个人信息权让位于公共价值,且以公权力的优先利用为核心展开,体现了地方立法中权利保护的副属性。[3] 在互联网

---

[1] 参见李银珠:《公共支出行为的成本—效益分析——基于福利经济学的思考》,载《江西社会科学》2008年第11期。

[2] 参见刘宁:《论立法成本效益评估制度的发展及改进》,载《地方立法研究》2018年第1期。

[3] 参见王秀哲:《公共安全视频监控地方立法中的个人信息保护研究》,载《东北师大学报(哲学社会科学版)》2019年第5期。

大数据的推动下,无论是否基于公共安全的需要,对个人行为的监控都已经暗含着对隐私权等权利的侵犯。公共利益和个人利益存在冲突,如果单纯以满足公共利益的效益实现作为衡量这些法律的标准显然有失公平,立法的正当性当然存疑。其次是立法的可测量性难题。理论上的成本—收益方法在与评估指标相结合时,会产生两种评估方案:"不可测量指标"方案和"可量化指标"方案。前者用某一估值来衡量立法的成本收益,后者是用货币值来计算。[1] 但无论哪种方案,这种评估方法都是用可确定化的数值来衡量法规对社会、经济、环境等方面产生的影响,其前提是评估指标可以细化估值并且辅以大量数据来计算,最好能够以货币值来转换。然而,在我国的立法理论和实践研究中,所关心的是立法必要性、立法可行性、立法原则如何实现的抽象理论问题,[2] 对立法制度形成所投入的成本和产生的收益关注有待进一步增强。如果用具体的评估指标对这些内容加以测量,则难以量化和货币化。此外,地方立法对经济、社会、环境的规制是一个复杂且又成体系的系统,成本—收益的实现可能是多部法规共同起作用的结果,如果单独选取一部法规来评估,则有失偏颇。而在成本与收益的关系方面,有些法规并不是仅靠净收益就可以衡量的。例如涉及公共事件、疾病防控等方面的地方性法规,即使投入的成本远大于收益,也不能得出法规质量差的结论。

(三)制度指向下评估标准的混乱性与同质性

一方面,由于《立法法》及相关的法律法规缺乏对立法评估及其标准的制度性规定,实践中各地方出台的评估体系缺乏权威性,进而呈现出混杂局面。据有学者统计,关于立法后估标准的种类就有40多种名称,对于次一级指标描述更是种类繁多。[3] 在这种情境下,

---

[1] 参见蒋银华:《立法成本收益评估的发展困境》,载《法学评论》2017年第5期。
[2] 参见席涛:《立法评估:评估什么和如何评估(上)——以中国立法评估为例》,载《政法论坛》2012年第5期。
[3] 参见王柏荣:《困境与超越:中国立法评估标准研究》,法律出版社2016年版,第31页。

以评估标准制定的指标体系不具有可比性,靠评分结果很难反映各地方的立法水平。另一方面,混杂的背后存在指标的同质性。在各地方的指标体系中,合法性、合理性、可操作性、实效性是其标配。然而,立法评估制度按照不同的阶段,是存在前评估、后评估的,而评估标准并未进行严格区分来加以运用。例如,合法性标准应主要在立法前评估出现。[1] 在立法前的论证阶段,如果一部地方性法规的出台违背上位法,就会违反依法立法的基本原则。此外,我国的地方立法权限正在逐步扩大,其立法事项涵盖政治、经济、社会、文化、生态环境等方面,与之相关法规的立法目的与立法内容是不同的。如果以一套质量评估体系去评估不同类型的法规,这种"平均"做法容易忽视不同立法的特性和目的,立法质量的提升会不如预期。又如,我国的环境保护立法以现实问题为导向,其立法事项源于客观存在的环境问题或者环境事项,且需要通过调整人的行为来达到对人与自然关系的调整,这与传统的法律逻辑形成的体系是有区别的。在评估此类立法时,需要考虑其特殊性。

四、评估标准的片面低效

在立法质量评估中,无论是精细化的技术手段还是以导向为基础的评估目标,其最终都需要以评估标准与指标为支撑。但理论界和实务界对立法标准认识的偏颇,导致了评估标准设计的偏差,致使评估体系效用低下。

(一)诸多评估标准集中于法规的"科学层面"

首先,评估标准以法的形式价值为基础,忽略了法的实质价值。如合法性、协调性、可操作性基本为主流,而法律对经济、社会、环境等影响根本无法体现。其次,立法的民主性评估缺失。党的二十大报告指出,需要以科学立法、民主立法、依法立法统筹立改废释纂工

---

[1] 用"应当"一词,是因为地方性立法存在"先行先试",如果之后有上位法出台相关的规定,在后立法评估中也应当对合法性进行评估。

作。"科学立法"强调立法要符合客观规律,满足社会的现实需要;民主立法凸显立法的覆盖面和参与度,重视人民群众的利益表达;"依法立法"表达了"法治原则"的核心要义,明确立法要严格按照法定权限和法定程序,确保法律体系的融贯性。合法性是"依法立法"原则的体现,合理性、协调性、可操作性、技术性可看作"科学立法"原则的体现,民主立法中的参与性、公开性却没有得到重视。[1] 再次,指标设计混乱,缺乏逻辑性。评估标准应该基于立法的基本原则,结合本地方的实际来设计,其中的一级指标、二级指标、三级指标应该呈现出递进关系。以广州市立法评估标准为分析对象,可操作性标准中包含"所制定的管理制度是否符合实际需要、具有现实针对性""程序规定及操作是否顺畅、简洁、便民"。这两项内容旨在评估法规的现实适用性,即是否可以很好地解决问题。而另外的实效性标准中也规定了相关的内容——"所确立的制度、管理机制、管理措施等规定是否能够解决实际问题""所规定能够的行政程序是否能够实现高效、便民"。从这两项标准的设立意图看,实效性标准是用以检验法规的现实效果,可操作性是检验文本运用效果,是一个从应然向实然的转换。但是,指标体系并没有明确区分文本标准和实施效果标准,这就是重复性的表达。此外,技术性标准和规范性标准是种属概念,规范性是技术性的上位概念,我们可以将可操作性、合法性都归纳进规范性标准里面。但相当多的评估制度将两者相等同,这容易造成指向不明。最后,地方特色评估标准的阙如。地方特色是地方性法规的灵魂和生命,是地方立法质量评估所不可或缺的部分。从制度及实践层面来看,只有山西、江西、甘肃、重庆四个省、直辖市作出了明确规定。然而,仔细分析地方特色的标准内容,其中并没有明显的地域针对性。以甘肃省的地方特色标准为例,可以发现其中存在两个问题:一是第一项和第二项的"体现本地方和本行业的发展规律及真实情况"并不属于特色标准,而是地方立法的科

---

[1] 参见李店标、冯向辉:《地方立法评估指标体系研究》,载《求是学刊》2020年第4期。

学性问题;二是评估的目的在于解决实际问题,且合理解决、妥善解决依赖于主体认知,[1]这并不是真正地方特色所需要关注的问题。

(二)法的实效评估局限于"事实判断"

传统法理学认为,法的实效性注重于"规则之治",即立法或者法律实现的结果在于形成法律秩序。[2] 这种法律秩序既体现为由不同法规范所构成的法律体系,也注重公平、高效的法律实施体系。于是,从立法、执法到司法,评判法治的运行状况集中于立法所提供的制度供给是否充足,执法、司法的状况是否符合立法目标,即通过客观的"事实"状况来判断法的应然转化为实然的程度。例如,对于社会中的某种现象,规范有无规定或者规制如何? 在这种理念之下,地方立法的实施效果也以"立法的预期目的是否实现""立法或者规定是否得到执行或者遵守"等标准来评估。这种以规范秩序呈现的实效性评估实质上是以人们行为的事实状态作为衡量标准。[3] 然而,良法的形成和适用需要社会主体在现实生活中通过自身的实践经验和理性逻辑去认知和评估,这种评估往往取决于公众所期望的法治状况与感知的法治状况之间的差距。当感知不如期望时,公众在整体上可能会不满意法治状况;当感知与期望相当时,公众就会对现有的法治状况满意;当感知大于期望时,公众会认为是最理想的法治状况。因此,我们在评估法治满意度时,除了要评估法律事实外,如法规实施后违法案件的发生率或者公众遵守法规的实然状况,更需要将公众对法律或法治的期望作为评估指标,这种期望不会因在执法或者守法情境中遭受到不公待遇而丧失。虽然这种期望评估难以把握,但是需要在公众满意度评估中得到体现并逐步推进。然而,从地方的评估实践来看,多是以法规所产生的绩效为评估标准。

---

[1] 参见张琼:《立法评估完整性研究及建设路径》,载《宏观质量研究》2016 年第 2 期。
[2] 参见王人博、程燎原:《法治论》,广西师范大学出版社 2014 年版,第 231 页。
[3] 参见伍德志:《论法治评估的"伪精确"》,载《法律科学(西北政法大学学报)》2020 年第 1 期。

五、评估程序的静态简易

地方立法质量评估程序是开展评估活动的重要环节,其决定了立法质量评估的整体效果如何和结论是否科学有效。从各地已经出台的规范性文件看,关于评估程序的规定基本遵循启动—实施—结束的过程。但如果以程序正当的理念加以检视,无论是评估的启动还是评估的事后反馈,评估过程并未遵循"相互平等、共同推进"的实践逻辑,也未形成具有约束力的准则。

(一)评估的启动程序"随意"

从部分地方的评估规范看,关于启动程序的规定较为原则,地方立法并没有形成统一的、常态化的启动程序。在实践中,启动程序缺少对立法评估进行必要性、目的性论证,存在"临时起意""运动式"评估现象。事实上,这种运动式、缺乏持久性的"一次性评估"需要大量的人力、物力、财力作支撑,如果评估的效果并没有实现预期目的,将会消耗大量的资源,而且也会耽误立法机关的本职工作,无法持续的追踪法律在现实实施中的动态变化。对于立法后评估的启动机制,各地方的立法后评估规定所呈现的是一种年限性评估,即对于所需要评估的法律法规需要在实施3年到5年后才可以进行评估,这些年限的设置主要是与法律的生命周期相适应。对这种年限性立法后评估,有学者指出,一部法律颁布后的每3年到5年即可开展一次评估,而非法律实施后的第一个3年到5年。[1]本课题赞同此种观点,因为法律是一个长期实施的过程,需定期进行评估来发现问题。然而,从各地方的立法后评估实践来看,多数地方均是"一次性评估"。例如,长沙市对《长沙市历史文化名城保护条例》的评估、宁夏回族自治区2011年启动的对若干地方性法规的"一揽子评估",这些评估项目都是开展一次便宣告结束,未看到后续对这些法规的处理。这种"一次性评估"切断了评估与完善法律的联系,立法质量是否提高也成为一个问号。此外,诸多省、市并没有将立法质量评估

---

[1] 参见张琼:《立法评估完整性研究及建设路径》,载《宏观质量研究》2016年第2期。

固化为常态的手段,每年对法规开展的评估较少。有学者通过对上海、杭州、宁波等 12 个城市人大网公开信息进行统计发现,除上海市、宁波市在个别省份开展 3 件以上条例的立法评估外,其余城市对条例的评估不超过 3 件。由此可知,若启动程序缺乏规范化,可能会使急需修改、废止的立法得不到评估。

(二)评估程序重简易评估、静态评估轻整体评估、动态追随

从立法过程的视角来看,作为对立法质量的一种评估,评估机制涵盖了规划、实施、应用阶段,这必然是一个持续动态的过程。理想中的立法评估阶段具有逻辑顺序,且互为关联,涉及从立法认知到评估目标确立、到评估实施再到评估完成、最后到评估结果的有效运用,而不仅仅局限于评估实施这一环节。然而,相较于立法论证等立法前评估的前置程序,现阶段的立法质量评估是一种典型的事后评估和"一评了之"的静态评估,并没有形成一种动态化的跟踪监测机制,尤其是缺少与法律监督的其他制度的衔接机制,以及对未来立法变动的关注。其实,评估主体在作出评估报告和评估结论之后,应该对社会中反响强烈的意见、舆情等情况进行反馈并落实。但是,在现有的评估程序中,大多只是对评估活动如何进行作出了一种程序性的说明,至于是否有效,尚待进一步考察。

(三)缺乏评估的回应机制与评估报告的检验

就地方立法质量评估的程序而言,评估反馈机制是评估回应民意的重要表达,但现实中却屡屡被忽视。首先,评估结果回应机制的设立是评估程序的应有之义。于地方立法后评估而言,评估反馈机制具有补充完整法治实践评估的功能与效用;于回应机制本身而言,评估反馈机制可以实现独立的程序性价值,保证程序正义得以实现。但实践中评估结果回应机制罕有被重视,仅是以规范形式予以简单地规定,或将回应程序与立法实践程序相联结,难以实现实然价值,这导致应然价值与实然价值出现断层与脱节。其次,地方立法后评估结果回应机制是将量化法治与实践法治结合起来的机制与桥梁,作为调和剂应当不断地中和理论与实践之间的冲突。因我国所处的

压制型法、自治型法与回应型法的阶段差异，当前仍主要以压制型法和自治型法为主，个别法律部门或者法律规范体现出回应型法的特点。而对于地方立法后评估结果回应机制，应当以个案回应与解决社会需求为主，但却多以原则性规范构建起基本框架，既缺乏实际可操作性，同时也缺少评估与地方立法的链接机制，在理论指导与具体实践中形成一种张力，使形式逻辑与实体逻辑存在嫌隙。最后，现实中评估报告的效力仍旧没有引起评估机关的重视，其是否有效无法得到检验。在中国特色社会主义法律体系完善过程中，"科学立法、严格执法、公正司法、全民守法"俨然成为法治运行的基本遵循，按照具体、明确的规范，法治会按照预定轨迹与各权利主体发生交涉关系，形成法治实践。地方立法后评估按照《立法法》与相关评估规范开展法治评估实践，形成地方立法后评估结果报告，再以评估报告结果为基础对地方立法实施反馈。实际上，现如今地方立法后评估报告的信度、效度仍然是一个难题；加之缺乏有效的监督机制，致使评估报告对作为问题与结论的表达尚需增加实用性。

第三节　我国地方立法质量评估机制产生困境的原因

一、理念层面：立法评估认知的思想束缚

长期以来，经济发展在地方发展过程中占据主导地位，这为地方立法提供了强大的动力。在经济发展的同时，也必然伴随各种各样的问题和矛盾，维护社会秩序和稳定成为地方政府首要的任务。由于各地方的现实情况不同，加之立法质量评估实践经验缺乏，评估理念存在诸多认识误区，影响了评估机制的实施。

（一）功利式的工具思维致使评估机制的定位模糊化

央地立法在立法目的上的符合程度是审查地方立法工作的主要方面，其暗含着中央与地方在权力关系上是否和谐的审查基准。于是，初期形成的立法质量评估机制就内嵌于权力关系之中。在这种情境下，立法机关开展评估的动力在于地方管理面临合法性危机，是在外向型法治压力下"被迫"或者盲从地实施地方立法质量评估制度。而在立法质量评估标准体系方面，以秩序为主的目标实现指标所占比重较大。事实上，地方立法质量评估机制的重点不在于认知与判断，其最终目的是以指引和监督来推动地方治理。通过对立法质量的检验与结果的运用妥善处理和解决人民群众所关心、所面临的社会问题，切实推进地方法治的建设。因此，立法评估中的"评估"不应该只限于规范本身，而应当考虑立法、执法、司法的衔接问题。

一般而言，鉴于中央立法机关对于"法制统一"的反复强调，诸多地方立法为了落实"不抵触"原则，会忽视规范的"实用性不强、受众程度不高"等问题，[1]致使地方立法在现实适用中受阻。然而，在全面深化改革的背景下，地方立法承担着缓解社会发展与深化改革之间的张力任务，这种客观现实要求地方性法规发挥治理功能，在维护社会稳定的同时助力经济发展。以城市执法管理为例。2000年国务院办公厅发布了《关于继续做好相对集中行政处罚权试点工作的通知》，旨在解决行政管理中长期存在的多头执法、职权交叉重复和行政执法机构的膨胀问题，并规定了集中行使处罚权的范围，可称为"7 + X"模式；[2]2015年中共中央办公厅、国务院发布了《关于深入推进城市执法体制改革改进城市管理工作的指导意见》，该意见将城市管理执法的职权范围确定为"6 + X"模式，取代了之前2000年《关于继续做好相对集中行政处罚权试点工作的通知》确定的"7 + X"模式，并对未列举的其他事项作了严格的程序规定。在"7 + X"的模式下，城市综合执法的具体范围给予了地方立法较大的裁量

---

[1] 参见黄硕、周联合：《城市执法体制建构与地方立法》，载《地方立法研究》2020年第5期。

[2] 参见青锋：《行政处罚权的相对集中：现实的范围及追问》，载《行政法学研究》2009年第2期。

空间,各城市在执法事项的分布也非常分散。然而,在实践中,综合执法体制面临职权的无序扩张问题也较为突出,造成城管不同职能部门之间的关联度降低,联合执法或者协调执法难度较大,执法成本和执法效果并不能形成正相关的收益。在这种情况下,实施立法质量评估,需要结合现实的问题来评估现有地方性法规的可操作性,从而能够为执法人员提供明确的行为规范,促进综合执法的效益。

(二)科层化的管控理念致使评估的参与性不足

提高立法质量,推进立法决策的科学化、民主化、法治化,需要融入社会力量弥补"精英评估"的不足。据此地方立法质量评估机制本应在程序上加以改进,以一种嵌入性、开放性的姿态充分吸纳不同社会主体参与评估。然而,基于我国的科层化体制,立法评估仍然秉承着风险控制与社会管理的理念,缺乏参与的开放性。

就立法质量评估的组织架构而言,立法机关希望通过"评估"专业化的要求来提升评估的正当性,其结果就是重视法律的社会控制评估而忽略不同利益相关者的正当诉求,无法有效吸纳社会中的不同意见。于是,评估也被当作指标化的考评手段。虽然地方人大常委会不同于地方政府的组织形态,但在科层制的架构下,立法的成果仍然是绩效的体现。例如,各地方人大常委会每年对立法工作进行总结时,会强调"质量"在立法中的重要作用,并且立法后评估也成为法律实施后的一项重点工作。此外,由于目前的立法质量评估机制并未常态化、法治化,其能否顺利开展以及与地方立法机关决策程序之间的嵌入是否有效,在很大程度上依赖地方党政主要领导人对评估机制的认可度。[1] 因为国家(社会)治理的诸多机制需要依赖于体制内的官员推动,在缺乏具体规则的情境下,人格化的权威会起到重要作用,其缺陷是不能保持机制实施的连续性。反映到立法质量评估实践中,如果地方人大或者政府高度重视立法质量,同时行政

---

[1] 参见张玉磊:《健全重大决策社会稳定风险评估机制:一项制度创新的可持续发展研究》,中国社会科学出版社2018年版,第60页。

部门特别是法规的实施机关能够积极配合推动,则评估就会很好地推进,并且会较快地得到结果。但局限性也较为突出,即社会主体很难融入评估过程中。

(三)理论的规范设计与制度的实践需求相脱离

我国的法治评估呈现出"先实践、后理论"的鲜明特征。随着我国现代化的不断推进,如何更客观地反映出国家治理的现实状况是法治建设发展到一定阶段所要明确的问题。于是,在"检验成绩、发现问题、持续推进"的指导下,我国的法治评估顺应了国家精细化治理的时代需求,是推进国家治理现代化的一项制度创新。从立法质量评估的发展历程看,起初的评估实践并没有明确的理论指导,但又在其轨道上不断向前。对此,有学者总结出我国的法治评估(法治政府建设评估)分为"依法""以法""一体化"建设三个阶段,这三个阶段分别形成了"严格法治概念""善治观念""国家治理理念",法治建设成效的评估标准在此基础上形成。[1] 正是基于我国的法治发展以及"量化法治"的热潮,实务界在不断探索的道路上形成了固有的规律性认知。然而,面对蓬勃发展的评估趋势,这种规律性认知并没有以完整的理论固化下来,故很难在未来的评估活动中帮助权力机关根据不同的对象作出妥当处置。尤其是针对不同地方立法评估的真实需求,现有的实践经验难以确保评估的实效。

面对实践中地方立法后评估存在的困难,学界积极地进行理论规划,并且在某些方面达成一定的共识。例如,地方立法质量评估标准应当融合管理学、统计学的相关知识,以细化的技术手段来构建评估标准,从而指导评估活动的有效开展。然而,无论是评估标准或者评估方法,国内所描绘或设计的评估基准多是借鉴国外的评估理论,鲜有从我国的评估实践中总结经验、提炼准则,这造成了技术与价值的背离,并没有起到实际的作用。质言之,现有的理论研究仍然秉承

---

[1] 参见刘艺:《国家治理理念下法治政府建设的再思考——基于文本、理念和指标的三维分析》,载《法学评论》2021年第1期。

社会控制论的视角,希望借助一套自洽逻辑去描述评估所应具有的系统功能,而非从实践经验中提炼出统一的规律性认识,以此达成一种权威性的认知。[1] 因此,现有的研究虽然为地方立法质量评估提供了一定的认识基础,但并没有真正地触及实践需求,或者并不能够让权力机关以制度化的形式确立下来,理论与实践的鸿沟依旧没有跨越。

二、制度层面:科层体制下的惯性思维与路径依赖

地方立法质量评估的决策过程受评估组织的影响,而评估的组织规则在具体情境的运用会随着环境的改变而变化。虽然立法评估吸收了公众、专家等多方主体,看似以"外部视角"来评估法规的现实状况,但以立法机关为主体的评估模式仍呈现出一种"封闭"状态。在诸多领域中,通过行政化的科层运作取得了较好的效果,形成了某种意义上的依赖,致使法治效能的评估以内部推动为主。[2] 在此种境况下,虽然初期的评估运行会遵循组织的理性规划有序推进,但在后续进程中基于不同利益关系的调整,评估组织对于制度与技术的需求仍会依赖于惯有的思维与路径。

(一)评估主体仍未脱离"同体评估"

就评估而言,立法后评估与法治评估在本质上具有同一性,都是在特定的结构框架下展开。由于各地方需要通过立法来解决本地的实际问题,这就形成了立法评估的趋同现象——在上级的影响或指示下检验立法的有效性。于是,在"谁立法,谁负责,谁决策"的责任逻辑下,我国的地方立法质量评估形成了以立法机关为主导的制度性评估。在此种模式下,立法机关集评估的组织权、实施权、决策权于一身,形成了典型的同体评估。这种同体评估所体现的"自我评

---

[1] 参见周宇骏:《合目的性的审查分层:我国地方性法规审查基准的实践及其逻辑》,载《政治与法律》2021年第3期。

[2] 参见姜永伟:《法治评估的科层式运作及其检视———个组织社会学的分析》,载《法学》2020年第2期。

估"理念或者"自我"利益与组织形态联系紧密,由此形成了评估主体与其他主体的"中心—边缘"形态。[1] 此外,一部地方性法规的评估涵盖诸多方面,如规范政府的权力行使、保障公民权利的实现、促进平安社会的建设等,但立法所能解决的问题是有限的,这决定了立法机关在评估过程中会有选择地设计指标,以期实现其所认为的法治目标。例如,宁波市对《宁波市房地产中介服务条例》的评估只是从宏观管理层面对房地产中介的市场准入、备案审查等制度进行了评估,而对于公众关心的中介价格、责任承担等问题并没有给予足够的重视。因此,地方立法质量评估起初确立的评估目标会跟随评估的进程产生"目标置换",即评估总体上与法治建设的目标相一致,但在指标选择上会因权力机关的内部惯性而改变。

一方面,依据公共选择理论,科层制下的机构及其人员无法脱离"经济人"的预设,其自身同样追求利益的最大化,导致立法具有很强的自闭型。这种自闭性突出表现为体制内的组织习惯于一元治理而不愿与其他主体分享权力和责任,甚至在评估过程中会对其他主体的参与产生强烈的抵触心理。在他们看来,立法机关是进行立法评估的主要甚至是唯一主体,其他主体基于自身的局限性可能缺乏能力做好评估工作。这在一定程度上反映了立法机关与其他主体之间信任资本的缺乏。正如亨廷顿所言:"在大部分现代国家中,立法功能在理论上由一个人数众多的代议机构、国会或者最高苏维埃行使,但在实践中,是由一小部分人,即一个在所有统治活动领域行使权力的内阁或者常务委员或来行使。"[2]

另一方面,立法质量评估中的工具理性仍然沿袭传统的立法管理思维。就我国的社会治理而言,立法需要结合本土实际,以实现法

---

[1] 参见[德]施路赫特:《理性化与官僚化:对韦伯之研究与诠释》,顾忠华译,广西师范大学出版社 2004 年版,第 7~8 页。
[2] [美]塞缪尔·P. 亨廷顿:《变化社会中的政治秩序》,王冠华、刘为等译,上海人民出版社 2008 年版,第 93 页。

律的社会效应和其本身价值的相统一。[1] 于是,"回应型法"的立法模式成为我国社会转型过程中的一个重要论调。回应型法注重目的的支配地位,其独特的特征在于探求规则和政策内含的价值,使目的具有控制适应性规则制定的客观性和权威性。[2] 虽然诺内特和塞尔兹尼克不认为回应型法是开放的或适应的,但"回应"的理念仍然体现着工具主义的便宜性。这极易造成立法质量的评判依旧是能否促进政府管理目标的实现的依据。以地方食品安全监管为例加以说明,2015 年修订的《食品安全法》确立了"预防为主""社会共治"的监管理念,并明确了对小作坊、食品摊贩的治理。然而,观察各省市出台的管理"小作坊、小餐饮、小摊贩"经营行为的法规,立法者仍然沿袭传统的惯性思维,其内容依旧指向行政部门如何执法以及加强对上述三类主体的监管,而民众的意愿或者被监管者的立法需求并没有较好地体现出来。例如,河北省 2019 年出台的《河北省食品小作坊小餐饮小摊点管理条例》第 64 条规定,多数是规范行政机关的执法权限且严格地对行政相对人进行监管,[3] 至于如何保证食品安全的"预防"、更好地吸收社会主体参与协同治理则基本没有提及。在此种境况下,地方立法虽然回应了社会中的热点问题,但仍未脱离"管理"思维,相应地,立法质量评估也会从结果主义的视角去衡量法规在监管层面的实现层度。

(二)"自上而下"的"封闭式"评估路径

从发生学意义上讲,"自上而下"的视角对于我们理解立法后评估及立法质量的评估是不充分的。当然,这种"自上而下"的立法模式有其合理性,它能够为法律的出台提供良好的组织资源、人力资源

---

[1] 参见于浩:《迈向回应型法:转型社会与中国观点》,载《东北大学学报(社会科学版)》2015 年第 2 期。

[2] 参见[美]诺内特、[美]塞尔兹尼克:《转变中的法律与社会:迈向回应型法》,张志铭译,中国政法大学出版社 1994 年版,第 86~88 页。

[3] 根据《河北省食品小作坊小餐饮小摊点管理条例》第 39 条的规定,对消费者反映较多和本行政区域内消费量大的视频,应当重点抽检。但"反映较多"如何解释,是"好"还是"坏",并没有说明。

与制度资源。当然,这种模式也存在局限性:一是立法机关注重所立之法的权威性,容易忽略市场以及社会公众的现实需求,未能"全面反映客观规律和人民意愿",可能出现"部门化倾向、争权诿责现象"。[1] 二是权威性造就了封闭性,公众很难通过有效的方式进入立法场域。虽然我们一再强调民主立法的重要性,但是一提到参与,往往受制于开会、座谈的局限性。

上述"自上而下"的模式同样反映在了立法后评估领域中。对于"自上而下"的动力模式,王锡锌教授概括为:"首先,政府是推动经济与法制改革的单一权威主体;其次,改革的议程设定权、决策权和主导权集中于政府这一'中心',改革方案、措施的决定和正式、合法的启动只能由政府进行;再次,改革方案与措施的落实由政府通过国家动员、自上而下方式推进……"[2] 当然,"自上而下"评估模式的动力并非完全由中央政府主导从上到下的推行,也可由地方经过试验以后逐步得到中央的认可,我国地方立法先行先试与地方立法评估实践都是由地方开始。在立法后评估中,具有决策权的立法机关主导着评估的进程。从评估主体到评估对象的选择以及评估标准的确定,无不体现着"自上而下"的单向推动。评估主体即为法律法规的制定机关或者委托的第三方机构,评估对象也主要选取社会关注度低、调整关系单一的法律法规,评估标准呈现指标化技术性、评估方法也多是简单的定性分析。从评估主体、评估对象到评估标准、评估方法的选定,立法机关的权威性极大地影响着评估模式的生成。另外,立法后评估的最终目的在于提高立法质量,但也能侧面反映出立法者的能力和水平。如果法律质量欠佳,很容易造成立法公信力的丧失,损害法律的权威性。出于立法机关的政治诉求与自身利益考虑,评估中的公众参与更多的是为立法的合法化提供正当性。

---

[1] 党的十八届四中全会通过的《中共中央关于全面推进依法治国若干重大问题的决定》指出,有的法律法规未能全面反映客观规律和人民意愿,针对性、可操作性不强,立法工作中部门化倾向、争权诿责现象较为突出。
[2] 王锡锌:《公众参与和中国法治变革的动力模式》,载《法学家》2008年第6期。

三、实践层面:我国法治发展特征对地方立法质量评估机制的冲击

立法或者法律的出台都有一定的时空性。法治的理想认知和实践图景的契合度,受多重因素的影响,如立法者的主观愿望、社会的客观环境、政治框架等。事实上,我国的地方立法是在我国的法治建设过程中不断发展的,法治发展的特征对地方立法特征造成了冲击,这也是立法质量评估出现现实偏差的重要因素。

(一)我国法治建设过程中形式理性对实质理性的消解

改革开放以来,在"有法可依、有法必依、执法必严、违法必究"的基本方针下,我国开启了民主法制建设的进程。仅在1979年,全国人大就制定并公布了7部基本法律,[1]速度之快前所未有。随后在"有法可依"的指导理念下,经过30多年的法律实践,我国逐步形成了"以宪法为统帅,以宪法相关法、民商法等多个法律部门的法律为主干,由法律、行政法规、地方性法规等多个层次的法律规范"的中国特色社会主义法律体系。[2] 从建设的轨迹来看,虽然我国法律体系的建设是按步骤、有计划推进的,[3]但带有强烈的建构主义色彩。究其原因,一方面,改革开放之初,基于经济建设和社会发展的客观现实,我国急需要大量的立法解决无法可依的局面,使社会生活逐步法制化;另一方面,在"以经济建设为中心"的指导思想下,我国的法律制度需要为经济建设提供必要的法律框架,用以确认经济体制改革的结果。[4] 为了满足时代需求,我们不得不进行法律移植,

---

[1] 这7部法律为《刑法》《刑事诉讼法》《全国人民代表大会和地方各级人民代表大会选举法》《地方各级人民代表大会和地方各级人民政府组织法》《人民法院组织法》《人民检察院组织法》《中外合资经营企业法》。

[2] 参见吴邦国:《全国人民代表大会常务委员会工作报告——2011年3月10日在第十一届全国人民代表大会第四次会议上》,载《中华人民共和国全国人民代表大会常务委员会公报》2011年第3期。

[3] 参见朱景文:《中国特色社会主义法律体系:结构、特色和趋势》,载《中国社会科学》2011年第3期。

[4] 参见王锡锌:《公众参与和中国法治变革的动力模式》,载《法学家》2008年第6期。

借鉴吸收国外的法治理念和法律制度,为我国所用。例如,我国的立法理念直接借鉴了诸如法治国、实证主义法学、法社会学等法治理念;法律制度上借鉴国外的民商事制度,如物权法等。可以说,一开始我国的法治建设并非自主演化推进的,而是在借鉴先进法治理念的基础上,对法律概念、原则、规则及法律思想等内容的移植和本土化改造,并形成了形式主义法治。[1]

法律形式主义认为法律是自治、自洽且逻辑严密的体系,每个法律概念都有着明确、清晰的含义。在这个体系中,立法提供了确定的法律规则,法官在司法中只需要准确把握和理解,便可以得出正确裁决。在这种法治观下,立法者所立之法体现了人的理性,并以客观中立的形象出现,通过对权利的保护来实现对权力的制约。当然,随着我国法治建设的推进以及在法治实践中遇到的问题,国家也越来越意识到我国的法治发展道路必须依靠本国的实际国情,西方的法治模式并不是我们所追求的目标。于是,在中央层面,党的十七大报告指出,"树立社会主义法治理念""坚持科学立法、民主立法,完善中国特色社会主义";党的十八大报告指出,"全面推进依法治国""推进科学立法、严格执法、公正司法、全民守法""建设中国特色社会主义法治体系",党的十八届四中全会又将建设中国特色社会主义法治体系作为全面依法治国的目标。从"法律体系"到"法治体系"的转变,反映出我国法治发展阶段的目标转换,从"有法可依"到"科学立法"也反映出新时代的立法需求。在理论层面,本土资源论、法律文化论、中国的理想图景、自治性法治道路、渐进式法治道路都是在探索如何形成我国自己的法治道路所提出来的。

在形式法治观的影响下,我国在较短的时间内制定了大量的法律。以我国环境立法的涉水法为例,从调整对象看,中央层面的有《水法》《水土保持法》《水污染防治法》;从规范环境行为的角度看,

---

[1] 参见刘小平:《法治中国的"理想图景"——走向一个实质法治概念》,载《社会科学战线》2020年第5期。

主要有《环境影响评价法》《取水许可和水资源费征收管理条例》《规划环境影响评价条例》《水行政许可实施办法》《城镇排水与污水处理条例》等。在特殊的水域保护方面,以长江的保护为例,地方立法主要包含《四川省长江水源涵养保护条例》《四川省长江防护林体系管理条例》《重庆市长江三峡水库库区及流域水污染防治条例》《重庆市长江防护林体系管理条例》《湖北省长江河道采砂管理实施办法》《江苏省长江水污染防治条例》《镇江市长江岸线资源保护条例》《南京市长江岸线保护办法》《上海市长江口中华鲟自然保护区管理办法》,这些地方性法规明确以"长江"为关键词进行命名。同时,除上述之外,长江沿省、沿市都制定了诸多法规加以对单向的环境要素进行规定,如湖北省的《湖北省水污染防治条例》《湖北省湖泊保护条例》《湖北省汉江流域水污染防治条例》等,而且《湖北省长江生态环境保护条例》也在出台。如此多的地方立法并没能满足对长江保护的需要,我国仍然需要《长江保护法》来实现这一目标,这在一定程度上也说明了以形式为主的立法效果有限。从未来的立法趋势看,长江保护涉及生态保护、水污染、水安全、水养殖等多方面,随着《长江保护法》的实施,各长江流域的省市将会继续出台大量的法规。由此可见,我国的环境立法从现实中的问题出发,形成了诸多领域的法律规范,因为与生态环境问题相关的立法宗旨、制度工具本身并没有特殊性,加之地方立法不得违背上位法的准则,各地方立法借鉴甚至重复也就很容易产生。然而,基于我国的法治发展进程,数量庞大的地方环境立法从社会事实出发,以形式上的规范为表现,实际上并没有形成体系化的逻辑自洽,立法质量评估也没有在此层面体现。因此,在我国法治建设的道路上,为了解决经济、社会、生态环境等多方面的问题,法律很容易以一种工具手段出现,注重规范的形成而忽视立法背后的价值评估、漏洞填补等实质理性。

(二)地方立法政治属性与技术属性的交织

立法需要借助于执政党或者政府的政治资源,通过人力、物力、财力等组织资源进行设计和重构,推动政权和法治建设的合法性。[1] 可以说,立法作为最高政治权力的行使,必然受到我国党政体制的影响。[2] 在我国,中国共产党是中国特色社会主义事业的领导核心,在宪法和法律的框架内同国家权力相契合,实现对国家和社会事务各方面的领导,这种领导主要表现为政治、思想和组织领导。在这种党政体制下,立法机关要接受党的统一领导,在同级党委的领导下开展立法工作。立法实践中党领导立法主要表现为审定立法规划和计划、提出立法建议、审定法律议案或法律案、决定法律法规中的重大问题等。[3] 当然,党对立法工作的领导是在宏观上的政治领导,即方针政策的领导,[4] 微观层面仍旧需要依靠人大主导的立法体制及立法机关的决策来实现。也就是说,"党集中人民意愿的主张要通过国家立法机关、按照法律程序转变为国家意志,使之成为全社会一体遵循的行为规范和准则,从制度和法律上保证党的路线方针政策的贯彻实施"。[5] 从我国宪法文本和《立法法》的整体结构和内容来看,"人大主导立法"理念和原则是一以贯之的。全国人大及其常委会有权制定和修改民事、刑事等方面的基本法律,地方人大及其常委会基于地方事务和实际需要制定地方性法规,并且法规的效力高于同级及下级政府制定的规章。并且,自党的十一届三中全会之后,经过40多年的制度化进程,全国及地方人大及常委会内部的组织建设,尤其是承担立法职能内部机构和常设机构的建设,已经形成了专业化、系统化、规则化的行事要求,[6] 这也意味着人大及其

---

[1] 参见杜寅、叶舟:《环境法形式理性的困境》,载《宁波大学学报(人文科学版)》2019年第2期。
[2] 参见冯亮、何俊志:《人大立法中政治与技术逻辑的互动——以G省人大常委会立法过程为例》,载《学术研究》2018年第8期。
[3] 参见秦前红:《执政党领导立法的方式和途径》,载《中国法律评论》2014年第3期。
[4] 参见刘松山:《党领导立法工作需要研究解决的几个重要问题》,载《法学》2017年第5期。
[5] 戴建华:《坚持和完善党对立法工作的领导》,载《党建研究》2020年第6期。
[6] 参见钱大军:《立法权的策略配置与回归——一个组织角度的探索》,载《现代法学》2020年第2期。

常委会立法能力的提升。由于立法需要依靠专业知识和社会实践，人大主导立法存在一定限度，这使行政机关在立法过程中介入过深，如全国人大制定的原则性、粗放性的法律需要国务院以行政法规加以细化，诸多地方性法规起先是由地方政府或者相关部门制定的。[1] 除此之外，按照法制统一的原则，我国设立了立法的备案审查制度，其目的在于对法规的合法性进行审查，确保下位法不抵触上位法，各立法机关要在其立法权限内行使立法权。

在党政体制下，党领导立法和人大主导立法是相辅相成、和谐推进的，这也使地方立法呈现出政治属性与技术属性的交互性。一方面，地方立法要围绕地方党委的要求贯彻落实党中央的方针政策，并要结合本地方实际将地方党委、政府的需求落实到位，以更好地助力经济、社会发展和改革攻坚，这是立法的政治逻辑。例如，在生态环境保护方面，从环境保护的基本国策、可持续发展到科学发展观，再到生态文明建设，地方立法始终需要在党和国家的政策指导下进行。在全面深化改革的时代背景下，地方立法承担着为国家立法试错、探路的功能。[2] 为了确保改革决策稳妥推进，避免出现混乱局面，国家所确立的"试点"允许突破现有法律框架，在"先行先试"中实现改革目标，为未来国家的全面发展提供经验。在此过程中，地方立法需要将"试点"所形成的规则予以规范化。另一方面，为了科学合理地把握地方立法的定位和权限，人大在立法过程中需要接受上级人大的合法性审查，这是立法的技术属性。备案审查的总原则是维护我国法制统一，立足标准为"不抵触、有特色、可操作性"，基本要求是在不违背上位法规定下，充分发挥地方的积极性，实现国家法制统一与地方有效治理。因此，围绕构建地方立法质量评估体系框架，明确评估标准，不能只局限于对地方立法的"合法性"审查，而应当在关

---

[1] 参见封丽霞：《人大主导立法的可能及其限度》，载《法学评论》2017年第5期。
[2] 参见沈国明：《地方立法应当立一件、成一件——关于地方立法40年的一些认识》，载《探索与争鸣》2019年第12期。

注技术评估的同时注重地方立法背后所蕴含的政治属性,即立法机关(地方人大)的立法理念、立法目标和地方党委、政府、公众的需求,使地方立法能够实现规范预期,保护公民权利、规制行政权力。这种技术与政治属性的交织无疑为地方立法的评估带来了挑战,如何寻求两者的平衡也成为难点。

第四章 立法契合法治:地方立法质量评估机制的理论证成

> 立善法于天下,则天下治;立善法于一国,则一国治。*
> ——(宋)王安石

法治包含价值本质、法律规范及法律实施的三个范畴,分别代表法律的价值基础、法律的现实基础及法律的实施效果三个层次。这三个层次既能够与立法本质相互沟通,又能够在实践中找到很好的对应关系,实现立法与法治的契合。现有的地方立法质量评估从不同程度上涉及了立法视角的评估,但呈现出片面化、碎片化的局面,尤其是标准设立背后的理论基础仍然没有梳理清楚,存在仅以自身意愿来构建评估体系的现象。因此,在承接上文我国地方立法质量评估产生工具性偏差的基础上,本章对相关的法治理论进行反思,以使立法质量评估体系的建立具有包容性的理论框架,推动地方立法质量评估成为检验立法质效的可行机制。

第一节 地方立法质量评估体现的"法治"理路及反思

对比国内外的法治评估(立法评估)项目可以发现,评估的理论

---

* (宋)王安石:《临川先生文集》,中华书局1959年版,第678页。

分歧仍旧产生于两极法治观的对立与博弈。虽然各种各样的评估活动在我国展开,并形成了诸多模式,但背后的法治或立法理论没有得到认真对待或者"虚置",这也影响了评估效果的发挥,进而阻碍了我国立法的完善和法治建设的推进。就法治评估的项目而言,世界正义工程秉承实质法治观的价值要素,通过限制政府的权力、防止腐败、实现司法正义等维度试图建立起普世的法治分析框架。国内的立法评估体系深受世界法治评估的影响。例如,冯玉军对"中国法律规范体系与立法效果"的评估则是借鉴国际法治评估——特别是世界正义工程的指标设计,以实质法治为理论基础形成立法完备性、科学性、民主性、受监督性的指标体系,进而通过主观评估法治的状况。[1] 实际上,关于法治的思维方式理念影响着立法评估体系的建立与操作,因此,需要重新审视当前立法评估背后所蕴含的理论预设,探究不同法治观下的立法及评估理念。

一、规则主义导向的"形式之治"

悉心观察各地方的立法评估实践,特别是伴随我国立法精细化的发展,立法评估的发展过程始终贯彻着一条主线,即规则主义法治或者形式主义法治。究其原因,一方面是立法质量评估要以实施后的法律规范作为评估对象,要评估该法规是否有效或者是否继续应当有效的问题;[2] 另一方面是以规范为基础的评估直观具体,其中的文本评估更有助于评估活动的开展和结果的产生。

(一)规则主义观下的立法

规则主义与形式法治在内涵上是相通的。分析实证主义法学将法律规范性问题作为法学的核心问题,而将法律规则作为法理学的中心议题,在一定程度上弥补了规则主义法治观的规范性、确定性的

---

[1] 参见冯玉军:《中国法律规范体系与立法效果评估》,载《中国社会科学》2017年第12期。
[2] 参见王称心:《立法后评估标准的不同视角分析》,载《学术交流》2016年第4期。

不足,[1]形成了规范意义上的形式之治。因此,以形式的合法性来理解法治,最终都可以归结为规则。在这种法治观念下,立法所蕴含的特征表现为:第一,法律是一个自足的体系,几乎是全面而完整的,立法只是其中一个环节。于是,形式理性法成为规则主义法治观的重要表现。对此,托布依纳认为,现代法的形式理性可以从三个方面加以认定,即内部理性、规范理性和系统理性。其中,内部理性和形式理性的内涵一致,表达的是"分析性的概念和演绎严谨的标准,以及在明确的事实构成取向意义上的规范适用";规范理性所关涉的是基本原则,该类原则对主观权利进行了限定,"证成了法律规范应该规定人们行为的种类和方式";系统理性关涉了法律回应社会问题的能力。[2] 第二,立法具有政治性、技术性、逻辑性,立法者在制定法律时并不受实质性的法律原则、道德等基本伦理原则的约束。[3] 正如博登海默所认为的,立法就是逐步建立一个专门机构和一个内部组织,创设一个特别的法律专家等级——这些专家以专门的训练与专门的知识为其特征,并精心设计一种同质性的法律技术与方法,而法律则试图确保和维护其自身的正当性。[4] 第三,法律的适用具有一般性,立法的内容必须普适。这表现为法律具有高度一般化;在某个领域内法律可以用有限的抽象和高度的一般化加以概括。第四,由法律规范所形成的法律秩序是一个规范体系,规范的效力源于一种基础性规范。正如凯尔森所认为,一个规范所能产生效力的理由在于另一个规范,而非事实。探究一个规范的理由不可

---

[1] 参见封丽霞:《大国变革时代的法治共识——在规则约束与实用导向之间》,载《环球法律评论》2019 年第 2 期。

[2] 参见[德]贡塔·托依布纳:《魔阵·剥削·异化——托依布纳法律社会学文集》,泮伟江、高鸿钧译,清华大学出版社 2012 年版,第 278 页。

[3] 参见[德]魏德士:《法理学》,丁晓春、吴越译,法律出版社 2013 年版,第 209 页。

[4] 参见[美]E.博登海默:《法理学:法律哲学与法律方法》,邓正来译,中国政法大学出版社 2004 年版,第 257 页。

能回到现实中去,而只能是回溯到由第一个规范产生的另一个规范。[1] 最后的规范终点是基础性规范,它承担了最高的造法权威,即一国的宪法。第五,立法为执法、司法提供了明确、充分的规范依据,促使国家、社会在法治的轨道上发展。其中司法是公平正义的最后防线,社会中的矛盾和纠纷可以通过严格的司法程序解决,其具有最终决断性。[2]

(二)规范评估的"内部化"

规则主义观对立法评估具有重要的指导意义,其所蕴含的准则为法律评估的内容和范围提供了明确性、可操作性的指引,并且很容易在事实上得到判断。在地方立法质量评估标准的理论设计和实践活动中,法律文本质量评估标准多数采取的是形式主义的立场和方法。例如,甘肃省的《甘肃省地方性法规立法后评估要素计分标准》中的"法制统一标准"有一项指标为,"条文规定与上位法的条文规定、立法精神、基本原则、指导思想不抵触";宁波市人大对《宁波市志愿服务条例》的合法性评估也是从"志愿服务的范围""志愿服务的管理体制""志愿者主体资格"等方面对标国务院的《志愿服务条例》《浙江省志愿服务条例》等规定,以此来评估规定与上位法是否一致。

然而,在这种形式主义下,对立法质量的评估极易形成一种以立法系统为本位,以立法者的主体意识为基础,以法律人自我认同的内在视角,主要表现为以下几个方面:第一,立法评估遵循逻辑自洽的评估模式,追寻的标准在于法律形式上的合法性、效力来源的正当性。这种在技术上改善法律体系逻辑结构的评估所依据的是立法规范系统内自我设置、自我定义的规范或者理念,而忽视外部的评估准则。第二,立法的产出需要专业化思维、专门化的语言和特别的程

---

[1] 参见[奥]凯尔森:《法与国家的一般理论》,沈宗灵译,商务印书馆2013年版,第174页。
[2] 参见顾培东:《人民法院改革取向的审视与思考》,载《法学研究》2020年第1期。

序,这种特殊属性可能会造成评估主体的知识垄断。因为,在法学研究的漫长过程中,其一直致力于对现行法律的批判和对未来的构建,立法看似处于引领地位但也往往发挥着"兜底"作用。在此发展过程中,法学界的整体意识和主要使命在于对法律进行大规模的"拆迁"和整体的"建构",加之我国立法的人才资源供给不足,法学家顺理成章地成为国家法律体系的建筑师。[1] 同样地,在地方立法质量评估的研究中,学者也在强调要建立专门的评估法律,并且重心在于建立各种各样的标准体系、指标、指数等,而完全忽略是否具有现实可行性。此外,法学家往往有多重身份,除了直接参与立法、立法评估之外,其多是科研院校或者机构的教师、专家,而在评估过程中,他们往往缺乏区分其身份和角色的理论自觉,这又直接促进了"精英评估"模式的固化和发展。第三,形式主义下的法很容易和现实中的法脱节。立法质量评估之所以能够在地方得到广泛应用,是因为它所评估的并不仅是"书本上的法",还是"实践中的法"。实际上,国内各地方的实践虽然没有明确的理论指导,但有其内在的规律,且这种规律很有可能走在理论研究的前面。在这种情境下,立法质量评估对连接法治理想和法治现实起到很大的促进作用,相应地,评估素材就不能仅仅地停留于法律规范。[2]

二、功利主义导向的"效益激励"

(一)功利主义取向下的立法

功利主义思想的渊源最早可追溯到晚期希腊哲学的伊壁鸠鲁学派,到19世纪边沁和穆勒系统阐释了功利主义及其立法思想。边沁的功利主义思想将趋乐避苦作为人的自然本性,并将它作为功利原理产生的根据。所谓功利原理,是指"按照势必增大或减少利益有

---

[1] 参见傅郁林:《法学研究方法由立法论向解释论的转型》,载《中外法学》2013年第1期。
[2] 参见钱弘道、王朝霞:《论中国法治评估的转型》,载《中国社会科学》2015年第5期。

关者之幸福的倾向,亦即促进或妨碍此种幸福的倾向,来赞成或非难任何一项行动"。[1] 当然,对于人们为什么要追求最大多数人的最大幸福,又如何才能达到普遍幸福的最大化,边沁并没有给出证明。他只是说明政府的职责是要通过苦乐的"功利计算"来增进公共利益,并且将"最大多数人的最大幸福"作为评判个人行为和社会立法的唯一可接受标准。当然,个人利益与社会利益是紧密相关的,"不理解什么是个人利益,谈论共同体利益便毫无意义",而共同体的利益是共同体中各个成员的利益总和。[2] 穆勒在总体上继承了边沁的功利主义思想,他指出,"最大幸福主义,主张行为的是与它增进幸福的倾向比例,行为的非与它产生不幸福的倾向为比例"。[3] 之后,他对快乐的质和量作出了区分,强调快乐并非只是按分量估价,[4] 质的标准比量的标准更为重要,以此来对高级的快乐和低级的快乐作出区分。总体而言,功利主义是将利益、权利等观念整合成为一种道德体系。在该体系中,个体利益是指一个人所想得到的东西,或者能够从中产生快乐的东西;实现社会利益就是让社会中的个人能够在最大化其幸福的同时将痛苦降至最低。这就将一个道德问题转化成一个确定快乐和痛苦的数量,并计算其差值,然后得出一个客观答案的经验问题。换言之,功利主义指向的是社会整体利益,可以称为幸福,强调的是通过制度设计来实现激励或惩罚。[5]

随后在社会发展的进程中,围绕着"社会福利优化分配"的问题,法学与经济学在促进"社会整体利益"上有共同的追求,于是用经济学上的方法来分析解决法律问题受到重视,立法的成本收益分析成为评估法律是否有效的主要工具。一般而言,从公共利益的视

---

[1] [英]边沁:《道德与立法原理导论》,时殷弘译,商务印书馆2000年版,第59页。
[2] 参见[英]边沁:《道德与立法原理导论》,时殷弘译,商务印书馆2000年版,第59~60页。
[3] [英]穆勒:《功用主义》,唐钺译,商务印书馆1957年版,第7页。
[4] 参见[英]穆勒:《功用主义》,唐钺译,商务印书馆1957年版,第7~10页。
[5] 参见何鹏:《知识产权立法的法理解释——从功利主义到实用主义》,载《法制与社会发展》2019年第4期。

角看，成本收益分析理论主要是将市场经济和公共管理的内容引入公共行政之中，使公共行政具有浓厚的功利主义思想；加之公共行政的公共利益与功利主义的最大多数人的最大幸福原则具有内在一致性，使通过公共利益改造传统的公共行政成为可能。当然，这种分析方法主要是以追求效率、实现公共利益为主要目标，在价值理念上，成本收益分析以"3E"（效率、效益、效能）为价值标准，注重公共利益中有限资源的有效配置。当然，在法学领域，成本收益分析长期以来受到抵触，因为"法律和公共政策涉及的诸多正面或负面价值不仅无法货币化，而且根本无法量化"。[1] 对此，有学者已经加以改进，将传统的成本收益分析开始脱离货币量度，变为在公共政策和国民幸福感关联下的主观福祉。[2] 在此基础上，成本收益的量化开始用区间形式加以估测，即不必然要求"点估计"，[3]只需要转化为定序变量。于是，我国法学家也开始在制度角色与现实需求方面看待成本收益的价值，甚至将民主理论扩展至法律实施阶段，[4]这一定程度上改变了此理论的经济属性，从对社会的个体福利角度进行考量。正如田中成明所言："如果将基于合理成本与收益计算追求财富最大化的经济人假说也适用于法行为分析，那么国际社会视为不可理解的我国特有的法行为就是合理的，我国的法律制度也是有效的。"[5]

总之，立法成本效益评估所考虑的是通过不同主体之间的利益博弈达到成本与收益比例的最优值，在能够促进社会总体利益实现

---

[1] 戴昕、张永健：《比例原则还是成本收益分析法学方法的批判性重构》，载《中外法学》2018年第6期。

[2] See John Bronsten, Christopher Bucafusco, Jonathan S. & Masur, *Happines and the Law*, University of Chicago Press, 2012, p.70.

[3] 参见戴昕、张永健：《比例原则还是成本收益分析法学方法的批判性重构》，载《中外法学》2018年第6期。

[4] 参见蒋银华：《立法成本收益评估的发展困境》，载《法学评论》2017年第5期。

[5] ［日］田中成明：《现代社会与审判：民事诉的地位和作用》，郝振江译，北京大学出版社2016年版，第30页。

的基础上确保立法符合正义的判断标准,最终使所立之法符合人们的行为预期。正因如此,注重效益实现的成本收益分析准则可看作功利主义的延续,只是研究者为了确保评估结果更接近客观,用具体化的"效益"代替了抽象的"幸福"。

(二)效益评估的"狭隘化"

法经济学所倡导的"效益评估"实际上是将自由市场逻辑运用到立法领域,其在伦理价值上突出地表现为浓厚的功利主义取向,这在立法质量评估中存有较大局限。

首先,立法评估的功利主义取向,将法律的目标聚焦于"3E"标准,绩效成为立法的核心追求。这种绩效管理的思想很容易导致评估所获利益的短浅化,使立法机关对公众的诉求回应聚焦功利,化为数字、浮于表面。这种以追逐效益形成的评估模式会将公民的需要狭隘化为经济利益,立法的民主性价值会被淹没,立法机关的公信力可能会丧失,形成"塔西佗陷阱"。

其次,"最大多数人的最大幸福"原则并未考量具体情境中个体合法利益的需求,社会整体的公平性无法得到满足。在成本收益分析中,个体利益只是整体利益评估的一个工具,只要将个体利益的损害控制在一定量化范围内,就不会导致整体公众对立法满意度的显著变化,也不影响法律质量。所以,功利取向下的立法质量评估会把法律定位于经济学意义上的"公共产品",将公民视为"消费者",其目的在于将服务公民视为"消费者"需要的满足。这实际上是将法律"关怀"作为对个体需求统计之和的满足,但由于该方式没有注意到关怀与法之正义和公共性的恰当关系,容易导致评估目的的"置换效应"——"服务提供者"(立法机关)以统计数值为准则,个体成为实现目的的手段。然而,个人在社会中有自身的价值追求,尤其是对法所立的公平正义的向往,而非借他物来标榜自己。正如康德所言,"人必须成为自身的目的,而非人之外事物的手段"。[1]

---

[1] [德]康德:《实践理性批判》,邓晓芒译,商务印书馆2015年版,第70页。

最后,经济效率作为国际通用的标准确实易于理解和运用,在评估法律所确立的制度和法律行为合理性和实效性时是不可忽略的主要因素。但各个国家的社会制度、组织形式、生产方式、治理路径存有较大差异,效率标准在一个国家或者几个国家得到恰当运用并不能说明它不加以改良就可以成为国际比较唯一的共性尺度。况且,法律制度与法律行为的合理性能否换算为经济效率性?这种换算是否恰当?这些都是涉及"法"本身所应当加以证明的问题。

三、实用工具主义导向的"效果趋向"

(一)实用工具主义的主要内容及表现

规则主义与功利主义为立法与法治的发展提供了不同的发展路径,并在一定程度上满足了各国在政治、经济、社会发展的需要。国家法的抽象性和形式合理性决定了国家法治能够超越于法律多元之上,这也是现代法治秩序得以发展的重要原因。然而,随着社会的不断发展,社会主义与民主运动兴起,福利国家开始成为资本主义国家所追求的目标。于是,法律工具主义或者法律实用主义观开始兴起。正如强世功所言,"现代法治理念走下启蒙时代形而上学的价值神坛,正在变成一种社会治理的工具。形式法治所推崇的'自治型的法'也开始转向'回应型的法',法律成为回应社会问题、解决社会问题的工具"[1]。实际上,法律工具主义的观点渗透到诸多法律学说之中。它们并不预设规则的权威性,也不将法律规则当作社会全部,只是在具体的社会情境下秉承"有用即真理"的理念将法律规则当作实现目的的手段[2]。法律经济学认为法律应该以实现财富的最大化为导向,并且为法律应当实现的目标这一无法解决的分歧提供

---

[1] 强世功:《从行政法治国到政党法治国——党法和国法关系的法理学思考》,载《中国法律评论》2016 年第 3 期。

[2] 参见封丽霞:《大国变革时代的法治共识——在规则约束与实用导向之间》,载《环球法律评论》2019 年第 2 期。

了明显的解决方案。[1] 其经济分析的部分通过工具主义方法符合法律分析和法律评估。批判法学支持法律经济学的保守方向,提出"法律即政治"的口号。当然,法律的政治性隐藏于"法治",而非"人治"。在法律工具主义的视角下,法律批判研究者指出,"无论是促进统治者的具体利益还是从现有秩序合法化的意义上讲,法律都是社会、经济、政治统治的工具"。[2]

同坚持形式主义观念的实证法学不同,美国的实用工具主义法学认为,法律"在本质上是一种且仅仅是一种实现目标的工具"。[3] 法律需要同社会现实相结合,并由实践所构成,以"语境化的、嵌入性的,培植于共享的期待内"。[4] 正如庞德所强调的,法律学术研究应当致力于构建"社会工程"这项伟大任务,它的目标是要去创设一种理性设计出来的法律系统,着眼于"排除摩擦和消灭浪费"。[5] 当然,评判法律在社会中的作用如何,需要依据其实施的目的和效果加以检验。对此,萨默斯指出,"法律行为、法律裁判以及法律都应该根据其产生的效果来进行评判,要具体说明价值的目标和尺度"。[6] 从这可以看出,实用主义法学关注法律的价值,只是"价值来源于所有法律手段的抽象",并且"价值理论只能根据现有可利用的手段和手段目标间的相互作用,通过特定方式来有效运用"。[7] 因此,对于

---

[1] 参见[美]布莱恩·Z.塔玛纳哈:《法律工具主义:对法治的危害》,陈虎、杨洁译,北京大学出版社2016年版,第167页。
[2] [美]布莱恩·Z.塔玛纳哈:《法律工具主义:对法治的危害》,陈虎、杨洁译,北京大学出版社2016年版,第168页。
[3] [美]罗伯特·S.萨默斯:《美国实用工具主义法学》,柯华庆译,中国法制出版社2010年版,第49页。
[4] [美]托马斯·格雷:《美国法的形式主义与实用主义》,[美]黄宗智、田雷选编,法律出版社2014年版,第74页。
[5] [美]托马斯·格雷:《美国法的形式主义与实用主义》,[美]黄宗智、田雷选编,法律出版社2014年版,第181页。
[6] [美]罗伯特·S.萨默斯:《美国实用工具主义法学》,柯华庆译,中国法制出版社2010年版,第40页。
[7] 参见[美]罗伯特·S.萨默斯:《美国实用工具主义法学》,柯华庆译,中国法制出版社2010年版,第29页。

法律的生命在于经验而非逻辑而言,更应该强调"对法律及其应用应时刻保持警觉地批判性审视",而非经验或逻辑。[1] 当然,在美国实用主义法学看来,价值理论的指示出自具体的情境,并非凭空设想的。

总体而言,实用工具主义法学反对形式主义法学所认可的,任何法律规范可以自我证明的观点,相反,这需要在社会现实中通过调查的方法实现需求或者利益的最大化。针对目标与通过法律手段实现之间的关系,需要用目的性的法律形式来作出法律描述,这种目的性的法律描述更符合法律是人为构建的,并且在实现目的时能够形成良好的解释方法。因此,采取实用工具主义的立法者会以实践的态度去对待现实问题,而非纠结于法律的稳定和法律本身的权威问题。[2] 当然,评判法律最后实现的效果如何,需运用定性的方法比较和评估可选择的手段、目标的组合。不仅要考虑经验事实,而且需要考虑何为善良、公平、正义、合理等这些超越了现实需求和利益的原则和思想,[3] 其评估思维需要将事实、效果和情况、情境相结合。

(二)"功效"标准存在的问题

立基于实用工具主义法学的立场,将法律作为实现目的的手段,其评估标准在于法律所能够带来的效用或者效果,这是典型的以"结果导向"所形成的事实评估模式。然而,如果仅在评估中引用结果导向,很容易产生以下几个问题:第一,评估结果的绩效化。以"结果导向"为主的立法质量评估会以立法的"成败"作为评估维度,即预期目标是否实现、对目标群体是否产生积极或者消极的影响,问题是否解决等。由于判断标准的差异性,"好"的评估结果在其他主

---

[1] 参见[美]罗伯特·S.萨默斯:《美国实用工具主义法学》,柯华庆译,中国法制出版社2010年版,第28页。

[2] 参见何鹏:《知识产权立法的法理解释——从功利主义到实用主义》,载《法制与社会发展》2019年第4期。

[3] 参见[美]罗伯特·S.萨默斯:《美国实用工具主义法学》,柯华庆译,中国法制出版社2010年版,第85页。

体看来可能就是"坏"的。由于立法的政治属性较为强烈,法律规范的"失败"有可能在政治层面被放大,进而损害立法的公信力。在此种情境下,立法者(委托第三方)在立法质量评估中很容易以"结果是好的,有关制度存在问题"作为最终的判断,以体现自身强有力的立法能力。第二,法律效果的评估远非止于简单地回答与实际效果有关的事实问题,所涉及的价值问题也需要衡量。效果并不是一个简单的结果,相反,牵涉的问题涉及诸多要素,如实现目标的困难程度,目标对直接方法的适应程度、资源服务于目标的程度,所涉及的相关冲突目标、法律应用发挥作用的时间等。在这种复杂性的评估过程中,如果仅仅依靠经验事实,那么这本身就是不充分的评估,而充分的质量评估必然会涉及价值判断。第三,效果标准没有为可能发生在法律运转过程中的、先于或者分离于最终结果的效果留出空间。这些效果可能会涉及"法治"的价值,如确定性、公平性、可预测性等;也会涉及公平参与、理性辩论等程序性价值。这些价值可能在评估过程中分离出来,而不出现在最后的结果之中。第四,实用工具主义法学强调法官在法律创造中的角色,而在坚持制定法为主的我国,由法官对法律进行制定并评估显然不符合我国实际。

　　回顾不同法治理论下的立法观,无论是规则主义法治观、功利主义法治观还是工具主义法治观,大抵在思维方式上仍旧是坚持薄法治(形式法治)和厚法治(实质法治)的分析框架。薄法治的思维在于法律的可确定性和预测性,但可能会无视法律内在的良善和正当;厚法治的思维在于法律实现的情境性,重视法律与社会系统的结合,但可能造成法律权威性的丧失。如果将两者相对立或者有失偏颇,势必会影响法律效力的评判,进而影响立法质量。事实上,虽然实用工具主义法学强调价值理论,但其仅是重视"工具主义"的价值,将法律当作社会控制的手段,而忽略了其他价值,其本质上也是一种"规范主义"的呈现。然而,地方立法质量评估的对象始终是具体化呈现的规范和不同的法治现实,我们不可能抛却法治的伦理价值而形成一套以形式法治为主的评估体系,这样的评估有"形"无"实"。

因此,要使立法者所立之法能够契合法治的要求,需要以综合法治观作为评估的基础。而对于形式法治与实质法治理论的构想与分歧,塔玛纳哈提供了一种分析框架,并将其概括为由"形式"向"实质"演进的发展样式。下文将以塔玛纳哈的法治构想为基础展开分析。

第二节　地方立法质量评估的理论跃升:综合法治观

一、塔玛纳哈的法治分析框架

塔玛纳哈在介绍相关历史和政治语境的基础上,对诸多相互竞争的理论解释进行了归纳,认为法治理想可归结为两个基础性的版本:实质法治观与形式法治观(见表4-1)。实质法治观认为法律限制政府权力,即使政府行使带有主权性质的立法权,也必须有所约束。形式法治观认为,法律规则具有确定性和稳定性,并平等地适用所有人。两者的根本区别在于,实质法治观对法律可允许的内容进行了限制,通常指法律需要合乎道德准则或者正义理念,明确指出"恶法非法";而形式法治观认为只要满足形式上的要求,立法者便可以为所欲为。[1] 当然,这种区别并非绝对,形式法治观带有实质意蕴,实质法治观也会吸收形式要求。[2] 两者的概念蕴含着共同的理念,即无论是政府官员或者公民,都必须在法律的界限内行事且遵守规则。

---

[1] 参见张丽清编译:《法治的是与非:当代西方关于法治基础理论的论争》,中国政法大学出版社2015年版,第44页。
[2] 参见[美]布雷恩·Z.塔玛纳哈:《论法治——历史、政治和理论》,李桂林译,武汉大学出版社2010年版,第118页。

表 4-1 法的类型

关于法治的主张	备选的法治构想 比较薄弱到比较浓厚		
形式版本	以法而治——法律是政府的工具	形式合法性——普遍,面向未来,明晰,确定	民主+合法性——合议决定法律的内容
实质版本	个人权利——财产,隐私,自治	尊严权和/或正义	社会福利——实质平等,福利,共同的存续

资料来源:[美]布雷恩·Z.塔玛纳哈:《论法治——历史、政治和理论》,李桂林译,武汉大学出版社2010年版,第117页。

无论是形式法治还是实质法治,两者都呈现出由单薄到厚实的发展样态,并且后续的法治构想都吸收了前面的主要内容。最薄弱的法治为"以法而治",即法律是国家,"政府无论做什么事,都应当凭借法律行事"。如果加以极端化,则法治会沦为政府的统治,即法律服务于权力而非限制权力。以法而治的法治观容易遭受谴责,由此形成的法治并没有真正的意义。在"以"法的影响下,法律理论家开始重视法的可预期、明确、具体等相对较为突出的特征,于是,形式法治观逐步向"厚"的观念转变。在此种观点下,法治是允许人们在实现指导潜在法律意涵的情况下规划他们的活动,从而增进个人的自治和尊严的。最后一种法治观将民主与合法性结合,通过合意决定法律的内容。事实上,像形式合法性一样,民主实质上是空洞的,因为它对法律的内容必须如何并没有作出任何规定。[1] 此处的民主并非从实质层面来推进,而是一种决策程序被融合进上述法治观点中,法治并没有促进民主的实现。

以形式法治的各个版本来看,强调形式合法性会使法律与"残

---

[1] 参见[美]布雷恩·Z.塔玛纳哈:《论法治——历史、政治和理论》,李桂林译,武汉大学出版社2010年版,第128页。

酷无情的威权整体相当相容",最终会破坏法律秩序。进一步而言,形式法治会导致空洞性,它抛弃了以"自然法、共同习惯、基督教道德或者共同体的善",最终会违背悠久的法治传统。[1] 塔玛纳哈指出,无论何种形式法治,法律实质上是由规则构成的,规则的功能在于为人们提供了一般性的指引。正是基于规则的形式性,法律从本质上也是形式的,相对应的法治也为形式法治。于是,在这种观念下,形式法治只关注规则,它是一种独立的思想,并没有任何独到之处。[2] 当然,塔玛纳哈也指出形式法治的不足,即政府总是倾向于扩张,其颁布的政策可能会产生自由独断,从而导致自身权力不受限制。当然,对于民主能否促进法治实现,塔玛纳哈持怀疑态度。因为"民主恐怕是一种愚钝且笨拙的机制,它不能保证产生道德上良善的法"。[3] 总而言之,在塔玛纳哈看来,形式法治强调的就是规则之治,这也决定了其并没有实质性的内容,而"民主"这种形式机制是不可能保证制定和实施的法律在内容上或效果上符合道德的。

实质法治观吸收了形式法治的要素并且加进了自己独有的内容,依照由浅到厚也可分为三种类型,最普遍的实质版本是在法治中纳入个人权利,形成了如德沃金所言的"权利观"。在德沃金看来,公民作为一个整体理应对国家享有政治权利,且彼此之间也存在道德权利和义务。[4] 上述权利并非由实在法赋予,而是与生俱来的,并且构成了实在法的基础。随后,受康德自由主义的影响以及纳粹政权的历史教训,尊重和保障人权,实现人的尊严被称为权利保障的最高地位,这是较为浓厚的实质版本。当然,随着不同国家现代化的

---

[1] 参见[美]布雷恩·Z.塔玛纳哈:《论法治——历史、政治和理论》,李桂林译,武汉大学出版社2010年版,第96页。

[2] 参见[美]布雷恩·Z.塔玛纳哈:《论法治——历史、政治和理论》,李桂林译,武汉大学出版社2010年版,第125页。

[3] [美]布雷恩·Z.塔玛纳哈:《论法治——历史、政治和理论》,李桂林译,武汉大学出版社2010年版,第130页。

[4] 参见[美]布雷恩·Z.塔玛纳哈:《论法治——历史、政治和理论》,李桂林译,武汉大学出版社2010年版,第102页。

推进,福利国家成为各国的理想追求,于是在形式合法性、个人权利和民主基础之上,最为浓厚的实质法治补充进"社会福利"这个维度,而法治的功能也在于促进社会福利。虽然福利的加入使法治对政府施加了更多的义务来保障人民美好生活的实现,但是由于个人权利的获得必然会造成"反民主"的情况,在权利与民主已经存在潜在冲突的情况下,把"社会福利补充到权利复合体中,增加了冲突潜在可能性"。[1]

从法治的历史、政治和理论出发,塔玛纳哈对形式法治与实质法治的构想与分析有助于我们理解法治的起源环境及其构成要素,从而明确法治到底是重形式还是需要在其中加入实质性的内容。在形式法治与实质法治的基础上,塔玛纳哈提出了他所认为的三个主题:政府受法律控制、形式合法性、是法律而不是人的统治。尽管他一再强调法治的这三个主题是以不同理念为中心,都具有特定的倾向,但仍然没有摆脱形式法治与实质法治的区分。以政府受法律控制这一主题为例,其实质上是法治形式理念与实质理念的结合,因为官员受约束就必须存在现行有效的法律,而这种法律也必然是良善的。如果缺乏此种前提,通过法律规制权力并不能够实现。由此可见,形式法治与实质法治不能偏废其一,如果仅主张法的形式要件则会出现"恶"法;而沉迷于法的实质价值又会陷入道德困境和多元价值的误区之中,最终也就无法达成最低限度的共识。事实上,将形式法治与实质法治的对立分析并不能赋予法治更多的能动性来应对日渐复杂的社会现实,毕竟法律并不是自解释或自适用的。[2] 因此,通过立法所达致的法治理想图景应当是两者的结合,而非仅是将法治当作一种工具或手段。相应地,地方立法质量评估体系的构建也应当以此为基础,克服单一理论的局限。

---

[1] [美]布雷恩·Z.塔玛纳哈:《论法治——历史、政治和理论》,李桂林译,武汉大学出版社 2010 年版,第 113 页。

[2] 参见[美]布雷恩·Z.塔玛纳哈:《论法治——历史、政治和理论》,李桂林译,武汉大学出版社 2010 年版,第 156 页。

二、综合法治观的提出

我国的法治建设与西方的法治理念有较大差别,要使立法契合我国的本土实际,需要对上述两种法治观加以反思批判。根据形式法治观,评估立法是否符合法治,就是从形式层面评判立法结果能否满足法的形式特征,如富勒提出的八原则;依照实质法治观,评估立法是否符合法治,就是看立法是否能够限制权力、确保公平正义的实现。这两种法治观各有利弊,但可能会造成对立法图景的简化认识。为了确保地方立法真正能够推动地方法治的建设,必须将两者加以综合,总结出符合立法质量评估所需要的理论。事实上,法的价值体系本就包含目的价值与形式价值,这也是综合法治观得以形成的重要基础。但必须强调,我们需要以审慎的态度来对待综合法治观,如果稍有差池,就会陷入"魅力法治衍生的苦恋"中,出现反法治的倾向。[1] 正如有学者指出,综合法治观看似做到了对法治的综合考虑,但一旦突破这种两级思维,可能会面临消解法律及其体系的权威、触发法律规范意义的隐退、丢失法治信念和法治信仰,甚至引发法治大跃进的风险。[2] 毕竟,法治本身既是规则治理的状态,也是规则治理的德性要求。因此,本书的侧重点并不在于将两者综合起来之后提出新的法治面向,而在于抽离出两者所蕴含的要素——规范与价值。因为无论是形式法治观还是实质法治观,都无法忽略规范与价值的存在,只是对两者的认知层面不同。如对于法治之"法"的理解,实质法治也承认法需要符合形式要件,只是也要将道德性考虑在内。

当然,除价值与规范外,作为地方立法质量评估的综合法治观也包含着法律的实效,毕竟立法的效果需要在实践中得到检验。因为现有的地方立法质量评估理论都没有脱离规范层面的藩篱,仍旧是

---

[1] 参见陈金钊:《魅力法治所衍生的苦恋——对形式法治和实质法治思维方向的反思》,载《河南大学学报(社会科学版)》2012 年第 5 期。

[2] 参见康兰平:《法治评估理论的跃升空间:实效法治观与我国法治评估实践机制研究》,载《法制与社会发展》2017 年第 4 期。

就法律规范谈立法,而忽略了法律的"实效"。然而,地方法治不仅意味着地方法律制度形式上的有效运行,而且该法律制度必须发挥实际的效果,确保实效性的实现。事实上,地方立法涉及诸多行政管理层面,包含机动车的管理、养犬管理、湖泊保护等方面,这些类型的法规与公民的权利义务息息相关。以公民基本权利的保障为例,衡量公民能否得到公平对待、生命权与人身安全权能否得到有效保障等内容并不能只停留于"纸面"上的规定,而应当通过具体的现实情境来考量。换言之,我们评估地方立法不能停留在应然层面,需要面向具体的人和事。因此,在理论层面,需要综合法治理念中规则、价值与实效的判断标准,考量最低法治与立法最优之间的距离,从而面向法治(立法)实施的具体语境和生活向度,[1] 弱化工具主义理念对法治的削弱,给予每个普通人在法治中的话语权。综上,作为地方立法质量评估基础的综合法治观包含三个要素:一是注重形式法治观强调的规则之治,即要以规则进行社会治理;二是关注实质法治观的道德或伦理意义,重视法律所追求的价值或者共同善;三是强调法的实效性,即在国家治理或地方治理中要关注立法的效果,在维护社会秩序的基础上促进善治的实现。

第三节　迈向综合法治观的地方立法质量评估机制

一、地方立法质量评估的理念回应

理念的正确认知关乎着主体的行为取向,为制度的设计、运行提供了思想层面的指引。在推进国家治理现代化的背景下,地方立法质量评估机制要想在定位、功能和作用等方面完成系统化的蜕变与重塑,就需要以法治主义引领评估理念转变,注重事实与价值的结

---

[1] 参见刘艳红:《包容性刑事法治国之构建与提倡——刑事法治国基本模式之冲突与出路》,载《现代法学》2009年第2期。

合,以期实现评估机制的制度创新。

(一)管理理念向治理理念转变

什么是理念?黑格尔认为,"理念是任何一门学问的理性",将理念与法结合起来就产生了法的理念,他认为,法的理念实质上是自由,是法的概念及其现实化的表达。[1] 史尚宽认为,法律理念是法律制定时运用的最高原理。[2] 由此,立法理念是立法者为实现法治的目标,在立法过程中运用的最高原理,是对立法的本质、原则及其运作规律的理性认识,以及在这一理性认识之下所形成的立法价值取向。[3] 可以说,任何一项法律的创制都必然受制于一定的立法理念,有什么样的立法理念,就会产生什么样的立法。在对立法质量评估过程中,立法理念对立法质量评估理念会产生重要的影响。

我国立法资源高度集中于国家,从而形成了权力机关主导的法律建构模式。尽管随着法治建设的不断推进,"治理"理念得到普遍认同,但地方立法仍旧体现着地方政府的"管理"思维。在我国传统的治理理念中,政治稳定是治理目标的核心。地方官员在维护政治稳定与经济增长的前提下,会依照"试错"与"造法"的逻辑,"创造性"地突破法律,形成有利于本地方发展的法律秩序。[4] 当然,改革优先于法治带来了诸多的问题,如官员腐败、环境污染等,于是,各地方也开始加以反思并通过一定的立法技术与司法技术来缓解改革与法治之间的矛盾。因此,在真正实施立法质量评估之前,各地方主要通过执法检查和适时地对法规进行清理,做到立、改、废相衔接。然而,何为"适时"、何为"不符合地方发展"并没有被加以明确,这种取向也影响到了之后进行的立法质量评估。尽管以学者为主的理论界

---

[1] 参见[德]黑格尔:《法哲学原理或自然法和国家学纲要》,范扬、张企泰译,商务印书馆 2009 年版,第 1~2 页。
[2] 参见刁荣华主编:《中西法律思想论集》,台北,汉林出版社 1984 年版,第 259~264 页。
[3] 参见刘军平:《中国法治进程中的立法理念刍论》,载《政法论丛》2005 年第 3 期。
[4] 参见陈科霖、张力伟:《国家治理逻辑中地方政府的"创新-法治"张力及其后果——"系统性腐败"的一种解释》,载《社会主义研究》2019 年第 2 期。

都在批判地方立法"越权",不符合立法的"合法性",但实践中各地方的评估基本没有出现过某部法规违背"上位法"的情况,除非是依据的上位法(法律、行政法规)废止或者重大修改。管控思维严格制约着地方立法质量评估的发展和完善,不利于地方立法功能的发挥,也无法促进地方法治的实现。因此,地方立法质量评估应该坚持治理理念,改变之前的"功利"价值取向,即治理取向所遵循的评估路径应当突破自上而下的管制模式,转之以上下合作的多元评估模式。于是,在治理理念下所型构的评估类型,其评估内容为一种框架性目标,而非主要评估政策的实现程度;评估主体为多元主体;评估结果是功能性的;在选取评估方法和评估指标时,坚持价值无涉的立场,但评估标准必须有价值理论的存在。

(二)工具理性与价值理性相结合

1.事实判断和价值判断相结合

为了提升地方立法质量评估的有效性,仍需要从现有《立法法》关于立法后评估规定加以认识,来突破对立法后评估的误解。从语义上讲,立法后评估的概念很容易使人陷入迷惑的"陷阱",即"后"评估就是针对立法实施效果的评估,进而只将评估与事实相关联,作出事实判断。实际上,无论是中央的评估实践还是地方的评估实践,各级人大常委会都是在选取评估对象之后,采取问卷调查、实地调研、设立指标、量化分析等研究方法对法律法规的所能达到的效果进行总结归纳。虽然数据的采集存在主观性,但量化的结果却是客观的。然而,将立法后评估落实到《立法法》第67条规定之上,即对"法律有关规定"进行立法后评估就会发现,立法后评估不得不面对指向选择问题。就如"重要立法事项需引入第三方立法评估"所指向的评估包含了"事实判断、价值判断、立法技术"等问题。如果立法后评估仅仅是对立法效果的评估,那为什么不直接和第42条"立法前评估"表述相一致,直接对"法律实施的社会效果"加以明确。这从另一个侧面也反映出立法后评估不仅存在事实判断的问题。然而,这种事实判断却明确存在地方性制度规范中。如《重庆市地方性法规立法后评估试行办法》第 2 条规定了对法规的"立法质量、实施效果"进行调查和评估。不过,如果对其加以扩大解释,该规定中的"立法质量"仍旧可以是对地方立法的有关规定进行评估。

如果对第 67 条"法律中有关规定"作事实上的评判,那么主要针对的是法律所应确立的制度是否存在或明确、某规定施行之前和施行之后有什么差异等问题所展开的评估。根据不同的需求,两者并不能够相提并论。前者涉及法律漏洞的评估,后者是对实施效果的评估,两者所关注的重点是有所不同的。事实判断的评估是有无、对错之分,并且易于操作。而如果对相关的法律条文或者制度进行价值判断,那么就会涉及条文模糊、冲突等问题,就是优劣、好坏的问题。事实判断易操作,较为容易得出结论;但价值判断很复杂,在评估中不易操作。

以事实判断为主的立法后评估只是对法规前后有无差异之解释,并不能说明法律法规背后所体现的立法者的意图,所谓"知其然而不知其所以然"可以很形象地形容这种状态。因此,对于法之规定的评估除了规范性、最低限度的社会实效性之外,尚需包含最低程度的可正当化之性质,即注重法规所体现的价值。[1] 当然,也正因为这样,不同的评估主体基于不同的价值偏好就会形成不同的判断,其形成的结论就会无法达成共识,无形中将消解评估的价值。但是,法律法规的规则"构成要件"是基于特定目的形成的,原则更是立法者的价值追求。从这一层面看,立法后评估应该将"事实"和"价值"相结合,以保障评估的有效性。

2."目的"导向转为"问题"导向

立法后评估并非为了评估而评估,而是为了发现问题进而解决问题,由此决定了评估指标兼具价值属性和技术属性。一方面,地方立法后评估在技术层面强调信息的收集、数据的分析及评估指标的运用,是在吸收统计学、管理学等领域研究方法基础上追求科学、客

---

[1] 参见[德]卡尔·拉伦茨:《法学方法论》,陈爱娥译,商务印书馆2003年版,第11页。

观、量化评估结果的过程。另一方面,除了技术所体现的工具属性之外,它还具有价值嵌入的秉性。地方立法后评估不仅是理解法的"应然"向"实然"转化情况的科学途径,还是促进法内在价值实现的重要方式。在具体实践中,立法后评估的失效并不在于评估技术理性的本身,而是评估者在适用中出现了错位,忽略了价值理性的运用。因此,在立法后评估中,评估者在技术层面可以选择管理的技术属性,但在价值层面还是应该重视立法的价值理性。

在明确价值理性后,就需要致力于本土关照,由评估的"目的"导向转为"问题"导向。量化的检验"成效"的评估只是将立法当作了一种技术和工具,继而难以在推进国家治理体系与治理能力现代化的进程中发挥重要作用。因此,需要重新认识评估"手段与目的"关系,由结果去回溯问题。另外,必须清醒地认识到,立法将社会中各种价值诉求都吸收进法律领域并加以组合,而这些组合需要接受更高价值(如公平、正义)的检验。这种价值层面的难题究竟在多大程度上能够接受技术"合理化"的评估?这些疑难问题仍需要立法理论加以关照。换言之,立法学的现实关照仍然是促进社会目的或者法律价值的实现,只是我们需要在学科"大问题"的指引下找寻符合我国实际的立法质量评估制度。

二、地方立法质量评估的主体回应

我国的法治评估(立法评估)在经由十余年发展之后,在实践中呈现出"多元评估"的局面。对此,有学者基于法治评估中的实践和理论总结出了管理型评估和治理型评估。[1] 管理型评估在主体选择上采取单一的内部取向,评估路径具有明显的建构主义色彩,其内容也是以功利为取向的内部考核。治理型评估的主体多是第三方,评估路径推行渐进试错的方式,其目的在于"以评促建",督促各地

---

[1] 钱弘道、戈含锋、王朝霞等:《法治评估及其中国应用》,载《中国社会科学》2012 年第 4 期。

方针对法治建设中存在的问题进行反馈与修正。作为法治评估的重要组成部门,实践中的立法后评估主体也分为"立法机关"和"第三方"。然而,我国的立法后评估的公正性和有效性有待完善。事实上,有部分原因是来自官方主体"既当裁判员,又当运动员"的尴尬地位,但从发生学意义上讲,评估的有效性不能简单地以"主体"不同而片面对待。况且地方立法评估的开展依赖于本地实际,至于是相互借鉴还是各自为政,根本无法解释或者也不可能去解释。[1] 针对这种实践性难题的破解,需要对评估主体进行有效回应。对此,运用"综合法治"对评估主体进行反思与关照,既要明确"内部主体"的合理性,也要破解"外部主体"可能面临的困局。

(一)"内部主体"的有限合理

第一,地方立法后评估是在现代化转型时期的特殊场域下推进的检验立法实效的实践,具有"自查自控"功能。现代社会在某种意义上是组织的社会。无论是从结构上、功能上还是从秩序的意义上来看待,组织都极为重要。[2] 任何一种组织在运行过程中,都有着"内控"功能,通过内部控制的方式,自己检测、探究自身一定时期工作的表现,也就是评估学中所谓的"绩效"。[3] 这种内部控制式的绩效评估暗含着组织自身的检查监督。尤其是在党的十五大确立"依法治国"基本方略、"建设社会主义法治国家"的政治目标后,法律制度的重建与复兴成为重点工作需要急切推进。而"依法治国、立法先行",定期对立法质量进行检验,确保社会发展有"良法"可依,也

---

[1] 各地方的名称基本类似,如浙江省人大 2006 年开启"立法质量评估",对《浙江省殡葬管理条例》进行了评估;甘肃省 2005 年建立了"法规质量跟踪评估制度",并于 2009 年对《甘肃省实施〈中华人民共和国人民防空办法〉》进行了评估。
[2] 参见姜永伟:《法治评估的科层式运作及其检视——一个组织社会学的分析》,载《法学》2020 年第 2 期。
[3] 参见尚虎平、王春婷:《政府绩效评估中"第三方评估"的适用范围与限度——以先行国家为标杆的探索》,载《理论探讨》2016 年第 3 期。

就成为立法机关通过内部方式来解决自身组织所存在问题的重要方式。[1]

第二,即使是地方立法机关的内部评估,也吸纳了"专家、利益相关者、公众、其他行政机关人员"等主体,这体现了评估的民主性。就一定程度而言,这可以称为"委托第三方评估"的前身。在我国目前的立法后评估实践中,参与主体根据体系化或组织化程度的不同,主要分为两类:一是不特定的社会公众,此种类型的主体在参与立法后评估时,多是通过网络调查、填写调查问卷、参与座谈会等方式表达自己的意见,以使评估机关获取法律法规实施效果的信息。二是依职业或者政治身份分类的评估主体,此类主体较为确定,是指能够直接影响立法或者立法评估活动的主体,主要包括:执法机关;含人大、政协在内的党群机关人员;政府以及其他权力机关;专家、学者。例如,上海市人大对《上海市历史文化风貌区和优秀历史建筑保护条例》评估时,其邀请的参与主体为上海市城市规划管理局、房屋土地资源管理局、文物管理委员会、社会公众等。

第三,我国的社会组织能力相对薄弱,没有诸如全球廉正机构等大型的非营利性组织,加之地方立法质量评估活动需要大量的成本,如果缺乏物质和人员职称,根本无法连续性地承担评估项目。在这种境况下,我国的立法机关可以组织优势,开展立法评估。

因此,"自评"式的地方立法后评估在一定程度上能够发现自身存在的问题,也能够为未来的立法完善提供助益,但也无法消除受自我干扰的可能。当然,随着立法后制度的完善以及评估实践经验的总结,立法质量评估已经发展出委托式的第三方立法评估,如《河北省邮政条例》是由河北省人大委托河北大学进行评估。并且,随着国家在顶层设计不断突破"自己评估自己"的谋划,未来会出现大量的"第三方评估",如精准扶贫中的"第三方评估",教育绩效中的"第

---

[1] 参见尚虎平、孙静:《失灵与矫治:我国政府绩效"第三方"评估的效能评估》,载《学术研究》2020年第7期。

三方评估",社会组织中"慈善组织"的评估。如果不对立法后评估中主体的"第三方"加以厘清,确定其适用的范围和界限,很可能会形成评估中盲从、盲动,重复之前"运动式评估"的风险。

(二)"第三方主体"的规范化

第一,理性对待第三方评估的理论表达。理想状态的第三方评估注重社会公众的参与,其本质是提供了一个平台,让大众和"精英"能够在一个场域内进行沟通和对话。随着法治建设的推进,公众有能力也有意愿参与地方治理,其参与的过程也是行使权利的过程。法治虽限制了公权力机关的权力行使,但另一方面也为如何行使权力提供了一个大的框架。第三方立法评估的重要作用在于能够让多方主体参与法治或者立法评估的场域中来,通过自身的能力和需求不断发现法治建设中存在的问题,从而为国家现代化的推进找到精准的发力点,更好地满足人们对于立法或法治的需求。同时,在评估过程中吸纳公众意见,能够让公众产生更多的法治获得感,进而提升法治信仰、增强法治认同并在实际行动中予以践行。

第二,第三方机构必须明确自身的职责。因为评估离不开政治的影响,尤其是地方立法深嵌于我国的党政体制中,在某一层面上可以看作地方党委和政府政策的确认和表达,因为传统的内部评估模式具有绩效考核的任务,如果第三方对地方立法质量进行评估,事实上是根据委托在一定层面上接受了考核任务,自然会受到来自委托方的压力。但是,从两者的关系来看,立法机关不可能将该种"权力"完全地赋予第三方,这就可能导致第三方陷入一种权力小于责任的困境,具体表现为权责不对等。然而,立法质量评估从本质上理解仍然是以技术为基础的评估方式,所以,第三方需要依据自身掌握的技术资本和文化资本来检验立法实效,有效化解来自立法机关的压力,从而能够推动立法质量评估成为法律监督的重要手段,而非仅仅停留在一种任务完成的认知层面。

第三,认真对待第三方评估可能产生的"马太效应"无论是在经济领域、社会领域或者学术评估领域,"马太效应"随处可见。在法治评估领域,"马太效应"也当然存在。例如,世界银行出台的营商环境法治报告在全球范围内产生了重要的影响,诸多国家以此为标准来判断本国的营商环境状况,并以其确立的指标体系来构建本国的评估指标。世界银行在营商环境领域产生了重要的影响力,取得了一定的成绩,各国会以此为标杆,认可这种对营商环境所作的评估,殊不知会进一步加强世界银行在营商环境评估中的地位,这便是"马太效应"的体现。一方面,在立法质量评估过程中,基于对科研院所和高校机构的信任,立法机关也总是相信固定的评估主体,如重庆市人大常委会总是委托西南政法大学开展评估,即使委托主体所评估的结果不一定科学,立法机关也并不在意,但会消解评估的作用。况且,地方立法涉及不同的法律部门,如经济、环境、社会领域,单一评估机构的专家不一定能够做到充分评估,且可能会导致不同学科的学者评判另一学科涉及的法律问题,如经济法的专家评估环境法规,这进一步加剧了评估结果的非科学性。另一方面,评估信息所产生的"马太效应"。在评估过程中,评估主体与社会公众的信息是不对称的。公权力机关基于自身地位的特殊性,能够通过多种手段获取大量的信息,而公众则处于被动地位,信息收集与获取的渠道受较大的限制。在信息不对称的情况下,多元的社会主体很容易陷入道德困境,出现逆向的选择性行为。[1] 由信息差异造成的"马太效应"进一步加强了评估主体的主导地位,弱化了社会公众的参与地位,最终会降低评估的公信力。因此,在此种状况下,第三方机构必须充分发挥好协调作用,确保各主体能够对第三方确认的各项规则达成共识并严格执行,如促使地方政府完善信息公开制度、定期发布法治讯息,以确保公众能够有顺畅的监督渠道与意见表达平台。

---

[1] 参见周汉华:《全面依法治国与第三方评估制度的完善》,载《法学研究》2021年第3期。

三、地方立法质量评估的标准回应

前述已经对形式主义法治观所建构的评估机制和标准进行了理论反思,并提出了综合法治观的理论范式。如果地方立法质量评估体系继续按照形式法治所型塑的规范理念进行构建,很容易陷入形式主义、工具主义的困境之中。当然,依据评估标准所建立的指标体系不是抽象的数字游戏,而是指导行动、表明效果的目的达成的功能模块。立法机关依据指标体系产生的评估作为反馈信号可以调整未来立法活动的方向。因此,评估标准需要在综合法治观的基础上,按照规范、价值与效果的要求回应地方立法的状况。对此,地方立法质量评估标准与指标的重构必须注重以下几个方面:一是科学性,即指标体系是否遵循客观规律并符合地方立法实践的需要;二是系统性,即指标体系要涵盖规范、价值和实效,能够通过法治方式来确保地方治理的需要;三是适应性,即根据地方立法需求来设计指标。

第一,从地方的实际需要出发,保证评估指标来源的科学性。在我国现代化推进过程中,实践是检验理论真实有效的标准,也是理论形成的活水之源。我国的地方立法经历了40多年的发展过程,呈现波浪式前进的特征,总体上为地方的法治建设提供了良好的制度环境,构建了符合法治要求的一系列制度、机制,极大地推动了地方的经济、社会发展。从时间维度看,自改革开放以来,在"法律移植"的观念下,我国大量的法律法规是直接对西方发达国家法律的移植,这对推进我国现代化的进程起到了重要作用,但也产生了诸多问题。[1] 因此,我国的地方立法质量评估指标体系不能简单而不加区分地运用西方国家的成果,因为这可能导致价值层面的偏颇,甚至再一次陷入"法律移植"的困境之中。我国的立法评估测量的法治应当是真实的法治,通过分析现有地方法律或者法治的实施状况去真正了解在哪些层面存在的不足,进而为地方治理及国家治理提供强

---

[1] 参见姚建宗、孟融:《当代中国法律移植的反思和实用主义法律移植观的兴起》,载《甘肃政法学院学报》2015年第2期。

有力的决策,确保立法的引领作用。当然,体现我国立法实践的评估指标也要注意权威性和可靠性,防止被特定的利益团体所控制。

第二,要对立法实现的目标加以理解,而非仅依赖抽象的统计学、管理学原理。评估指标的形成无法脱离技术层面的"工具属性",其设计和实施存在主观性,且科学性并非无可置疑。例如,世界正义工程关于法治操作性的定义基于四个基本原则,这些原则是被全球广泛接受的标准,但各国的法治状况是不同的。事实上,世界正义工程评估法治的标准更多地反映了美国法律专家的立场,其概念框架也是明显的英美法传统。在设计地方立法质量评估指标体系时,必须将数据与现实的可靠性联系起来。

第三,我国的地方立法质量评估指标要自我革新,在吸纳本土优秀资源的同时注重适应性。地方立法具有很强的地域性,对其评估需要重视地方性知识,在维护法制统一性的基础上注重特殊性。在引入全球法治最新成果的同时也要以革新的心态吸纳本土法治的优秀资源。对此,我们既需要吸取之前立法后评估的经验和教训,也要着眼于未来,即在本土资源与外来经验中找寻平衡点,尤其是要借鉴先进的法治评估技术,抵御法治价值的侵蚀,推进社会主义核心价值观在立法质量评估中的实现。具体而言,我国地方立法质量评估指标应从类型化的视角出发,将价值、规范、实效等内容都纳入指标体系中。每一种评估指标都应当逻辑融贯与协调一致,注重指标的指向性。就定量指标设定的一般理论而言,同一标准的指标之间应该具备互斥性,即各个指标互不相同、彼此不相涵括,同时还要具有穷尽性和单向性。就定性指标的理论而言,为了回应社会的现实需要,确保地方立法的合法性、合理性、可行性,需要将内部评估视角与外部评估视角相结合。这就要求评估不仅需要关注技术层面,更需要从外部公众的心理感知、情境认知等层面来设定指标,当然,这种主观的指标需要有一种客观的测量点。

四、地方立法质量评估的程序回应

地方立法质量评估是一个收集数据信息、意见和反馈的活动,评估主体最终能否得出客观公正的结论,在很大程度上依赖于评估程序是否合理。就最理想的状态而言,评估过程包含规划阶段、实施阶段和运用阶段,各个阶段并不是相互独立的,而是互有交叉。就地方立法质量评估程序而言,为了回应实践的要求,需要在以下几个方面来实现程序的合理性。

第一,保证评估过程的开放性。在形式法治观下,对法律或者立法的评估秉承一种内部视角,即以立法者或法律人的标准对标评估准则,其实质是对法律规范的评估。在综合法治观下形成的立法质量评估将内部视角与外部视角相结合,也更呈现开放性。因此,在立法质量评估的开放场域下,需要吸收不同类型的主体,尤其是注重弱势群体利益,以使立法真正能够回应社会需求。然而,开放并不意味着无序,不同主体仍需要以制度化方式参与评估过程中。

第二,重视评估的全程性、动态性。前文提到,现有的立法质量评估程序是以"静态化"呈现,甚至是一种形式化的流程。鉴于评估主体总会脱离于原定的评估目标,评估程序的改进首先应从思想上作出调整。评估目的正当性是评估开展的起点,也是评估结果是否具有公信力的前提。评估的流程可分为简易流程和完整流程,简易流程是以评估结果报告为结束,完整流程则需要关注之后立法质量是否提升,其直接表现就是法规何时、何种程度上被修改。因此,评估者首先要有完整的评估意识,注重评估的持续性,而非"一次评估"即为结束。此外,必须明确区分立法评估的目的和地方立法的目的。立法评估的目的是手段,地方立法目的的实现才是目的。要将立法评估的有效性和地方立法的有效性相结合,最终促进地方立法回应本地方经济、社会、环境等产生的问题。其次,要建立完善评估责任机制。有学者指出,根据责任形式的不同,评估责任可分为法律责任、政治责任和行政责任;根据责任性质不同,又可分为主要责任和次要责任。[1] 因此,如果评估主体没有按照相应要求完成动态性评估,需要根据所处阶段、所受任务的不同承担相对应的责任。

第三,关注评估结果的回应与反馈。立法质量评估机制的结构关系并非评估主体评估过程中单向的程序表达,实际上评估过程遵循着"循环往复"的特性,这决定了评估主体与参与主体需要在"沟通—反馈"的循环中注重自己的利益表达,而非以报告作出为结束。况且,反馈机制的充分运用可以促使主体产生新的目标性行为,从而根据过去的操作情况来调整未来的行为。就评估主体而言,这种反馈主要体现在两个方面。一是要对社会公众的意见加以回应,并通过不同的方式对不同的意见分类处理,如区分合理化的建议和非合理化的意见。二是对评估报告加以回应。该回应重视评估报告所形成的建议在未来立法决策中的运用情况,以确保评估效益的实现。就参与主体而言(尤其是社会公众),要从内在意识上重视反馈机制的作用,变被动为主动,积极参与到由第三方建立的回应平台中,以确保形成一个良性的互动格局。

---

[1] 参见孙洪敏:《地方政府绩效管理评价体系趋向性研究》,载《学术界》2017年第8期。

第五章　地方立法质量评估机制的优化路径

> 法治应包含两重含义:已成立的法律获得普遍的服从,而大家所服从的法律又应该本身是制订得良好的法律。*
>
> ——[古希腊]亚里士多德

地方立法质量评估机制包含诸多要素,如评估主体、评估标准、评估程序、评估方法等。其中,评估主体决定着评估的公信力,评估程序是评估运行有效的重要保障。鉴于侧重点的不同,本章将在第四章构建的综合法治观的理论基础之上,对评估主体和评估程序进行路径优化,从而确保地方立法质量评估的有效实施。

第一节　地方立法质量评估主体的优化

对于评估主体的构成,按照在评估过程中权力、地位的不同,可分为组织主体、实施主体和参与主体。从逻辑上看,这种分类具有合理性,但问题是这只是一种理论上的设计,并没有论证各主体之间的相互关系。换言之,立法后评估所涉及的多元主体并非孤立地行动,

---

* [古希腊]亚里士多德:《政治学》,吴寿彭译,商务印书馆1965年版,第202页。

而是彼此紧密互动,尤其是在权力—权力、权力—权利关系的影响下,各主体间的关系会更加复杂和微妙。因此,本章将运用布尔迪厄的场域理论来作为方法论来分析第三方评估主体间的关系,从而对立法评估主体进行优化选择。[1]

一、立法质量评估场域的解析

（一）场域的概念及特征

在社会活动中,个体的行动均被行动所发生的场域所影响,并且与他人的行为或者其他要素紧密相关。在各种行为与要素结合的基础上,布尔迪厄未从方法论上拒绝和排斥个体主义与整体主义,而是用"情境主义"完成对前述两者的超越。也正是基于情境主义,布尔迪厄将场域理解为不同主体因不同位置所型构出来的一个关系网络。[2] 在他看来,如何理解这种交错相织的复杂关系,需要在一种具备独立运作且不以人的意志为转移的空间中进行系统的交流。于是,"场域—惯习"（一种关系束）范式成为布尔迪厄研究社会实践的理论起点。在布尔迪厄看来,场域意味着"从关系的角度进行思考"。[3] 他强调在社会世界中存在各种各样的关系,这种关系并非主体得以交互的纽带,而是马克思所认为的"独立于意识与个人意志"的客观关系。在这种由客观关系型塑的场域中,存在各种积极活动的力量,而力量形成的资本构成了场域有序运行和转变的动力。将场域、惯习和资本相结合,就可以得出布尔迪厄的社会实践逻辑,以公式表达为"惯习+场域=实践"。所谓惯习,主要是确定了一种立场,其核心在于一种"倾向性系统","倾向于再生产与生产习性的

---

[1] 将布尔迪厄的社会实践理论作为分析工具,有助于理解不同主体之间的制约—互动关系,透视评估的微观运行。参见张玲:《第三方法治评估场域及其实践逻辑》,载《法律科学（西北政法大学学报）》2016年第5期。

[2] 参见[法]布尔迪厄、[美]华康德:《反思社会学导引》,李猛、李康译,商务印书馆2015年版,第15页。

[3] 参见[法]布尔迪厄、[美]华康德:《反思社会学导引》,李猛、李康译,商务印书馆2015年版,第30页。

条件相适应的行为、知觉及态度"。[1] 总之,布尔迪厄把社会的不同部分看成一个个相对自洽和独立的场域,包含权力场域、新闻场域、教育场域等。场域包含着不同的规则,且由行动者的行为实践形成并维持,并呈现出以下几个特征。

首先,场域是一个关系的空间。在特定空间中,这种关系就像是通过一种引力构成了类似磁场的体系,且被强加给进入该空间的所有行动者身上。[2] 布尔迪厄将这种关系的场域比作一个棱镜,即其基于内在的结构而反映外在的各种力量,是一个被结构化了的空间。[3] 以知识分子的场域为例,他指出:"当我谈及知识分子场域时,我非常清楚,在这个场域中,我会发现许多'粒子',它们受到各种吸力、排斥力之类的包补,就像在磁场中一样。"[4] 当然,他认为的粒子并不是其本身,而是在场域中客观关系系统的基本作用。

其次,场域是一个冲突空间。在这个空间中,所有行动者都会产生遭遇,并且根据自身所拥有的力量及在场域位置中的不同地位展开斗争,争取自身利益的实现。对此,布尔迪厄指出,场域中的争夺旨在维持、延续或变更不同主体力量的构型。进一步讲,场域中的行动者会通过各种策略来确保他们在此领域的位置,以使场域中的规则能够以对他们有利的方式加以运作。[5] 因此,力量是场域中主体所必不可缺的要素,正因为它的存在,场域才能成为一个现实的关系网络。此外,行动者拥有的知识和策略也至关重要,即在斗争的过程中需要根据自己的地位和资本寻求较好的策略。

---

[1] [法]布尔迪厄、[美]华康德:《反思社会学导引》,李猛、李康译,商务印书馆2015年版,第15页。
[2] 参见[法]布尔迪厄、[美]华康德:《反思社会学导引》,李猛、李康译,商务印书馆2015年版,第16页。
[3] 参见[法]布尔迪厄、[美]华康德:《反思社会学导引》,李猛、李康译,商务印书馆2015年版,第17页。
[4] [法]布尔迪厄、[美]华康德:《反思社会学导引》,李猛、李康译,商务印书馆2015年版,第133页。
[5] 参见[法]布尔迪厄、[美]华康德:《反思社会学导引》,李猛、李康译,商务印书馆2015年版,第129页。

最后,场域是一个开放的空间。和卢曼所认识的封闭性系统不同,布尔迪厄所构建的场域秉持开放性,即多元主体都可以参与进来。系统论强调自我指涉,并且将整体性原则作为出发点,注重整体和部分之间的关系。布尔迪厄认为,一个场域的产物可能是系统性的,但绝非一个系统的产物,它并不由各种要素所构成。因此,每一个场域都在其固有规则的基础上形成一个潜在开放的"游戏空间"。正如他所言,"我们可以把场域设想为一个空间,在这个空间里,场域的效果得以发挥"。[1] 场域虽然有边界,但是以动态呈现;相较于系统理论,场域理论为"空间"提供了一个更为广阔的视野,让我们能够根据自身的需求去对待。

(二)立法质量评估场域

场域理论为我们理解社会空间提供了一个新的视角。在这种社会空间中,基本上是靠关系网络所表现出来的社会性力量进行维持的,而"关系"是现实社会无处不在的权力要素构成的网络或构造。[2] 基于场域蕴含的这种关系特性,行动者运用各种各样的策略形成权力场域,进而根据实践情境内化为"行动者的策略"。可以说,在对社会实践进行分析时,布尔迪厄根据不同主体所处的空间以及由知识、地位等要素所展现的"符号"权力构建出一个巨大的关系网络。如果想分析"场域"和"惯习"构成的实践逻辑,需要将不同主体之间的关系加以辨别和认知,弄清楚行动者和各群体所占据的客观位置,总结归纳出主体的惯习及在场域中的活动轨迹,才能让"场域空间"活跃起来。

立法后评估为不同主体提供了一个场域空间,基于位置的不同,立法机关(评估委托者)、第三方专家(评估受托者)、公众及利益相关者(评估参与者)在该空间中相互斗争,并在利益博弈中达成评估

---

[1] [法]布尔迪厄、[美]华康德:《反思社会学导引》,李猛、李康译,商务印书馆2015年版,第130页。

[2] 参见[法]布尔迪厄、[美]华康德:《反思社会学导引》,李猛、李康译,商务印书馆2015年版,第156页。

共识。

第一，立法评估主体的关系构成。立法质量的评估既涉及文本的质量,也关联着立法效果,这两方面都涉及不同主体的客观关系,这也是评估场域得以形成的基础。地方立法规范的内容既涉及公民权利义务的设定,也包含行政主体在执法过程中受到的约束。由于立法质量评估不同于一般层面的立法,它是在立法原则指导下所进行的对现存法律法规评判并对未来的完善提供建议的活动,而无论是评估过程或者评估结果都关涉到不同主体的利益关系,因此,除立法机关外,不同的社会主体如专家、公众都应当参与进来,以确保评估结果的客观性。

第二,立法评估场域中的"资本"。场域总是与权力相联系。可以说,在不同类型的场域中,权力场域是最为突出、最为重要的一种。一般而言,权力总是指向国家或者政府所拥有的垄断性力量或者资本。正如布尔迪厄所言,当代资本主义国家就是元资本的所有者,它聚合了各种场域并且成为符号权利的垄断者。[1] 本书对"资本"所形成的权力进行了限缩解释,主要是指占据不同位置的行动者拥有所属资本而形成的支配性力量。因为不同主体的地位、能力及掌握的知识不同,加之受场域中的政治、经济、文化等因素的影响,自然会因不同类型的资本而产生力量的冲突。而立法质量评估所形成的场域,实质是在立法评估活动中,占支配地位的"组织者"与持有文化资本的"实施者、参与者"之间进行博弈的过程,最终通过各自的"策略"去改变本身所处的现状。当然,必须强调,因为评估的组织者、实施者、参与者所拥有的资源是不尽相同的,其目的也不尽相同,但这种不同并非是支配阶层与被支配阶层之间的对立冲突。

二、评估场域中主体间的互动形式及主体习性

目前,以立法机关为主体的评估体系的缺陷越发明显,第三方评

---

[1] 参见潘可礼:《社会空间论》,中央编译出版社2013年版,第142页。

估成为未来的发展趋势。[1] 就科学内涵而言,在立法质量评估中,"第三方"是指立法机关与社会公众以外的非直接利益相关者对立法的质量进行评估的活动。"第三方"强调的是与立法机关和公众利益的不相关性,以及由此衍生出来的独立自主性。在实践中,"第三方"评估一般都是委托给了解立法机关的诉求,掌握立法规律且关注我国立法或法治发展的专业人员或者机构,这进一步衍生出第三立法评估的"专业性"。另外,由于第三方评估由立法机关之外的人员开展,实际上也可以归类于人民群众的范畴,因而体现了民主参与立法的属性。因此,立法质量评估以第三方的评估技术为依托,基于现有的地方立法,由立法机关、第三方立法机构、法规实施部门、专家、社会公众等人员组成,从而勾勒出评估主体的关系网络。在这种评估场域中,基于评估地位和拥有"知识"的差异而展现出不同的特点。

(一)评估主体之间的关系构成

1. 立法机关与第三方机构:委托与被委托的关系

根据"重要事项可以引入第三方评估"的理论基础及"第三方立法后评估"的实践,作为立法质量评估的第三方与地方立法机关(人大法工委)的关系实质上是一种委托与被委托。以广州市人大常委会对《广州市市容环境卫生管理规定》的评估加以说明。在确定评估对象之后,广州市人大常委会法工委将该任务以课题的形式委托给华南师范大学地方立法与执法风险评估研究中心(以下简称华南师范大学),并签订合同明确双方的权利与义务。依据委托合同,广州市人大法工委前期与华南师范大学进行了沟通,两者围绕需求、目的、人员、技术等问题进行了协商,这为第三方能够顺利开展评估活动提供了方向上的指引及资金、人员等物质上的保障。随后华南师范大学评估组根据广州市人大法工委的要求和自身所掌握的知识和

---

[1] 参见张德淼、杜朴:《立法后评估中的公众参与"虚置"及治理路径》,载《北京行政学院学报》2021年第1期。

技术设计指标体系,进而完成评估任务。在评估过程中,从信息的收集到指标的选择再到结论的作出,委托方与受托方的联系最为密切,基本贯穿了评估的每个环节,如华南师范大学设计的 79 项指标经广州市人大法工委修改审核后才被正式运用到评估过程之中。依据立法质量评估所形成的场域,地方人大常委会将"权力"资本一定程度上赋予第三方机构,而受托的第三方则将"技术"或"文化"资本与之交换,从而形成了一种"授权—评估"的互动关系。

2. 第三方机构与公众:邀请与被邀请的关系

从功能主义角度讲,公众并不能算作严格意义上的评估主体,其只是以受邀者的身份参与到评估过程中,并提供相应的信息。在评估过程中,第三方机构以调查问卷和专题座谈会的形式,邀请并组织人大代表和政协委员、相关管理部门、管理相对人和普通公众对本地区法治状况予以评估。例如,华南师范大学评估组根据主体的不同类型分别设计了调查问卷,包含城管部门、卫生协管部门、居民代表等。这些评估主体依据自己的认知信息(知识)和社会经验做事实陈述或者满意度评估,与第三方的评估主体形成了邀请与被邀请的关系。对于检验法律实施效果而言,第三方机构与公众之间的互动是较为关键的,且形式也是多样的。从评估实践中看,两者之间的互动包含直接与间接的方式,前者以调查问卷的形式呈现,后者包含调研、座谈以及听证等。当然,公众参与评估的方式必须制度化、规范化,不能超出评估主体的认知范畴。从场域的互动形式看,第三方机构通过文化资本与公众所拥有的社会资本进行交换,而公众也依据这种社会资本践行了参与社会治理的意愿。

3. 第三方机构与被评估部门:评估与被评估的关系

虽然立法质量评估是对立法的评估,但立法与执法、司法密切相关,并且地方立法多数是通过执法在本区域呈现。因此,立法质量评估必然涉及执法效果,而第三方机构或者由其受邀公众也必然会对政府等行政机关的行为进行评估,从而形成评估与被评估的关系。因为执法活动具有较强的专业性,涉及行政许可、行政处罚、行政强制等行政行为,第三方在设立具体的评估指标时,不能脱离社会事实而随意制定,要充分考虑执法机关的实际情况。例如,在《广州市市容环境卫生管理条例》的评估标准中,对行政程序的实效性评估具体到了申请许可条件、步骤等。当然,为了确保评估的科学性,原则上第三方的评估结论应当是结合评估组的评估情况、行政管理部门的自评进而得出对该地区法治实施状况的总评。总体上看,第三方评估机构与行政管理部门的交流较少,并且通过地方人大常委会进行接洽。就广州市市容环境卫生评估情况而言,评估课题组在人大常委会的组织下与相关的管理部门进行了座谈,包括市卫生局、市规划局、天河区城市管理综合执法局、花都区城市管理委员会等。并且,最终法规实施部门的自评报告也是由人大常委会在中间主持,这在立法后评估报告也得以体现。又如,广州市人大法工委于6月初发函要求城市管理委员会和城市管理综合执法局作出关于执法情况的综合报告,并依照评估组设立的评分表进行自我评估,最终该报告和评估作为量化评估的一部分。

(二)立法质量评估场域的特点及主体习性

由上述不同主体之间的关系构成可以得出,针对地方立法质量评估这一新兴场域,"行为主体"所拥有的资本的不同可能会导致评估实践中的冲突,最终会造成评估效果的不确定性和模糊性。为了优化不同评估主体之间的路径,需要分析各主体的习性,从而为评估模式作理论准备。

1. 立法质量评估场域的特点

第一,开放式的评估空间。空间的"开放"对应的是"封闭"。在地方立法质量评估中,以第三方主导的"异体评估"事实上突破了传统立法评估的"封闭性",这有利于吸收不同主体进入评估场域,以推动未来的立法完善。从实践中看,地方立法机关作为启动第三方立法质量评估的决策者和责任者,为评估空间提供了各种人力、物力等资源支持,包括评估对象的选择、评估组的进入、合同的签订、评估实施方案的确定等一系列前期工作以及后续的沟通、协商等。第三方机构作为拥有专业知识的"专家",以其特有的技术理性为立法评估提供了一个平台,诸如人大代表、政协委员、行政管理部门、普通大众都可以参与进来,通过问卷、座谈会的方式提供决策信息,为评估专家的正确评估提供了正当性基础。但是,空间的开放与取得效果并非正相关,甚至会出现负面效果,如公众的复杂性难题难以从根本上解决。

第二,评估空间的"超越性"。其实,在第三方评估出现之前,立法机关在评估活动中也逐渐注重多元主体的参与,只是该种"参与模式"具有较强的局限性,可称之为有限参与。例如,宁波市较早之前开展的立法后评估就已经吸纳多方主体参与评估过程。换言之,第三方立法质量评估形成的场域空间看似呈现了多元主体的互动交流和关系重构,实现了对传统立法评估模式的"超越"。但如果对这种"评估热"进行冷静分析则会发现,新型的第三方评估模式是在承接传统评估模式的基础上所作出的改良,并不具有重大的革新意义。在重构后的评估场域中,不同主体间的力量仍旧悬殊,立法机关或政府仍旧占据支配地位,在此种境况下,坚守中立的第三方也需要法律系统内的主体提供信息且有可能基于某些原因而得到抵制。于是,第三方并未形成对传统立法质量评估模式的"超越",仍然是传统评估场域的衍生或者发展,是制度性评估和价值性评估进路的同源同构。

第三,评估空间的博弈性。就地方立法质量评估模式而言,委托式的第三方评估处于传统评估与独立第三方评估的中段,三者构成了评估的主体"谱系"。它不像内部评估注重法律制度产生的绩效,也不同独立第三方评估注重评估的价值,而是在绩效与价值之间摇摆。因此,并不能达致一种理想化的评估状态。因为第三方需要通过评估来发现地方法治建设(尤其是执法层面)存在的深层次问题,并非只是简单地作出一个"好"的报告。这可能会使相关部门产生抵触心理。由此可见,评估主体的第三方与被评估方存在博弈,具体体现为评估指标所展现的特定内容上,且此博弈会持续到第三方评估主体具有自主权力,如立法质量评估指标的某些关键层面不依赖于行政机关而独自设计。

2. 不同评估主体的习性

第一,立法机关的支配习性。尽管第三方在评估过程中,会利用自己的专业知识和技术拓宽信息获取渠道,但其仍然受到立法、执法、司法机关主体的制约,因为后者在信息层面拥有绝对的垄断权。首先,立法机关通过评估的"策略"使公众参与简单化。为了保证评估信息的权威性和全面性,司法机关、执法机关等公权力机关对于法律法规的认知和实施状况是考量立法的重要方面。这些机关代表公共权力,对法律法规的制定、执行等环节比较熟悉,自然是立法后评估的重要参与主体。但是,在我国科层体制下,评估参与者可能会基于自身利益需要,有选择地表达评估所需要的信息,对于"不相符"或者"与评估相背离"的信息进行隐藏,而对"相符合"或者"立法机关需要"的信息进行保留,从而使最终的评估结果呈现出立法质量较好的形象。

为了便于开展立法后评估,评估机关在选择参与者时,主要依靠"组织化"的利益代表。比如宁波市在对《宁波市劳动合同条例》进行评估时,出现市劳动和社会保障局、市级有关部门、市总工会等多种参与主体。与以利益相关者为主的公众组织相比,这些利益化的组织群体所拥有的信息资源、参与成本和组织化的能力相对较高,参与效果自然会产生重大差别,呈现出不均衡的组织化情状。当然,可以说市劳动和社会保障局、市级有关部门等参与主体代表着公共利益,但是,由于普通公众与市社保局代表、专家学者在专业能力上的差别,在评估过程中,个体化的意见可能会被淹没。由此可见,在立法后评估过程中,评估主体通过引入代表"公共利益"或者"利益组织化"的路径来解决主体复杂性的困境,这样做本身就造成了参与主体的单一。

第二,第三方机构的学术习性。专业性是高校、科研机构从事第三方评估的最大优势,但如果将这种优势转化为效能则会面临跳转。

从构成模式看,第三方评估机构在实践中充当着一个"中间"角色,对上需要对立法机关负责,对下需要关注公民社会的实际反映,毕竟法律的适用状况需要在社会中得到检验。因此,第三方机构在实际上承担了两项责任:一方面,评估具有政治工具性的要求,不只是权力机关以资助的形式去简单完成评估项目,它需要为立法机关的行为提供支持,并且能够在之后的决策(修改法律法规)过程中转化为有用的行动方案;另一方面,专业机构自身的知识性追求。第三方机构通过自身的学术习性向公民社会进行法治宣传,用以证明立法的科学性,并去契合实践逻辑。我们姑且可以将这两项责任称为评估环境所形成的任务结构。然而,从关系上看,第三方机构与地方立法机关是委托与被委托、评估与被评估的关系。如果第三方机构在遵循学术规则的基础上按照评估标准得出了合理的评估结果,并且能为地方立法机关在未来的行动决策中提供可操作性化的建议,那么该项评估就是有价值的,可以为委托机关所接受。反之,如果第三方认为自身超脱于这种场域之外,用专业的评估知识表达自己的立场,那么其结果可能就会成为象征式的评估,为了保证自己的评估得到认可,从评估指标的设立开始就可能会与公众相分离。相应的评估也会在结果是"好"的导向下实现目标偏离,公众也不需要通过理性的方式参与,只要在评估过程中有所体现即可。

第三,公众的被动习性。立法后评估需要进行信息采集、加工、输出以及反馈等多方面的循环,信息获取的数量和质量直接影响着评估活动的有效性。然而,在对立法质量评估时,第三方机构输出信息的"质"和"量"与公众所能够提供的"质"和"量"是不成正比的。公众有效参与的前提是对所评估的法律法规具有较为深刻的理解,这牵涉法律所确立目标的实现情况。以安全带的强制使用为分析对象:国家强制性规定机动车驾驶员必须系好安全带,以保障个人安全和公共安全。如果对这一法律条文进行评估,就需要向参与的公众公开每年因未系安全带所造成的伤亡率以及正确系好安全带所造成的伤亡率等关键信息,这样才能判断安全带对安全的保障作用,才能更好地引导公众从理性的角度去评估法律。实际上,因评估任务的时间限制,评估机关也不会花较多时间处理信息问题,而这也会损害公众的参与热情。此外,公众并非具有同质性,其内在的参与意识往往影响着参与的有效性。

从功利主义角度讲,公众对公共事务的参与意识普遍缺乏,其往往注重自身利益的实现却缺少对共同体的忠诚和参与公共利益的热情。此外,传统法学理论对于法治的理解多注重于规则之治,即法治是一种治理工具,更强调司法机关在裁判过程中的运用。而法律作为一种公共产品,公众在享有这种资源的同时也必须遵守这种行为规范。于是,公众对法律的评判可能是以现实中的遵守为导向。对于某些公众来讲,只要不触犯法律,严格遵守法律办事,在立法后评估中出席与否并不影响其生活状态。在此种内在的心理因素和外在的客观环境下,公众会以自己的个体利益为中心而摒弃参与的权利,评估过程中的虚置也就成为常态。

由此可见,在法治建设场域,主体之间的不同习性会导致第三方评估处于被动与不确定之中。具体来讲,立法机关在与第三方机构的互动中,更希望得出一个"好"的结果,这关系到立法的成效;政府等行政机关与第三方机构互动中,迫于"被评估"或者考核的压力,也倾向于保守性的信息提供;而一般的社会公众并不具有参与的热情,只是以一种被动参与的姿态进入评估的场域中,而非以更高的"政治效能"来行使自己的权利以及表达自己的意见,比如对调查问卷的态度不认真、对一些问题缺乏把握等。因此,在立法质量评估中,为了提高评估的效能,需要对评估主体加以优化。

三、地方立法质量评估主体的完善建议

在立法质量评估的初期,由于立法评估属于新鲜事物,评估技术尚不成熟,专业的评估机构发展缓慢,以立法机关为本位的评估模式具有一定的适应性。随着社会治理对立法质量要求的提高,以专家为主的理性模式逐渐成为主导,并且在技术理性的基础上逐渐发展

成"社会性评估"。这种评估模式融合了专家理性的科学性、专业化的优点，又以公众、利益相关者为基础，促进评估过程向社会开放，打破了"精英—专家"的决策垄断地位，克服了技术和决策存在的有限理性缺陷，实现了实证评估与规范评估的统一。[1] 对此，从主体完善的角度，我们提出了如下建议。

（一）评估组织主体："适当放权"与"充分赋能"

根据立法质量评估的性质，评估主体的确定遵循"谁立法，谁评估"的原则，但需要明确，这是对评估组织主体的规定。然而，从学理层面上讲，为提高评估的科学性和公正性，必须将评估的组织主体和实施主体相区分。作为评估组织主体的立法机关应定为程序性参与，应当发挥组织者所具有的作用。

第一，适度放权，减少对第三方机构的干预。首先，地方立法机关因其独特的支配地位产生了绝对的主导权，这种权力的行使需要有明确的界限。具体来讲，立法机关要与第三方在评估价值与评估目的之间达成一个最低限度的共识，防止产生不必要的价值冲突。这种评估价值必须充分了解公众的需求，要在秩序维护和公民权利保障中找寻一个平衡点，防止过分注重立法的"管理"作用。对此，立法机关需要接纳第三方的监督作用，并且从实质方面而非程序方面与之交流，充分尊重和认可第三的独立性和专业性。尤其是在评估对象的选择、评估标准与指标制定方面，立法机关不应当过分干预。当然，如果评估对象和标准超出了立法机关的预期，且有充分理由能够说明达不到提升立法质量的效果，可以适度地与第三方进行沟通理解，以确保评估的有效性。其次，与国际法治评估接轨，培育和发展适合本国实际的专业性评估机构。立法质量评估所涉范围较广，即使地方权力机关拥有丰富的立法资源、组织资源，也无法脱离行政属性。况且，立法质量评估指标并非只是从立法本身进行设计，

---

[1] 参见张玉磊、朱德米：《重大决策社会稳定风险评估中的利益相关者参与：行动逻辑与模式构建》，载《上海行政学院学报》2018年第5期。

其内容涵盖经济、政治、社会、文化等方面,这需要更专业的知识和主体。因此,作为评估组织者的立法机关以及政府,应当鼓励专业评估机构的建设。此外,地方立法机关除将评估任务委托给固定的第三方(地方高校)外,还可以通过招标的方式让更多有能力的第三方参与进来,打破地域限制和关系限制,以防止立法质量评估中出现"马太效应"。

第二,立法机关要充分赋能,营造良好的评估环境氛围。首先,提供经费保障。构建和实施标准体系及信息数据的收集都需要消耗大量的人力、物力、财力等资源。为了确保立法质量评估工作可以按时、高效完成,立法机关需要在经费上给予充分支持。如果经费难以到位,评估工作就会陷入停滞。因此,地方立法质量评估工作需要地方权力机关单列专项经费,给予第三方充足的经费支持。其次,提供制度支持。从地方立法评估的发展历程来看,现阶段出台全国性的法律并不符合实际条件,对此,各地方应当及时出台或完善规范评估活动的地方性法规,对评估主体、对象、程序、标准、方法等作出详细规定,而非以简单的工作办法或者工作规定来确定流程。最后,注重大数据等多种信息化手段的应用。就全国范围来看,各地的立法后评估仍运用传统分析工具,评估方式并没有跟随数据时代的步伐进行更新。然而,传统的评估方式多集中在结构化的语言资料上,较少关注半结构化、非结构化数据。[1] 并且,通过传统人力收集到的数据信息缺乏时效性,且收集调查的周期较长;一旦出现信息错误,纠错的成本较大,容易浪费资源。此外,立法质量评估中的诸多指标并非可以用数字表达清楚,也可能是音视频、图片等非结构性数据,尤其是公众对于法律的认知评估可能以动态的形式出现。例如,法制网建立的舆情监测系统,通过对舆情信息的采集、监测、分析,可以对互联网上的信息进行全面覆盖,并且基于动态数据的分析可以把握

---

[1] 参见曹瀚予:《大数据在立法后评估中的应用析论》,载《自然辩证法通讯》2018年第11期。

舆情走向以及不同主体所关注的重点面向。[1] 以某学校食堂食品安全事件为例,法制网通过持续的追踪,对该事件的舆情走势、言论聚焦、政府处置等内容进行了详细的分析,充分梳理出公众在政法方面的关注点。因此,评估的组织主体在评估过程中要注重数据的动态性,了解公众对待社会问题的心理以及法律的认知,以便通过政法舆情来分析法律规范背后不同社会群体的行为选择。[2]

(二)评估实施主体:"提升能力"与"接受监督"

第一,突破部门法的划分限制,注重专家能力的提升。现有的立法后评估实施主体集中于区域性的地方高校和科研院所,且尤以高校的法学院或者立法研究中心为主。该类主体与立法的"关系"较近,但在"专业化"层面也逐渐呈现出较大的局限。随着国家现代化进程的推进,诸多立法开始突破部门法的限制,如教育立法中关于家庭教育、学校教育的法律规制。如果对此类型的法规进行评估,就需要接纳教育行业的专家,如中小学的校长、专业教师等。因此,第三方的评估实施主体需要充分吸收不同领域、不同行业的专家,融合不同层面的标准来制定评估指标体系。对此,第三方评估机构可以建立起相应的专家库,用以提升自身的专业能力。鉴于立法后评估所呈现的实践特征,专家的分类标准应突破法学研究层面,充分吸收法律实务工作者(如律师)、执法机关、司法机关甚至是不同行业的专业人员,实现理论与实践的结合。当然,因为地方立法存在地域性,且为了摆脱"简易化"的评估,评估的实施人员还是以本地的专家为主,辅以外聘专家。此外,评估实施主体需要注重经验的积累,要在符合现实需求的情况下寻找方法上的创新,尤其是在公众满意度评估方面,需要通过"情境式"的问卷或调查来收集真实的信息。在评

---

[1] 参见《法制网舆情监测平台功能介绍》,载法制网 2019 年 11 月 8 日,http://www.legaldaily.com.cn/The_analysis_of_public_opinion/content/2019-11/08/content_8041589.htm。

[2] 参见钱宁峰:《走向"计算法学":大数据时代法学研究的选择》,载《东南大学学报(哲学社会科学版)》2017 年第 2 期。

估实施主体的专家选取层面,广州市的主体模式可以借鉴并创新。广州市将评估主体分为三类:评估组、专家组和法规实施部门,但是在最后的结果中,专家组的分数仅占30%,低于评估组的50%,因此,应当提高评估组在结果中的比重。

第二,建立第三方评估的监督与问责机制。为使第三方能够成为真正的独立第三方,尤其是避免评估机构为了追求自身利益而丧失独立性的道德风险,确保第三方评估机构规范参与评估,需要建立关于第三方机构的问责机制。这要求第三方机构接受立法机关和社会的监督和问责。首先,立法机关要加强对第三方的日常监督和管理,通过平时检查发现的问题,视情况采取警告、批评等措施。此外,立法机关可以对"评估本身进行再评估"。如果受委托的第三方出现不按规范流程工作、民意调查造假、篡改数据、提供虚假报告等行为,导致立法决策出现重大错误或造成严重后果,应当追究评估机构的责任。其次,建立评估主体报告和解释机制。报告和解释制度要求第三方评估主体在提交报告后一段时间内对立法机关进行报告。报告应当包含立法是否符合预期,立法质量优劣如何,并提出明确的改、废、释建议及基于建议的后续操作。立法机关应在报告会上针对可能存在的疑惑进行质疑,从而强化对评估结论的审查。评估主体有义务就立法机关提出的问题作出解释,以消除可能产生的误解。当然,这一互动过程能够提高评估报告的采用率,也有利于评估主体不断完善未来的评估工作。

(三)评估参与主体:"类型划分"与"实质参与"

由于立法后评估是一个动态的过程,因此我们将公众参与评估的范围分为横向型和纵向型两个方面。纵向性参与即参与的深度,是指公众在何种阶段介入参与;横向性参与是指公众参与立法后评估的内容包含哪些方面。无论是纵向参与还是横向参与,因公众的类型不同,所参与的侧重点也就不同,参与的深度与广度主要以参与的有效性为核心原则。

1. 公众的"范围"界定

从理论上说,立法后评估的参与主体应当是全体公众,但在绝大多数的情况下,这只能是一种理想状态,现实中没必要也不可能让所有的公众参与到评估过程中。正如科恩所讲:"在任何规模很大的社会中,如国家,要使全社会的正式成员在决策过程中都起到一定的作用,根本是不可能的。即使把许多影响政策的间接形式也视为参与。"[1] 据此,评估机关在坚持包容性的特征上,根据评估需要来选取相应参与主体,具体包括与评估对象有利害关系的个人、组织(利益相关者),有专业知识但是以普通公众身份参加的专家和其他普通公众。下面将以网约车的地方立法规制为例加以说明。

为顺应"互联网+"时代的经济发展新趋势,促进出租车行业的健康发展,2016年7月国务院办公厅印发了《关于深化改革推进出租车汽车行业健康发展的指导意见》,同年11月交通运输部等七部门颁布了《网络预约出租汽车经营服务管理暂行办法》。《关于深化改革推进出租汽车行业健康发展的指导意见》将出租车分为"巡游车"和"网约车"两类,[2] 明确了"网约车"的合法地位,随后北京、上海、厦门、武汉等地纷纷出台了相关的指导意见和实施办法,以规范网约车的运行,促进出租车行业的转型升级。对网约车地方立法进行评估,需要对涉及的主体进行分类。按照广义上的利益相关者分类,交通运输管理局及相关的政府职能都可算作利益相关者,但本课题的评估参与者并不包含这两者。因此,立法质量评估中的参与者主要是巡游车管理公司及其驾驶员、"网约车"平台管理公司及其驾驶员等市场主体;出租车乘客(可分为习惯乘坐巡游车的乘客和习惯乘坐"网约车"的乘客)、社会公众(不经常乘坐的出租车的社会公众)、专家等社会主体。由于利益相关者受立法的影响是不一样的,

---

[1] [美]科恩:《论民主》,聂崇信、朱秀贤译,商务印书馆1988年版,第12页。
[2] 为了明确区分不同的出租车类型,《关于深化改革推进出租车汽车行业健康发展的指导意见》将传统的出租车称为"巡游出租汽车",将经由网络预约的出租车称为"网络预约出租汽车",简称"巡游车"和"网约车"。

因此各利益相关者在评估中的地位和重要性也是有所差别的(见表5-1)。

表5-1 评估参与主体的划分

主体	公众类型	角色定位
"巡游车"管理公司	利益相关者(核心)	评估参与者
"网约车"管理平台	利益相关者(核心)	评估参与者
"巡游车"驾驶员	利益相关者(核心)	评估参与者
"网约车"驾驶员	利益相关者(核心)	评估参与者
出租车乘客	利益相关者(核心)	评估参与者
社会公众	普通公众(潜在的利益相关者)①	评估参与者
专家学者	特殊公众(边缘的利益相关者)②	评估参与者
新闻媒体等组织	特殊公众(边缘的利益相关者)	评估参与者

①普通公众一般与相应的立法决策没有直接关系,但在一定条件下可以转化为潜在的利益相关者。

②专家因为掌握专业的知识和技能,会对立法产生重要的影响,因此可以称为边缘利益相关者。

2.公众的阶段性参与——纵向参与

地方立法后评估并非遵循单向的评估过程,而是由阐明评估的目的与任务、建立各种评估标准、根据评估标准分析论证所收集的信息并得出立法后评估报告、最后根据评估的结论提高立法质量等环节构成的系统。汪全胜将立法后评估过程分为立法后评估的准备阶段、立法后评估的实施阶段、立法后评估完成的阶段。[1] 在现实的评估实践中,立法机关也往往按照这三个阶段进行,如《西宁市政府规章立法后评估办法》规定,评估工作应当按照以下程序进行:组成评估小组、确立评估对象、制定评估方案、收集评估信息、分析相应数据、形成评估报告。地方立法后评估的这几个环节构成了一个完成

---

[1] 参见汪全胜等:《立法后评估研究》,人民出版社2012年版,第200页。

的逻辑关系。

　　基于立法评估的开放性,公众应该融入立法评估活动的全过程。然而,受客观环境的限制,我国仍未达到成熟的公民社会。由于公民素质与专业知识相差,不同阶段的参与主体是有所侧重的。首先,评估的准备阶段以确定评估对象、确立评估标准、建立指标体系及实施方式为主要任务,尤其是指标体系决定着评估的科学性。该阶段中目标的分解、标准及指标的构建具有很强的技术性,普通公众难以提供助益,且评估对象的选取直接关系到利益相关者的切身利益,故该阶段的参与主体为有相关专业知识的利益相关者和专家。其次,在评估实施阶段,主要任务是根据上一阶段确定的方案收集数据,并展开调查、处理和论证。在法律实施效果方面,公众基于生活经验和地方性知识有很大的发言权,且法律的运行依赖于社会情境,因此,该阶段的参与主体可以包含利益相关者、专家、普通公众。最后,在评估完成阶段,该阶段的主要任务是形成评估报告,为今后的立法决策提供支持。评估是否客观、有效都需要结果加以证成。然而,在现有的评估实践中,多数的评估报告并没有被公开,加之缺乏监督机制,报告的有效性是存有疑问的。由于利益相关者的不同利益的实现程度、法律文本的质量情况、实施效果的效益性、评估过程中的不足等都包含在评估报告中,为了促使立法机关合理合法地运用评估报告,加强立法评估的事后监督,此阶段的参与主体包含利益相关者、专家和普通公众,只是利益相关者更应该重点关照。当然,鉴于分工不同,评估过程的全部参与不代表每一阶段都要以公众为中心,只是每一个阶段都需要有公众参与。

　　3. 公众参与的具体内容——横向参与

　　横向参与是指公众对哪些内容进行评估。"立法的人民意志性是一切法的精神支柱和生命之源",[1]公民权益的实现是立法的合

---

〔1〕 郭毅:《论立法意志及其保障——兼及〈立法法〉的"人民意志"条款》,载《山东大学学报(哲学社会科学版)》2001年第6期。

法性依据以及正当性证成。实践中,为了使立法的质量能够很好地以量化形式表达出来,评估机关多注重对法律文本的评估。这种对文本的评估往往注重技术性以及形式理性而忽略了法律的实体价值。[1] 从评估完整上讲,形式理性和实质理性都是立法后评估所必不可少的,公众评估也更为注重价值判断。尤其是对于地方立法中关于权利的条文规定,更需要公众以其社会经验和实践感知去评估效果。因此,除形式上的阶段参与外,更需要明确公众参与的内容。公众参与的内容分为以下几个方面:第一,正当性。正当性主要是评估公众参与评估的途径以及利益的表达程度,包括以听证等方式实现的意见表达、具体情境下的公共利益保护、利益冲突下的基本共识等。第二,合理性。该评估指标主要强调法律法规在公众中的可接受程度,[2] 重点强调法律在被执行过程中是否能够保障个人权利,促进公共利益的实现,如法律在如法律规定的权利义务是否明确、是否能够做到公正对待等。第三,实效性。实效性是指所制定的立法文件在具体实施过程中所带来的社会效果,重点评判法的应然效力转化为实然效果的程度,这是最主要的评估内容。

第二节 地方立法质量评估程序的优化

一、地方立法质量评估启动程序的再造

(一)评估对象的规范化选取

何种法律法规能够进入评估主体的视野,中央和地方的评估制度均没有明确的标准。全国人大常委会法工委对《科学技术进步法》《农业机械化促进法》有关制度评估时,主要基于以下考虑:一是

---

[1] 虽然各地方颁布的立法后评估办法都将地方立法文本、实施效果以及社会经济等影响作为了评估的内容,但在实践中却往往以地方立法文本为评估内容。
[2] 参见秦前红、底高扬:《在规范与现实之间:我国地方立法质量评价标准体系的重构?》,载《宏观质量研究》2015年第3期。

与社会发展密切相关,重视其在国家战略中的作用;二是有很强的可操作性和现实性;三是易于量化。此外,在评估报告中强调了"反复研究、事关人民群众的利益"。在地方上,由于评估多是由本地政府对其所制定的规章进行的行政立法评估,其选取标准有"评估办法或者规定"为依据;而地方人大的立法后评估制度较少,仅陕西省、广州市等少数省市作出了规定。同时,从每年各地方人大常委会发布的工作报告看,多强调要注重环境、民生领域的立法,重视公民权利的保障。但从各地的评估实践来看,主要是选取那些适用范围较小、政治敏感度低、法治意义相对较弱且未对民众的社会生活造成实际影响的法规。对此主要分为四类:一是调整文物、风景名胜保护关系的法规,如甘肃、上海开展过的评估;二是受众较少的法规,如福建对于志愿者条例的评估;三是关于环境资源保护的法规,该种法规与公众的利益密切相关,但各地方在对此类法规评估时,仅是对其中几个条款进行质量评估,如北京、黑龙江等;四是评估的法规还涉及其他方面如农业方面的机械管理、邮政行业的邮政管理等。由于地方立法与公民的生活息息相关,且《立法法》也规定了设区的市的立法事项,因此,为了更好地提升立法质量,确保法规的评估真实有效,在启动程序需要科学地选取评估对象,以确保评估需求的轻重缓急。

从理想层面来考量,各地方所制定的法规都应该被评估,但在评估资源有限且实际条件不满足的情况下,没必要也不可能覆盖全部立法,如对于某些调整范围较小的地方性法规,根本不需要评估。根据现有的评估实践,多数地方每年平均评估的法规为1部到3部。[1] 为了保证立法质量评估机制真正地发挥作用,各地方需要根据自身的实际需求和现实状况选择应当评估的法规,即评估对象的选择要有规划性和针对性,必须进行价值衡量和排序。对此,我们认为,作为立法质量评估程序的起点,评估对象的选择需要综合考虑以下几方面。

---

[1] 该数据根据多省、市开展的评估项目所得。

第一,关注上位法的变化,保证法制的统一性。我国《立法法》明确规定,立法应当从国家的整体利益出发,遵照法定的权限和程序,来保障社会主义法制的统一。基于"合法性"的考量,如果上位法或者国家政策发生了重大变化,地方立法应当作出调整以提高自身质量。例如,我国的《环境保护法》和《野生动物保护法》进行了多次修改,立法目的和立法价值已经发生了重要转变,如果地方立法不及时进行修改,显然就会违背"不抵触"原则。再如,新出台的《长江保护法》将保护范围扩大到整个长江流域,包括长江干流、长江支流,[1]而在此之前各地方制定的法规也需要根据新的长江保护政策进行调整,从而促进长江流域的生态环境、资源等多方面的保护。

第二,回应社会需要,重视外部环境的变化。地方立法的实施效果需要在现实社会中得到检验,尤其是与民生关系密切的法规。选取评估对象,需要重视立法环境的变化和社会主体的意见。首先,立法时的政治、经济和社会制度等环境、条件已经发生了重大变化,现有立法已经不能满足基本需求,则可以进行评估。例如,随着网络的兴起,基于网络平台产生的网约车、外卖、共享单车等领域对道路交通的管理带来了巨大压力,尤其是如何更好地规制非机动车运行对社会秩序的维护具有重要作用。对此,立法机关可以选取非机动车管理的法规进行评估。其次,地方立法需要更好地应对社会风险,增强立法的前瞻性。在社会转型过程中,如何预防"风险"带来的社会问题是地方立法所必需关注的。最后,多方主体对相关的法规意见较多且集中,尤其是注重人大代表、政协委员和公众的意见。如果社会主体对某类立法意见较多,则可以说明相关的法律规范和社会现实产生了冲突。此时立法机关需要审慎地对待并吸收合理意见,做好科学论证工作,开展立法评估,并确保立法的质效。

第三,考量立法时间,做好评估对象的定期规划。改革开放前期,诸多地方立法是为了满足数量而加以制定的,其在实践中到底产

---

[1] 关于对长江流域的界定,参见《长江保护法》第95条。

生了何种作用，立法主体并没有去关注，以致出现了许多"僵尸法规"。因此，各地方人大在年度工作规划时可以将相关的法规列入评估的对象，以确保在制定新法的同时关注旧法的质量。从各地方政府出台的立法后评估规定来看，多数将政府规章评估的实施年限定位于3~5年，鉴于地方性法规的稳定性，本书建议以4年为基准，即地方性法规实施4年后可以进行评估。当然，这种时间的限定并非固定，如果有特殊的需要，可以突破此种限制。

（二）"自下而上"启动权的设立

我国地方立法质量评估的"内部模式"决定了由立法机关或者其下属部门启动相应法律规范的评估，公众及第三方等社会主体在启动机制的角色并没有体现出来。前文提到，立法质量评估理念由"管理"向"治理"转变，这需要重视程序正义对实体正义实现的重要意义。关于社会主体的启动权，现阶段我国的法律并没有对此概念进行相关的界定，但《立法法》中有体现该内容的价值意蕴。如《立法法》第110条第2款规定，其他国家机关和社会团体、企业事业组织以及公民认为行政法规、地方性法规、自治条例和单行条例同宪法或者法律相抵触的，可以向全国人民代表大会常务委员会书面提出进行审查的建议。从该法条所体现的立法原则来看，根据科学立法、依法立法的要求，社会主体是拥有对地方性法规启动审查的权利，并且可能会产生法规修改的结果。因此，在地方立法质量评估中，赋予社会主体启动权能够弥补立法机关"独自"启动的不足。当然，考虑到社会主体的复杂性，尤其是公众的能力参差不齐，需要对其进行适当的限制。又如，公众启动对立法的评估，必须要达到一定的人数，并且只有在需要评估的法规并未保障公共利益的实现时才可以行使启动权。

二、注重对立法质量评估的过程性控制

（一）评估期限的控制

为了提高评估的效率，避免资源的浪费，立法后评估需要对评估的期限加以控制。从地方性规范文件所确立的制度来看,政府规章的评估时间多规定为 6 个月到 1 年,其中以 6 个月为主,如《苏州市规章立法后评估办法》第 19 条规定,立法后评估应当在评估小组成立后 6 个月内完成。但是对于地方性法规而言,其内容及实际情况与规章的评估有所差异。就评估实践来看,各地方期限不一。例如,广州市对《广州市饮用水水源污染防治规定》的评估则历时约 5 个月;宁波市对《宁波市房地产中介服务条例》的评估历时为 4 个月。就国家层面的立法而言,全国人大常委会法工委对《科学技术进步法》的评估历时 1 年。综合不同层次法律规范的评估时间,结合立法机关及第三方的评估效率,本书建议地方立法后评估的时间应以评估启动后的 5 个月为宜。首先,从各项数据的真实性、有效性而言,5 个月的时间能够确保信息的客观且全面;其次,就评估所需要的人员、物质等其他条件来看,5 个月的时间完全可以充分组织,有序开展。当然,评估的期限并非是固定不变的,需要根据评估的进度加以灵活调整。例如,针对内容复杂、事关公民权益类的法规可适当延期,但不得超过 3 个月,并且评估主体需要有正当理由加以说明;而对于调整社会关系简单的法规也可缩短期限,但不得少于 3 个月。

(二)信息收集的控制

在立法后评估过程中,从评估的准备到结束,信息的收集、分析至关重要。为了确保信息收集的全面、客观,有必要对此进行控制。

首先,评估准备阶段的信息控制。这个阶段主要是确定评估的对象、评估指标以及选取参与主体等。对于评估对象的选择,立法机关可以通过网络问卷调查的方式向公众征求意见,尤其是对于相关法律涉及的利益相关者。此外,对于评估指标的设计,由于指标体系需要相应的理论水平与专业知识,评估主体需要邀请相关的专家通过论证会的方式进行。

其次,评估实施阶段的信息控制。这个阶段主要是立法机关搜集评估所需要的信息。信息的收集除运用调查问卷外,要多使用座谈会、实地调研等方式进行公众参与。采取这些方式,立法机关可以直接接触相关的公众,有助于更好地了解法律法规的实施情况。例如,对于环境保护类法规的评估,评估主体需要深入村庄、乡镇等地方,通过走访、调查等方式,了解、检测法规出台前后的环境状况对比、以确保信息的可靠。

最后,评估完成阶段的信息控制。评估完成阶段主要是指评估报告的完成以及后续是否对所评估的规范性文件进行修改、废止等。此阶段更加注重的是信息如何公开,以确保立法后评估的结论能够得到公众的认可。对此,评估机关可以采用听证会的形式对立法后评估的结论进行听证,听取公众的意见,在此基础上完善立法后评估报告,实现评估结论的民主性。

(三)指标运用的控制

评估指标设计出来之后需要加以运用,对此,地方立法机关或者其他主体可以从以下几个方面加以适用:法规合法性测量—评估目的如何—选取法规—运用指标—得出结论。

首先,针对地方立法的特殊性,立法的合法性审查必须放在第一位。从立法的过程来讲,合法性应该在法规出台前就应该加以明确,如果一部法规违反了上位法,那么该法是不应该颁布的。然而,基于我国地方的复杂性,尤其是立法权扩大之后,地方立法会出现膨胀、盲目的情况。[1] 因此,在对地方性法规进行评估中,如果出现与上位法相抵触的情况,其他指标就无须评估。当然,这只是一种理想的状况,实践中某部法规的修改或废止需要综合考量各种因素。当然,这与我们的合法性指标并不矛盾,因为将合法性审查放在第一位,可以最大限度地节约成本,避免出现其他指标得分较高,而合法性却处于确实状态。

其次,要区分评估的目的,根据地方的不同需要加以选择。在实践中,法规清理、法规修改、提高立法质量并不是包含关系。以地方

---

[1] 参见向立力:《地方立法发展的权限困境与出路试探》,载《政治与法律》2015 年第 1 期。

性法规清理为目的,最终的目的在于决定某项地方性法规是否应该存续,因此只需要关注合法性、合理性这两个指标即可。对于那些经过社会发展已经不足以满足现实需求且不具有合理性的法规而言,就没必要对照指标评估,只需要根据现实情况废止即可。对于法规修改的目的而言,要重视价值标准和规范标准,尤其是要重视文本的质量评估。基于对立法质量的评估,诸多评估标准都需要加以重视。必须强调的是,影响法律实际效果的因素有很多,有时并不是简单地以公众的评估态度或者执法机关的适用情况就能够决定的,因此,不具有实效性并不是修改法规、规章的必须条件,如回应社会需求的一些象征性立法或象征性条款,但是实效性一定能够反映立法质量的高低。

再次,指标的具体运用需要强调多维的动态分析。既要围绕合法性、合理性、可操作性、地方特色等核心指标,通过三级指标体系细化评估程度,以实现指标类型化与量化处理,如合法性需要验证法规是否与上位法冲突,合理性需要考察地方立法事项中权利义务分配是否平衡。又要通过问卷调查、专家论证、案例分析与公众意见征集等途径收集数据,并结合定性与定量分析,对指标数据进行综合研判。

最后,评估结论是以指标分析为基础的系统性判断,是法规完善的依据。一方面,依据指标得分,明确地方性法规的短板与不足。如果与上位法存在抵触,需要提出废止或修订建议;如果实施效果不佳,需要降低制度交易成本。另一方面,评估结果需要与地方性法规的清理与修改程序相衔接,从而实现评估效果的真正效用。评估报告部分应当涵盖法规绩效、制度缺陷以及改进路径等建议,以供回应主体决策参考,从而保障地方立法质量的持续提升。

三、建立健全公众参与立法质量评估的监督机制

(一)以反馈机制保证公众参与的效能

立法评估中的公众参与是一种"信息""知识""利益"的参与,

即在评估过程中,要重新衡量立法机关和公众之间的"角色"和"关系",通过反馈互动进一步地实现利益诉求的协调。实际上,在评估机关和公众互动的过程中,最关键的问题在于知识信息的供给与反馈,理想的"参与模式"需要实现公众感性知识与评估机关理性知识的交流与融合,建立一种信息沟通机制来确保公众参与的主动性和持续性。这种信息的沟通反馈一定要及时可靠,具体如下:

第一,公开性。评估报告应该及时向社会公开,并赋予对该报告内容的说明,即在哪些阶段通过何种方式对公众的意见进行了收集,这些意见对法律整体或者部分条文的评估产生了何种影响,在未来法律完善过程中是否吸收。第二,实质性。评估机关在总结和归纳公众的建议和信息后,并不是简单地以"收到"进行表态,应当对重要的评估信息进行全方位的回应,注重反馈的实质价值。例如,对于地方环境立法的评估,评估机关要对未来的环境影响以及公众的环境权进行权威的解答,而非简单地表态或承诺。第三,多样化。评估机关可以根据公众参与的方式选择反馈方式,如以座谈会、听证会等方式吸收公众意见的,有条件时可以当场回复。此外,随着自媒体的形成与发展,微博、微信等新型传播媒介广泛地存在于公众的生活中,评估机关可以利用传媒的广泛性和公共性特点,对于那些涉及重大利益或者反馈较为复杂的评估意见,在充分论证的基础上利用信息技术平台进行快捷回复。

(二)重视评估结果的应用,确保评估效益

从根本上说,评估价值的关键,需要靠评估效用来判断。根据贝维的观点,评估的有效性可以通过使用的认识、信息和最终的成果以及在实践中对接收者行动的影响来证明。[1] 因此,在评估结束后,需要对评估的结果加以应用,以确保评估的完整性和动态性。然而,无论是理论界还是实务界,对结果的应用缺乏普遍的陈述和研究。

---

[1] See Beywl. W, Konfliktfähigkeit der Evaluation und die "Standards für Evaluationen", Sozialwissenschaften und Berufspraxis, Vol. 2, p. 151 – 164 (2001).

学界的研究一直停留在对立法后评估的结果直接应用到具体法规的立、改、废之中,注重直接效果的效益实现,较为局限。事实上,评估结果的运用包含直接和间接的方式,可以分为三种类型。

第一,立法机关对评估结果直接运用,这是评估的工具效益的体现。直接利用就是作为委托方的立法机关可以直接将评估结果作为立法决策加以适用,从而对相关的立法作出修改或者废止的决定。在最后的评估报告中,评估主体都会提出自己的建议,或是对于法规整体层面的或是微观条文层面的。例如,宁波市评估后从整体上指出,完善房地产中介服务行业管理制度,具体包含三方面:提高行业准入门槛和从业资格、加强房地产中介服务信用制度建设、完善房地产中介服务投诉举报机制。在此种状况下,立法机关未来进行修法时,应当对诸类建议合理运用。

第二,立法机关重视评估的概念性利用价值,这是概念性效用的体现。概念化利用是指评估结果对人的思维产生了影响,可以简单地描述为意识提升。[1] 在立法资源有限的情况下,现阶段的评估报告或者评估结论本身并不具备一定约束力甚至是法律效力。[2] 但是一份完整的评估报告记录了关于法规文本、法规的实施状况以及可能存在的问题,一定程度上对相应的社会问题进行了考量。因此,即使评估报告不能直接运用,但评估结果提供的思维意识是可以为立法机关所借鉴的。

第三,评估结果具有论证说服的作用。地方立法夹杂着各种利益的交织,尤其广泛存在于相关行政部门之间。因此,我们需要走出一个误区,即立法质量评估的目的限于变动法律法规。事实上,法的安定性与变动性存在较大张力,立法机关不可能因评估后的立法不满足现实需要而立即启动修法计划。此时,评估结果则被用于证实

---

[1] 参见[美]彼得·罗希、[美]马克·李普希、[美]霍华德·弗里曼:《评估:方法与技术》,邱泽奇等译,重庆大学出版社 2009 年版,第 287 页。
[2] 参见姜述弢:《地方立法后评估制度的法治化及对策》,载《学术交流》2016 年第 4 期。

或"反驳"的立场,这就是说服效益的重要体现。例如,对于执法机关在评估过程中提出的诸多问题,立法机关可以评估结果作为"证据"来支持其所立之法并非存有较大缺陷。

(三)增强立法评估结果的监督与测评

除需要建立反馈机制与重视评估结果的应用机制之外,还需要加强对评估结果的再评估,可称为"元评估"。元评估监督机制能够减少和消除评估过程中的误差,对于提升评估质量、确保评估的信度和效度具有重要的意义。可以说,将"元"意识引入评估结果的检验中,能够推动评估者深入反思,将有效评估作为一种意识和担当融入评估的过程中,以实现立法质量评估的真正目的。具体而言,一方面要建立多层次、全方位的监督回应体系,构建包括党内监督、人大监督、政协监督、新闻舆论监督、公众监督在内的立体开放、高效有力的监督格局,并采取相应的措施保证监督的有效,如综合运用激励与惩戒手段,视情况对相应的评估主体进行奖励或惩罚。另一方面,立法机关可以组建一个专家团队或者委托另外的评估机构对现有的评估报告进行重新评估,以防止原评估结果的虚假性和不科学性。当然,这种"评估"并非再次评估,而是在原有评估的基础上进行检验,如对评估中的发现问题进行实地调研勘察,增强样本的多样性。事实上,如果缺少对评估结果的再次校验,一旦原评估结果本身具有较大误差,则很容易引起立法机关的决策风险。

第六章　地方立法质量评估标准体系的重构

> 立法者应以公共利益为目标,最大范围的功利应成为他一切思考的基础。了解共同体的真正利益是什么,乃立法科学使命之所在,关键是找到实现这一利益的手段。*
>
> ——[英]吉米·边沁

第一节　地方立法质量评估标准设立的价值基准

一、契合良法善治的价值准则

法治乃规则之治。法律是治国之重器,良法是善治之前提。对地方立法进行评估的主要判断标准需要以"良法"为价值向度,确保地方"善治"的实现。何为良好的法治状态,这是一个综合性、整体性的问题。王人博教授指出,法治状态可以从两方面去理解,"一是一定社会状态的实质性组成部分,二是以法治的实体价值为核心的法治结构或机制"。[1] 这种法治状态包含着法律秩序形成所依靠的制度,也体现为核心价值在法治运行中的理性精神。正如习近平总

---

* [英]吉米·边沁:《立法理论》,李贵方等译,中国人民公安大学出版社2004年版,第1页。

[1] 王人博、程燎原:《法治论》,广西师范大学出版社2014年版,第196页。

书记所强调的,将社会主义核心价值观贯穿立法、执法、司法、守法各环节,使社会主义法治成为良法善治。[1] 因此,我国地方立法质量评估体系的建立基础包含形式法治与实质法治,如果将两者法治观对立起来,容易走向法治工具主义或者法律虚无主义。由于不同地方在经济、文化、环境等方面存在诸多差异,相应的立法也应当在法制统一的基础上呈现多样性,以解决本地方的突出问题,这是地方立法符合"良法"的重要面向。例如,内蒙古自治区是我国北方重要的生态安全屏障,更需要在立法层面严格贯彻好草原法、森林法的价值理念,注重草原森林生态环境的保护。此外,地方立法在重视"规则"之外还要以伦理标准为指引,注重法律与道德的结合,这为立法质量的评估提供了深层次的指引。尤其是地方立法在"重罚"观念的影响下,需要更加注重公民权利的保障和个体自由的实现。

当然,由于主体认知差异以及不同时空的客观性,"良法"如何判断并没有形成统一的评估标准。从古至今,诸多学者试图就"良法"的标准提出了多种理论模式,具有代表性的有以下几种:亚里士多德的"普遍守法"与"良法之治"双重标准;古典自然法侧重于对法律所应当具有的价值探究,包括法律对自由、平等、生命、财产等"自然权利"的确认和保护;[2] 富勒在古典自然法理论的基础上提出法治八原则,也可称为"程序自然法";[3] 拉兹强调法律应当具有二阶排他行动理由的正当性权威;哈贝马斯认为"良善之法"在于程序的合理性。我国学者立足于现实国情也对良法及法治提出了见解,如李龙教授认定良法的四项标准、[4] 李步云教授所构建的法治中国十标准、吕世伦教授所提出的法之"真、善、美"等。基于此,本书认为

---

[1] 参见《习近平:加强党对全面依法治国的集中统一领导 更好发挥法治固根本稳预期利长远的保障作用》,载《人民日报》2018年8月25日,第1版。
[2] 参见李龙主编:《良法论》,武汉大学出版社2005年版,第39页。
[3] 参见[美]富勒:《法律的道德性》,郑戈译,商务印书馆2005年版,第20页。
[4] 良法的基本标准分为:价值合理性、规范合理性、体制合理性、程序合理性。参见李龙主编:《良法论》,武汉大学出版社2005年版,第71~73页。

"良法"可以包含以下方面:法律规范明确、富有实效、体现公平正义。其中,良善的法必须明确具体,这要求法律规范的内容需要清晰明确,使公众能够较好理解。如果使用艰涩难懂的语言或者内容"含混不清",则法律的规定是无效的。富有实效的法在于立法具有可操作性,能够让执法、立法机关在实践中很好地适用,减少象征性条款。例如,山东省 2016 年出台的《山东省多元化解纠纷促进条例》中第 5 条至第 11 条对人民政府、法院、检察院、公安机关等部门的工作进行了一一规定,但均是依据国家政策和相关上位法的立法精神作出的指导性的倡议性条文,象征性条款较多。这几条规定旨在要求纠纷解决主体在化解纠纷时,告知当事人纠纷解决途径,为当事人的理性选择提供方向性指引,但并没有具体化的各个部门采取的途径,更像是一种指导性的准则。良法必须是公平正义的法。虽然"公平正义"的含义并不能很好地确定,但基本认识仍然没有逃脱古典法治思想框架。所谓公平,其真实性含义在于平等;所谓正义,其真实含义在于是否公正合理。[1]

二、遵循立法的科学、民主、法治原则

根据《立法法》第 1~6 条的内容,学界普遍将之归纳为宪法原则、法治原则、民主立法原则和科学立法原则。[2] 党的十九大报告指出,"推进科学立法、民主立法、依法立法,以良法促进发展、保障善治",[3]这进一步确定了我国的立法原则为科学立法原则、民主立法原则、依法立法原则。设立地方立法质量评估标准体系,应当以立法原则所体现的价值为基础,确保地方立法的科学、民主、

---

[1] 参见刘艳红:《以科学立法促进刑法话语体系发展》,载《学术月刊》2019 年第 4 期。
[2] 参见周旺生:《论中国立法原则的法律化、制度化》,载《法学论坛》2003 年第 3 期;朱景文主编:《法理学》,中国人民大学出版社 2015 年版,第 226~228 页;高其才:《法理学》,清华大学出版社 2011 年版,第 270~273 页。
[3] 《习近平:决胜全面建成小康社会 夺取新时代中国特色社会主义伟大胜利——在中国共产党第十九次全国代表大会上的报告》,载《求是》2017 年第 21 期。

一方面，地方立法要科学，一切从实际出发，符合历史发展规律，突出地方特色。现有观点多是认为立法评估是科学立法原则的体现，是作为科学的立法活动。科学立法中的"科学"主要包含两方面的内容，一是针对法律调整对象这一"事实"的"合规律性"的认知活动；二是体现着一般实践活动中科学的"合目的性意涵"，主要包括政治价值、规范要求、具体立法目的三个面向。[1] 但是，从科学立法与其他诸原则的关系来看，科学立法这个命题本身并不必然包含着各种立法所要求的美好价值向往，虽然立法活动中所欲实现的规范性目的、价值性目的或者立法的民主与"合法"等可以从科学立法来实现，即科学立法原则与其他原则是一种目的—手段之间的关系。因为，从事实所体现的合规律性来看，科学立法是从现有实际出发，来揭示法律调整对象背后所体现的客观情况与规律，这也是《立法法》和诸多研究所达致的共识；从作为"合目的性"的手段来看，科学立法是保障良法善治的重要基础。但是，法律的明确性与既有法治体系的容贯性是需要在具体的法律适用中不断加以完善的，而并非能够从既有事前的理论规划中一次性揭示，即现实社会中的事实问题并不能够通过一次性的立法活动来完成，需要不断地进行试错或作效用性评估。正因如此，对于立法质量评估则是基于立法原则的宏观指导下，根据评估的目的和原则来设定评估标准。

另一方面，在确保科学立法的同时也要重视立法的民主性，确保社会主体的参与，进而凝聚法治共识。地方立法与人们的生活息息相关，更需要注重公民权益的保障，反映人民的意志。如果地方权力机关在立法过程中忽视了民主性，没有将公开、公平、公正的理念贯穿于各个环节，轻则使所立之法无用，重则将引起社会主体抵制，最终会导致社会的混乱。例如，我国《老年人权益保障法》虽然将"看望或问候老年人"写入了法律，但其在现实中缺乏可操作性，因为该

---

[1] 参见裴洪辉：《合规律性与合目的性：科学立法原则的法理基础》，载《政治与法律》2018年第10期。

条款并没有相应的法律责任与之对应。因此,设立地方立法质量评估指标体系需要体现民主立法的价值理念,重视立法的民主性表达,从而推动地方治理体系的革新(见图6-1)。

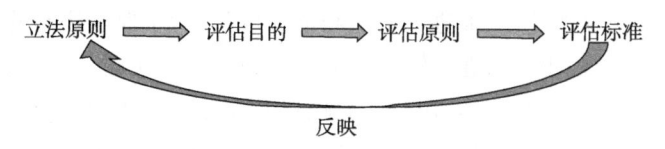

立法原则 ⟶ 评估目的 ⟶ 评估原则 ⟶ 评估标准

反映

图6-1 立法原则到评估标准关系

最后,地方立法必须"依法立法",体现法治原则。立法机关需要按照法定权限和法定程序来立法,这是普遍的共识,是立法活动合法性的表现。但进一步分析,这种对依法立法的解释仍旧停留在依《立法法》或者"上位法"立法。在全面依法治国的新形势下,需要在法制统一的基础上确保地方的积极性,保证立法的"有用",满足人们对立法的期盼,需要规范满足法秩序的需要。正如有学者所言,"依法立法"不能仅停留在立法活动本身的合法性,也要保证所创立的法律规范能够与既有法秩序在概念、逻辑及体系上相融。[1]

三、寻求立法安定性与变动性的平衡

作为调整社会关系的法律必须稳定,这是"一个永恒且无可辩驳的真理"。[2]但稳定并不代表永恒不变,因为法律总是具有滞后性,需要根据社会的发展来加以变动。无论处于何种时代,法律都需要在应对安定与变动及其关系的协调中发展,[3]尤其是在转型时期的国家中体现得尤为明显。党的十八大之后,我国进入全面深化改革时期,伴随社会风险的增加、社会矛盾与解纷的复杂多样以及诸多

---

[1] 参见赵一单:《依法立法原则的法理阐释——基于法教义学的立场》,载《法制与社会发展》2020年第5期。
[2] [美]罗斯科·庞德:《法律史解释》,邓正来译,中国法制出版社2003年版,第2页。
[3] 参见林珊珊:《改革背景下立法的安定性问题研究》,载《行政管理改革》2021年第1期。

改革成果需要法治确认的现实,法律必须要回应社会需求。例如,在国家层面,自1988年《野生动物保护法》颁布以来,经由5次修改,立法目的也由"对动物的利用"转变为"维护生物多样性和生态平衡,推进生态文明建设,促进人与然和谐共生"。为了保证法制的统一性,地方立法也应当进行修改。同时,在地方治理的过程中,政府实施的"限行、限号、限购、限贷"措施,以及在地方性法规中经常出现的认定失信行为的"黑名单"规定,[1]导致了整个法律制度体系及其运行难以保持一种惯常状态,损害了法治原则中法的安定性。因此,通过地方立法质量评估指标对立法进行评估,需要关注立法的安定性与变动性之间的平衡。

关于何为法的安定性,拉德布鲁赫从法的理念对其进行了概括。他认为,正义是法之安定性基础;而法的安定性意味着能够给予人们以明确的指引。这种对法的安定性的判定是以实证主义的观点作为判断标准的。事实上,我们总是倾向于从规范意义上的立法观来对待法之安定性问题,而忽视了实质意义上的安定性,这也是立法需要变动的重要原因。对此,有学者认为,法的安定性之所以能够存续,其实质在于法律的秩序价值以及由此而衍生出来信赖利益保护和法不溯及既往原则。[2] 这种对于法的安定性的解读是建立在宏观层面的国家立法上的。然而,地方立法有其特殊性,在现实中往往面临安定与变动的矛盾,这主要体现为"试验性"立法。在我国法治建设的推进过程中,一个试验性法规被制定出来,并不是因为立法者认为它是最可取的,而是需要用它进行试错。在这种理念下,地方性法规可能更多的是对政策的确认或者为经济保驾护航的工具。试验性立法的主要目标是检验其潜在的假设(经济层面)是否有效。这意味着,由于试验性的状态,这类立法并不一定会持续较长时间,因为如果没有立法效果,就可能立即撤销,这仍然是一种工具主义法律观的

---

[1] 参见戴建华:《论法的安定性原则》,载《法学评论》2020年第5期。
[2] 参见戴建华:《论法的安定性原则》,载《法学评论》2020年第5期。

体现。因此,在设立立法质量评估标准体系时,需要审慎地对待这种立法观念,充分考虑地方性法规的衔接和协调问题,在防止立法膨胀的同时确保立法的稳定性。

第二节 地方立法质量评估标准及指标体系的内容

一、地方质量评估指标体系须关照立法目的

"人在观念上事先形成的未来欲达成的理想形态,是人之行为的驱动力,且需要对客体进行对象性的改造来实现。"[1]一般而言,法理学中讨论的目的是法律目的。例如,亚里士多德认为,良好的法律产生良好的秩序,法律是正义的。[2]洛克以公共利益为基础,认为法律能够促进自由、民主、平等的实现。西塞罗认为,"法律的目的不是废除或限制自由,而是保护和扩大自由"。[3]分析实证主义法学将法律目的嵌入法律法规中,并将之分为形式目的和实质目的。利益法学将利益引入法学判断中,认为目的(利益)是主体制定法律的主要原因,法律是国家基于自身的利益需要或者希望实现某个目的而制定的。立法精神可以看作法律目的的主观表达。正如博登海默所言,"目的是全部法律的创造者。每条法律规则的产生都源于一种目的,即一种实际的动机"。[4]并且,法律的目的不局限于当下,是面向未来的。"相比任何其他人类活动,法律可能更具有目的性;它不仅从过去,而且从未来获得方向。在某些事上,它可能偏离靶心或达到目标,但在其核心本质上,它是面向未来的,也是一种有意识

---

[1] 刘风景:《立法目的条款之法理基础及表述技术》,载《法商研究》2013年第3期。
[2] 参见[古希腊]亚里士多德:《政治学》,吴寿彭译,商务印书馆1965年版,第159页。
[3] [英]洛克:《政府论》(下),叶启芳、瞿菊农译,商务印书馆2004年版,第60页。
[4] [美]E.博登海默:《法理学:法律哲学与法律方法》,邓正来译,中国政法大学出版社2004年版,第114页。

的工作。"[1]相较于法律目的,立法目的更为具体,它体现了立法者的价值追求,是立法基本功能和使命的体现,也是法律解释的精神实质。当然,立法目的总是与利益、价值相结合,是立法者在"制定、认可和变动法这种特定的社会规范的活动"之前根据立法者所代表的利益和需要所设立的价值标准。正如麦考密克认为,如果制定的法律并没有很好地促进共同价值的实现,那么他们就没有产生的意义。[2]因此,立法本身包含着利益评估,能够对现实中的社会关系和利益冲突进行规范化协调。换言之,法律是"依据和体现价值标准的"、在某种程度上"属于一种目的论活动"。[3]从此种意义讲,立法目的可以认为是"共同价值"或者所需达致的"善"。

在我国,绝大多数的法律都在条文中规定了立法目的,包括维护民事主体的合法权益、尊重和保障人权、惩罚犯罪、保护生态环境,促进社会经济发展等。例如,《民法典》的立法目的是"保护民事主体的合法权益,调整民事关系,维护社会和经济秩序,适应中国特色社会主义发展要求,弘扬社会主义核心价值观"。《湖北省学校安全条例》的立法目的为:"加强学校安全管理,维护学校教育教学秩序,保障学生和教职工的合法权益。"对于立法目的,尤其是作为规制公共行政的法规越来越体现出实质化的倾向,其中一个重要的趋势就是法律对实质价值的追求,呈现出建构理性。这种实质价值会在立法目的中予以明确,甚至在法律条文中得到贯彻。当然,目的本身并不是深入法律之中,而是依据国家政策、经济、社会发展需求由立法者所选择的结果。例如,相较于《民法通则》,《民法典》增加了"弘扬社会主义核心价值观"的目的,并且将"适应社会主义现代化建设发展的需要"更改为"适应中国特色社会主义的发展要求",这与我国所认知的时代发展阶段相适应。在地方立法中,由于不同地方性法规

---

[1] 刘风景:《立法目的条款之法理基础及表述技术》,载《法商研究》2013年第3期。
[2] 参见侯学勇:《麦考密克论融贯》,载《政法论丛》2008年第2期。
[3] [英]尼尔·麦考密克、[奥]奥塔·魏因贝格尔:《制度法论》,周叶谦译,中国政法大学出版社2004年版,第12页。

的调整对象不同,立法目的也就呈现出不同的样态。例如,环境保护类法规注重生态文明建设,保障人与自然和谐发展,而历史文物的保护在注重保护文物的同时需要传承文化(见表6-1)。因此,立法目的为法律规范的正当性提供了一个证立的作用,使法律规范在现实中能够很好地调整社会关系。

表6-1 黄冈市不同类型法规的立法目的

法规名称	立法目的
《黄冈市文明行为促进条例》	培育和践行社会主义核心价值观,鼓励与促进文明行为,提升公民文明素养和社会文明程度
《黄冈市饮用水水源地保护条例》	加强饮用水水源地保护,保障饮用水安全,维护公众身体健康和生命安全
《黄冈市白莲河库区水环境保护条例》	保护和改善白莲河库区水环境,防治水污染,保障饮用水安全,促进库区生态保护和绿色发展
《黄冈市革命遗址遗迹保护条例》	加强革命遗址遗迹保护,传承和弘扬革命文化

立法的形成过程需要对多元的价值进行判断,以确定何种价值能够被吸纳进整个法律系统之中,这也是国家或者社会对于立法需求的表达。当然,立法需要充分权衡不同利益之重要性,也要划定一定的利益边界,调整不同利益主体冲突的价值标准。因此,立法目的是利益博弈的结果,而这种结果能否得到法规范内部的证立,则由背后的政治理念、道德理念、社会现实所决定。在立法质量评估中,立法目的处于法律规范的形式理性与实质理性的交叉点,也是法律规范与外部环境的交汇。对立法目的的正当性评估,需要在封闭的规范系统中寻求外在价值的实现,这种评估包含价值排序的合理性和立法阶段的适当性。如果以某种立法目的所指引的法律规范与社会生活、社会秩序相悖,那么该法不仅不能够解决好现实问题,甚至会

引发社会动荡。

二、地方立法质量评估标准的逻辑关系

法治本身就是一套具有复杂结构和多重视角的系统,将法治进行"一刀切"的定义与评估在不同的制度框架和实践语境中都可能有失偏颇与功能受限。因此,在综合法治观的基础之上,寻求价值、规范与实效的外在一致性、内在统一性和逻辑关联性,同时要注意特殊的时域性。在这三个方面的指标设计需要遵循顶层设计与实践法治相结合,形式价值与实质价值相结合,法律效果和社会效果相结合的构建原则。总之,在地方立法质量评估标准的重构过程中,价值是基础,规范是保障,效果是最终落脚点。

首先,价值性标准作为最根本的标准层级,总领评估指标的设计,且与评估体系的整体价值相关联。价值性指标层级的缺失往往使部分二级、三级评估指标设计丧失方向,无法有效反映评估体系的整体价值,进而导致评估目标的偏离,这直接表现为对立法质量的改善有限、对评估工作的引导和规范不足。

其次,规范性标准是评估标准体系的基础。在现代法治理念下,法治首先强调的是规则之治。在地方治理过程中,如果缺乏由立法所确立的制度规范,那么将会对法治的运行造成极大的模糊性与不确定性,公民的基本权利就无法得到保障。因而,法的规范性问题是理论与实践的核心议题,也是我们在评估立法中所必需重视的方面。对此,规范性标准强调的是法的形式价值,注重法律文本的检验。必须强调,规范性标准并不等同于技术标准,它包含诸多方面,如合法性、合理性等。

最后,效果性标准是地方立法实效性的检验,是价值标准与规范标准的落脚点。在我国的法治建设过程中,人们关注更多的是司法问题,由此也更看重司法所产生的效果,包括政治效果、法律效果和社会效果。事实上,司法的思考方式本质上是一种法教义学,是依据法律的思考,其以现行的法律存在为前提,不考虑法律的优劣。这种思维方式反馈到立法中,就是将立法作为"法律创制"。在此种情境下,立法者只是将政治意见和利益共识以法律形式创制出来,至于法律是否符合现实需要,并不在他们考虑的范围之内。对司法的偏差,有"司法责任制""案件质量评估机制"等制度加以监督;[1]但对立法的偏差并没有相应的机制进行纠偏。因此,地方立法是否有效,最终都需要在实施过程中加以检验,而非"创制"出来就宣告结束。

三、地方立法质量评估指标体系的具体内容

前文提到,地方立法的质量如何,需要有科学合理、富有层次的评估标准或者评估指标进行测量。要重构一套完整的指标体系,需要注重以下三个方面:一是指标必须从显性到隐性都能反映立法内容;二是指标需要体现事实认知和价值判断;三是指标既要能评估条文也要可以评估法规的整体。对此,下文将从维度、标准和指标来重构立法质量的评估体系。

一般而言,维度是认识事物属性的坐标体系,也是分析事物的思维工具。[2] 评估维度是连接评估对象与评估指标的桥梁,与评估对象在理论逻辑上具有紧密的联系,在指标体系的重构过程中处于基础地位。可以说,评估维度是认识评估对象、界定评估标准的理论分析工具。基于维度的不同,我国的法治评估可分为综合性评估与专项性评估,前者如余杭法治指数,涵盖了立法、行政、执法、司法、法治环境等诸多方面,由此形成了覆盖面广、体系化强的评估指标体系。但是评估维度与评估标准并非一一对应的关系,如效果维度就可分为政治效果、社会效果和法律效果。评估指标是对基本标准的细化和分解,是评估主体具体应用到评估过程中的量化手段,它需要依据标准的相关度、隶属度进行编排和规划。例如,对于某社区建设进行

---

[1] 参见陈科:《论司法的可错性》,载《法学》2020年第12期。
[2] 参见姜晓萍、康健:《实现程度:基本公共服务均等化评价的新视角与指标构建》,载《中国行政管理》2020年第10期。

评估,小区安全可以成为一个评估标准,在此基础上,小区保安、乱象治理、安全设施、消防演练等可以设定为评估指标。当然,必须说明的是,不是所有的指标都可以量化,尤其是在地方立法质量评估中,诸多指标都是不可量化的。因此,为了更加客观地反映地方立法的效果,需要在价值目标、内容指向上进行整合,增强评估指标的逻辑性、合理性,以确保评估维度如实体现。

在认真总结相关的政策性文件、比较分析各地方的评估实践经验以及综合各学者关于评估指标的基础上,针对地方立法质量评估的主要内容——立法价值、立法文本与立法效果,结合第四章所探讨的规范法治与实效法治理论,本书从价值、规范、事实三个维度重构了地方立法质量评估标准体系,并将之分为立法价值标准、规范标准、实效标准,每个评估标准又可以分为若干个评估指标,从而来衡量地方立法质量(见表6-2)。

表6-2 地方立法质量评估指标体系

维度	基本标准	一级指标	二级指标
价值	价值标准	法的外在价值	促进自由、公平、正义、秩序、平等、安全的实现
		新发展理念下的价值	有利于社会生产力的发展
			有利于促进人的全面发展
			有助于提升本地区的发展水平
			有助于社会公平正义的实现
			有助于平安社会的建设

续表

维度	基本标准	一级指标	二级指标
规范	规范标准	合法性	立法主体是否具有立法权限
			立法依据是否合法
			立法程序是否合法
			是否与法秩序相融贯
		合理性	权利、义务设置是否恰当
			权力机关权责是否一致
			利益分配是否合理
			主体之间能否平等对待
		完备性	立法是否符合地方立法体系
			规则与规则之间是否协调
			规则与原则之间是否协调
			规则及原则与整部法规是否协调
			立法机制是否完善
		技术性	外部结构技术是否合理
			内部表达技术是否合理
			除外规则与兜底条款是否合理
			法条逻辑是否清晰
			重复立法、模仿立法条文占比
		可操作性	调整对象是否明确
			调整行为是否明确
			象征性条款占比程度

续表

维度	基本标准	一级指标	二级指标
事实	实效标准	特色性	是否对本地方问题予以规制
			是否符合地方实际
			立法体例是否创新
			与上位法的重复率
			与其他地方立法的相似度
		效率性	运行成本与所获收益的比例关系是否适度(成本与收益的差值)
			对经济、社会、环境等方面的影响程度
			纠纷解决效率的提高程度
		效益性	法规的实施是否达到预期目标
			法规与社会公德、价值观的契合度
			民众对行政规制的可接受程度(重点在经济成本)
		满意度	立法机关的自我认可度
			执法、司法机关对法规的满意度
			公众满意度(注重情境式考察)

注:本指标体系只是在宏观层面上的设计,在实践中,各地方可以此为基础,建立更微观的评估指标。

(一)价值标准

价值标准在立法评估中起主导作用,是评估者对立法质量和效果进行优劣判断的核心准则,其既体现了法本身的价值及所现实的目的价值,也反映了评估者的信念、理想和追求。立法的价值标准是指法满足人的需要的积极意义或法的有用性,主要考虑的是立法所应当追求的应然层面的问题。当然,对于某一法规,不同的评估主体会有不同的评估标准,统一且具体的评估尺度并不能让每个主体所遵守;但是,"我们不能因为这样的缘故,就必须把法律秩序搁在一边,直到完成这一不可能完成的任务为止"。[1] 在对地方立法质量进行评估时,其重点在于考察地方性法规是否坚持了社会公正的原则,是否有利于社会生产力的发展,是否满足大多数人的利益同时兼顾少数人的利益。

作为地方立法质量评估指标,价值标准应具有全面性和针对性,满足不同层次的内涵结构,适应不同情况的需要。对此,在结合特定的历史与现实、社会与经济、文化与伦理等基础之上,价值标准应尽可能地整合价值需求,促进社会公共利益的实现,做到评估的客观、可量化和可操作性。具体来讲,价值标准主要分为传统的法律价值和新发展理念下的价值。

首先,传统的价值主要包括自由、正义、秩序、效率,这只是核心的概括。法与自由密不可分,法是促进自由实现的手段,而自由又必须在法治框架内方能实现。在现实中,最主要的表现为"法不禁止即自由"。正义是人类永恒的追求,也是所有法规范所要实现的重要价值。法治理论下的正义涵盖法律正义与个人正义、分配正义和矫正正义、形式正义与社会正义。秩序与法相伴而生,一切法的要义就是确立和维护社会的秩序;公平是指法规实施后,与之相关的社会利益、资源公平分配的程度。法的多个价值之间关系密切,偏废其一都会损害整体价值的实现。当然,不同价值之间是有所区别的,需要根据具体的法规内容进行适当调整。一般而言,秩序较为容易满足,这也是地方立法实现的主要的价值,但是秩序价值的实现需要以正义、自由为基础和目标,不能因维护社会秩序而牺牲人民的利益。例如,对于城市房屋拆迁的立法评估,既要注重房屋拆迁的效率,确保社会秩序,也要维护当事人的合法权益。当然,当事人应该基于合理需求维护自身利益,不能妨害公共秩序的实现。

其次,社会主义核心价值观的要求。社会的主流价值决定着社

---

[1] [美]罗斯科·庞德:《通过法律的社会控制》,沈宗灵译,商务印书馆2010年版,第65页。

会文明的发展方向。党的十八大报告从国家、社会、个人三个层面总结出核心价值观的要求,随后中共中央进一步要求将其融入我国的法治建设。地方立法融入社会主义核心价值观是"完善弘扬社会主义核心价值观的法律政策体系"的客观要求,是我国法治建设由过往形式法治走向"良法善治"的逻辑必然。[1] 因此,地方立法质量评估理应包含核心价值观所体现的价值标准。一方面,地方性法规以权利义务为主要内容,既可以对个人行为发挥指引、评估和预测功能,又可以分配社会利益、实施社会管理、调整社会冲突。[2] 要充分发挥社会主义核心价值观在地方性法规的评估作用,既需要评判在立法目的、立法原则中发挥的宣示作用,又需要在具体的规则中去找寻将价值内容转化为规范语言的具体表达方式。另一方面,社会主义核心价值观是社会主义核心价值体系的高度凝练和集中表达,是我们党凝聚全党全社会价值共识作出的重要论断。[3] 而法治认同是一个连续的动态过程,蕴含着社会主体对于公平正义、权利保护、权力制约以及利益实现等多方面的重叠认识,遵循"认知—评估—行为"的生成路径。而个体价值观的不同,很容易形成混乱无序的评估局面。基于不同社会主体的价值差异,社会主义核心价值观可以为立法评估提供具体的价值标准。

最后,新发展理念下的价值。2015年10月,习近平总书记在关于《中共中央关于制定国民经济和社会发展第十三个五年规划的建议》的说明中指出:发展理念是发展行动的先导,是管全局、管根本、管方向、管长远的东西,是发展思路、发展方向、发展着力点的集中体

---

[1] 参见肖北庚:《在行政立法中全面弘扬社会主义核心价值观》,载《求索》2021年第1期。

[2] 参见付子堂、李东:《社会主义核心价值观融入地方立法的优化路径——基于299部地方性法规的实证分析》,载《山东大学学报(哲学社会科学版)》2021年第2期。

[3] 参见《中共中央办公厅印发〈关于培育和践行社会主义核心价值观的意见〉》,载《中国文化报》2013年12月25日,第1版。

现。[1] 随后习近平总书记在党的十八届五中全会第二次会议上提出了创新、协调、绿色、开放、共享的新发展理念。其中，创新发展解决的是发展动力问题，协调注重解决发展不平衡问题，共享发展解决的是社会公平正义问题。在新发展理念的基础上，本课题提出了生产力指标、社会公平正义指标。此外，党的十六届三中全会指出，要"坚持以人为本，树立全面、协调、可持续的发展观，促进经济社会和人的全面发展"；党的十九大报告指出，我国社会主要矛盾已经转化为人民日益增长的美好生活需要和不平衡不充分的发展之间的矛盾。对此，总结出地方立法的另一个价值，促进人的全面发展。《法治中国建设规划（2020—2025）》指出，要坚持以人民为中心，确保人民群众在每一项法律制度中感受到公平正义，从而促进人的全面发展。此外，基于地方的特殊性，在促进经济发展、保障人民权益的同时也能够促进社会的和谐与进步，保障本地区的发展水平。于是，可得出有利于提升本地的发展水平、促进平安社会建设的评估指标。

（二）规范标准

规范标准侧重于形式标准，主要从法的形式层面加以衡量，但并非局限于技术标准。当然，规范并非静态的，因为法律的功能需要通过现实中执法、司法的适用加以实现。法律规则也不一定是法规范体系中明确的法律条文，也有可能是法学家根据法规范背后的功能所抽象出来的一种逻辑形式。这种逻辑在法规范中至关重要，如规则与规则之间、规则与原则之间、规则与整个法规之间是具有层次关系的。因此，法律作用的发挥，需要在整体法秩序下，依据一定的准则或标准将规范具体化为独立的、完整的单位，并根据价值需求抽离出核心要点，之后针对每一个具体行为环境，给出人们在此环境中"应当"的行为模式。这便是抽象的规范到具体规则实现的过程，也是规范标准得以具体化的体现。实证分析法学派的主要代表人物如

---

[1] 习近平：《关于〈中共中央关于制定国民经济和社会发展第十三个五年规划的建议〉的说明》，载《人民日报》2015年11月4日，第2版。

奥斯丁、凯尔森、哈特等都将规则作为认识法规范的起点。法律规则有严格的遵循结构，即行为模式—法律后果。行为人通过行为模式和后果，即可根据预测安排自己的行为，进而作出符合法律秩序的安排。根据规则类型的不同，可以分为授权性规则和义务性规则，如《北京市生活垃圾管理条例》第 22 条规定，任何单位和个人不得擅自拆除、迁移、改建、停用生活垃圾集中收集、转运、处理设施或者改变其用途。法律是"一个规范的体系，是一个可以用规范的语句表述的有意义的内容"，因此，规范标准侧重于立法文本。

规范标准是对立法文本进行评估所依据的准则，这主要是从内在参与者的立场出发，以地方立法所规定的概念、规则和原则为内容，遵循的是以立法规范性、体系性及其功能发挥的规范路径。按照法治的基本要求，对地方立法的认知不能离开文本进行空泛的探寻。遵循这种内部视角，需要秉持规范法学立场，尊重法律的权威，从而在法的适用过程中排除执法机关、司法机关的质疑。作为法律评估或者解决纠纷的工具，地方立法能够实现对社会关系的调整，以为社会公众提供规范性指引。对此，将规范性标准分为合法性、合理性、技术性、完备性、可操作性。

第一，合法性。现代法治最基本的要求就是立法实体和立法程序要求，符合"法律保留""法律优位""不抵触"等法定原则，坚持依法立法原则，其具体表现为立法主体、立法依据、立法程序合法。我国的《立法法》对地方立法的主体、内容进行了规定，评估地方立法的合法性需要以此为基础。第二，合理性。由于地方立法涉及行政管理的法规居多，必然涉及公权力的限制与私权利的保障问题。葛洪义教授指出，任何对于公权力运作制度的完整评估必然包含合法与合理的二维准则。[1] 地方立法质量评估的对象包含文本和运作，设立合理性标准是立法质量评估的题中之义。合理性标准除了能够

---

[1] 参见葛洪义等：《我国地方法制建设理论与实践研究》，经济科学出版社 2012 年版，第 60 页。

补充矫正合法性标准外,其最主要指向创制性立法,用以防止在无上位法的基础上产生劣法。第三,完备性。立法的完备性是衡量地方法律体系有法可依程度的指标。一般来讲,立法完备性是指整个法律体系的完备性和立法机制的完备性。但在地方立法层面,也需要考量立法是否符合地方性法规体系,是否与既有的法规相冲突或相协调。第四,技术性。改革开放以来,在"粗放型立法"的理念下,法律规范的内容不够具体,容易产生"有法无治"的状况。随着全面深化改革的需要,精细化立法已经成为重要的理念并逐渐发展。未来法治的进化需要依靠精细的立法技术,从而实现善治。

(三)实效标准

现实善治的根源在于良好法律的制定,而法律的生命在于实施,只有制定出来的法律转化为人们对权利义务的实际操守,才能实现"良法善治"。法律实施的效果需要在现实中得到预测和检验,这便是法律由"应然"效力向"实然"效果的转化过程。这种"实然"的法律效果便是法律实效,即一国的成文法或制定法所规定的权利义务在现实中履行的实际状况,其实质在于表现法律所运行的实在状态。用凯尔森的话说:"所谓实效是人们实际行为的一种特性,主要指人们的实际行为符合法律规范。"[1]法律的实效性,在总体上保持了每个法律规则的有效性。"规范只能在属于一个规范体系、属于一个就其整个来说是有实效的秩序的条件下,才被认为是有效力的。"[2]这种规范效力的基础,就是我们所认为的法律权威。法的效力和法的实效是辩证统一的关系:法的效力体现了成文法的静止性,而法的实效体现了法律运行的动态过程;法的实效是法的效力的应然表达,是法的效力在现实中的具体表现。一定程度上讲,法律效力是在抽象层面上对规则精神的表达,而法律实效代表着法律效力在实践中具体展开的现实性,只有当法律效力转化为法律实效时,才能摆脱其

---

[1] [奥]凯尔森:《法与国家的一般理论》,沈宗灵译,商务印书馆2013年版,第32页。
[2] [奥]凯尔森:《法与国家的一般理论》,沈宗灵译,商务印书馆2013年版,第54页。

规范层面所形成的法律权威,进而对其衡量。

《法治中国建设规划(2020—2025)》明确指出要突出地方特色和针对性、实效性。因此针对地方立法实效性的检验,主要设立了以下几个标准:第一,特色性。主要分为地方特色是否突出、是否符合本地方的实际需求、是否存在重复上位法的情况、是否具有前瞻性,其能够反映社会的发展需要。第二,效益性。作为一种公共产品,立法是否有效需要关注效率、效益、效能的实现。因为立法是需要成本投入的,其最终取得的收益需要得到检测。对此,根据成本—收益的比值,来判定立法效果的实现情况。第三,满意度测量。此处的满意度测量主要是根据执法机关、司法机关以及公众这三类主体进行评估。其中,执法和司法是法律效力得到切实执行的必要环节和实现途径。正如阿尔夫·罗斯所言:"有关一项法规有效的定论,是就司法判决者的行为态度而言的。那些规范之所以有效——在执法官员的心目中的确起到了影响作用并在解决法律争议时得到了适用,乃是因为执法官员认为这些规范具有社会约束力。"[1]因此,立法的有效性需要通过执法机关和司法机关在现实中的适用得以实现,是否具有可操作性是其体现。除此之外,公众的评估认知也至关重要。受自身知识的局限,公众对于立法的认知主要源于现实中的执法和司法。因此,设立指标时,需要在特定的情境下对公众的认知加以观测,而非只是简单地进行问卷调查或者访谈。当然,该指标涉及了立法机关自我认知的情况,这是为了保证评估的全面性,通过对比立法机关的自评与外部主体的他评之间的差距,来判断法的实现情况。

总之,以价值、规范、事实层面设计的指标体系只是评估立法质量的一个视角,且诸多的二级指标仍旧需要进一步细化才更具有可操作性(见表6-2)。例如,基于不同地方的经济、环境等因素,地方立法如何充分体现地方特色仍旧需要深入探讨。

---

[1] [美]E.博登海默:《法理学:法律哲学与法律方法》,邓正来译,中国政法大学出版社2004年版,第333页。

第七章　地方立法质量评估回应机制的实践路径

> 每一个政治规章和经济规章所应注意的立法目的应该是增进社会的最大幸福,也就是社会上大多数人的最大幸福。任何以此为目的而从事于制定政治和经济的规章制度的人都应该具有一个主要条件……就是这些规章的制定者必须对于社会,也就是说,对于在这些规章管理之下的那些社会上大多数人,怀有同情、胞与为怀的感情和利益的一致。*
>
> ——[英]威廉·汤普逊

第一节　地方立法质量评估结果回应机制的内涵与价值

在地方立法质量评估中,评估主体对地方立法的评估结果应当以书面评估报告的形式呈现,并由有权国家机关或者部门审核确认。那么,对于评估报告,享有法定回应权或者推定回应权机关部门应当如何回应?何种回应方式或者回应内容才符合评估制度设立之初

---

* [英]威廉·汤普逊:《最能促进人类幸福的财富分配原理的研究》,何慕李译,商务印书馆1986年版,第174页。

衷？此为评估结果回应机制之核心所在。完善的、完整的地方立法后评估制度理应内含评估结果回应机制，程序与实践中对回应机制的双重保障方可实现地方立法后评估制度的形式目的价值与实际结果价值的统一。因此，地方立法质量评估结果回应机制理应得到重视。

一、评估结果回应的提出与含义

正如吉尔兹所言："法学与民族志，一如航行术、园艺、政治和诗歌，都是具有地方性意义的技艺，因为他们的运作凭靠的乃是地方性知识。"[1]法律的地方性知识属性决定了围绕法律展开的法治动态运作亦是一种地方性知识，因此必须结合中国自身的体制结构特征、法律文化特征和公民意识状态对之作出调整，否则就会导致法治评估及其回应机制的形同虚设。本书所涉立法系最普遍意义上的常规性立法，一般地方性立法活动既要贯彻落实宪法、法律与其他上位法的基本原则与精神，又要以当地实际发展需要为基础，因而各地经济、地理与人文情况的差异导致制定的法规与规章迥异不一，具有极强的比较研究意义与借鉴价值。

（一）地方立法后评估回应在我国的提出

2000年安徽省政府法制办对部分规章的实践效果评估在一定意义上创造了立法后评估制度的开端。2008年，"立法后评估"被全国人大常委会写入工作总结报告。2012年后，广州、南京等地亦出台地方立法评估办法[2]；2015年，立法后评估制度以明文规范的形式在《立法法》中得以确定。随着社会发展的日益复杂多变与理论的不断深入发展，立法后评估也被赋予了多层内涵，但无论何种解读与阐释，外在形式上总以评估报告的形成作为体现之结果。评估报

---

[1] [美]克利福德·吉尔兹：《地方性知识：阐释人类学论文集》，王海龙、张家瑄译，中央编译出版社2000年版，第222~296页。
[2] 2012年10月1日施行的《广州市人大常委会立法后评估办法》；2013年6月18日颁布的《南京市人大常委会立法后评估办法》。

告中一般囊括：评估工作的始末，文本质量如何，贯彻执行的效果几何，执法问题之体现，相应的原因分析与修改完善等内容，为地方立法的变动提供了充分的依据。由此，滋生于实践的地方立法后评估之一般性的衍生价值的重要性大于概念基准的一致性，衍生价值又可被视为"二次立法"[1]，或"立法回头看"[2]。

相较于立法后评估的整体性研究，受还原主义影响，可依次拆解为中央立法后评估和地方立法后评估两个层面，任一层面下的评估按照横向逻辑应包含主体要素、客体要素、方法要素、结果及应用要素与监督要素等。本书集中探讨研究结果及应用反馈机制要素，通过回应机制的制度建设与实践样态，重构起立法与评估之间的良性沟通模式，以促法治发展。"回应作为公共管理责任的内涵概念之一，系政府为应对公众诉求而作出回应，表现为超一般反应的行为。"[3]文义学下，回应即回答与反应；在管理学背景与社会治理框架下，回应即权力机关对问题的分析与解决。现代政治体制的快速发展变革主张将拥有决策权之公共权力逐渐回归到社会群体中去，其意味着势必要加强公民参与治理与决策的广泛性，此中之"回应"是指"在特定的社会结构中，多元主体基于对相同利益的诉求，展开互相的认同、内化和实践的过程"[4]。也就是说，回应发生于数个主体之间，包含提出要求的一方主体，以及对要求及时作出回应的另一方主体，提出要求与作出回应是一个相互对应的过程。评估结果回应机制中则是以回应主体和人民群众作为诉求与回应主体。

立法质量评估结果外在客观表现为立法后评估报告，通过对立法实施效果的描述，发现并且分析立法中存在的问题，同时以问题为

---

[1] 俞荣根、刘艺：《地方性法规质量评估的理论意义与实践难题》，载《华中科技大学学报（社会科学版）》2010年第3期。

[2] 汪全胜等：《立法后评估研究》，人民出版社2012年版，第39页。

[3] [美]格罗弗·斯塔林：《公共部门管理》，陈宪等译，上海译文出版社2003年版，第132页。

[4] 戚攻：《社会转型·社会治理·社会回应机制链》，载《西南师范大学学报》2006年第6期。

导向提出相对应的解决建议。针对立法质量评估结果的回应是指特定的回应主体对评估报告中的意见与要求作出相关回应,基于回应机关性质的差异性,又可以分为"立法机关的回应"和"政府回应"。政府回应系政府在塑造服务型政府角色的过程中,作为公权力提供服务的一方,积极地回复公众的需求和解决公众的问题。"公权力机构及其工作人员应当回应及时,对公民的询问意见和政策疑惑等问题应当主动和定期解决,无特殊与正当事由不得消极处理,包括拖延甚至不做回复。"[1]地方立法后评估亦是如此。相较于立法评估,地方立法后评估将范围限缩在省域范围或者市域范围内的法规或者规章中,对其实施过程以及实施结果进行总结与检视,包括立法目的是否实现,制度的程序价值是否具备合理性与可行性,实体价值的实现是否符合预期,是否可对当前之立法进行全面、科学的审查,从而对法规与规章的立法变更活动提供可靠的依据。"以所示项目结果的可得客观信息为基础分析,扩大具备优异结果的项目预算与增加科学规划,缩减产生负面影响的项目运行成本。"[2]

(二)地方立法质量评估与回应

地方立法质量评估结果回应的基本含义以地方立法后评估为基础并衍生于其中,同时要求明确地方立法质量评估结果回应性质的分析。对其性质的分析,可从以下两个角度进行推敲与阐述。

第一种从内部角度进行审视。地方立法质量评估结果回应隶属于权力的自省。地方立法后评估此时被视作立法的后续工作,立法工作(地方性法规与规章)的结束并不以制定、颁布与施行作为终点,在其施行过程中,总应当存在某权力机关对法律实施现状进行的诸多效益评估、目的评估或者价值衡量。依据权力机关的不同,又可分为政府回应,或者立法机关的自省回应。

---

[1] 何祖坤:《关注政府回应》,载《中国行政管理》2000年第7期。
[2] [美]詹姆斯·W.费斯勒、[美]唐纳德·F.凯特尔:《行政过程的政治:公共行政学新论》,陈振明、朱芳芳等译,中国人民大学出版社2002年版,第313页。

当地方立法后评估对象为地方人大常委会之地方性法规时,对于其进行的评估并且针对其结果进行的评估回应为地方立法机关的回应,这可被视为地方立法的后续工作,即通过内部的评估促进立法的改进与完善。当地方立法后评估对象为地方政府制定之规章时,对其评估结果完成的回应可称为政府回应,由地方政府根据评估结果对规章进行修改或者废除。

第二种从外部视角进行监督。地方立法质量评估结果回应为权力监督,也即立法监督。地方立法后评估视为对地方立法的监督,狭义的地方立法活动终止于地方立法之颁布与实施,立法后评估通过定性与定量结合的研究方式对地方立法的实施过程与实施效果进行监督,从而促使地方立法进行修改或者废除等活动。

通过以上对比,我们更倾向于从内部角度进行审视,将地方立法质量评估结果回应视为权力的自省,评估本应当为立法的后备工作,对评估结果的回应是促进立法更精进的必备步骤,是应有之义。

综上所述,地方立法质量评估结果回应机制可参考为:特定的国家机关在评估活动结束后对于地方立法后评估报告中反映的问题与提出的建议作出回应的过程。地方立法后评估回应机制起于法规与规章运行的法治实践,评估机关将法规与规章的基本运行、实施效果包括社会效益与经济效益等、群众诉求进行综合评估,进而提出问题与建议,以此为基础对法规与规章进行制定、修改和废除。

(三)评估结果回应机制的构成要件

地方立法质量评估结果回应机制的构成要素,可以两种机制进行构建:一种是横向维度的五要素构成机制;另一种是纵向维度的三要素构成机制。

第一种即横向维度的五要素构成机制:可以从回应机制的主体要素、客体要素、行为要素、结果要素和监督要素出发。五个要素是一种平面式的封闭结构,并非截然可分的关系,内部多存在一种依存关系(见图7-1)。

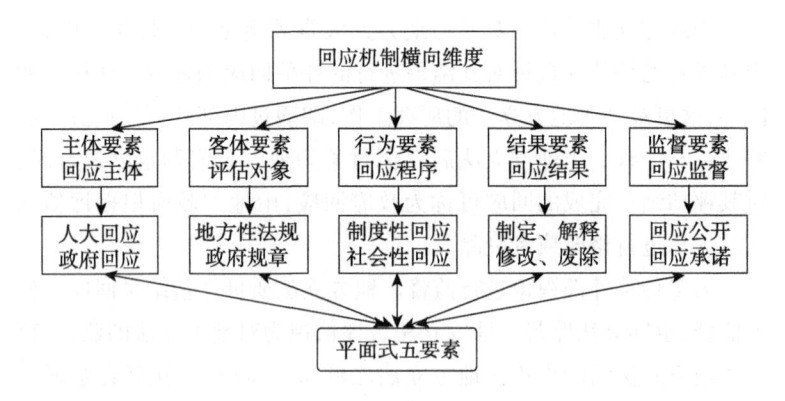

```
                    回应机制横向维度
         ┌────────┬────────┼────────┬────────┐
      主体要素   客体要素   行为要素   结果要素   监督要素
      回应主体   评估对象   回应程序   回应结果   回应监督
         │        │        │        │        │
      人大回应  地方性法规  制度性回应  制定、解释  回应公开
      政府回应  政府规章   社会性回应  修改、废除  回应承诺
         └────────┴────────┼────────┴────────┘
                      平面式五要素
```

图7-1 回应机制横向维度

一是主体要素也即回应主体。回应主体系在地方立法后评估形成评估报告之后，针对评估报告的问题诉求与建议作出回应的主体。地方立法后评估中，可以认定其存在三类主体：评估决策主体、评估实施主体和评估参与主体。相对而言，评估结果回应的主体因回应的内容不同可存在两类：一类是针对地方性法规所出现的回应主体，也即地方人大及其常委会。地方人大及其常委会作为地方性法规的制定主体，其具有对地方性法规的评估结果进行合理有效回应的义务——以地方性法规评估报告为基本，开展地方立法的修改、解释和废除等程序。另一类就是针对地方政府规章所出现的回应主体，也即地方政府。地方政府作为地方政府规章的制定主体以及地方性立法的实施执行主体，更容易针对地方政府规章以及执行之立法的评估结果做出相关回应，其能够结合地方性立法实施中出现的问题与评估结果建议，对地方政府规章和法的执行作出相应改变。

二是回应机制的客体要素为地方立法后评估的对象，具体为地方性法规和政府规章。回应机制本身为地方立法后评估的最后环节，地方立法后评估的对象当然为回应机制的客体。地方立法主体开始逐渐拥有更加明确的地方立法权，地方立法数量更是不断增加，量的增加必然要求提高质的水准。无出其右，地方立法后评估成为提高地方立法质量的必要手段，评估结果的回应更是地方立法后评估的重要环节,因此回应机制的客体即为地方立法后评估的对象。

三是回应机制的行为要素:回应主体针对评估报告内容所进行的回应行为。以评估结果为基础,根据评估结果中呈现的问题与参考建议,参考评估报告的效力几何,并对地方立法提出建议(立法建议或者修改议案),同时决定是否需要进入制定或者修改法律的一般程序。依据回应内容的客观规范化程度,作出回应行为所需时间的长短,回应的终局性结果所引起的社会变化等方面,可以将回应分为制度化程序和非制度化程序,[1]即制度性回应与社会性回应。

四是回应机制的结果要素:回应主体按照法定程序,根据评估报告对评估对象采取的制定、修改、废除等变动结果。"制定"结果是指为了被评估对象具备有效的执行依据,回应主体依照法定程序制定同类型或同名新法或制定配套制度等规范性文件的情形。"修改"结果为回应主体根据法定程序对现行地方性法规与政府规章的部分内容进行变动的行为,主要倾向适用于需要进一步改变的地方性法规和政府规章,以评估报告为基础进行调整与完善。"废除"结果为回应主体根据法定程序通知有权机关对现行的地方性法规与规章进行清理,使其失去法的效力等行为,一般发生在地方性法规与政府规章实施所得社会效果不符合立法预期目的,或者社会客观环境发生重大变化,法的调整对象消失,地方立法意欲解决之社会问题已经消弭等情形下。

五是回应机制的监督要素:回应监督是评估结果回应的重要环节,在现代社会治理框架下可有效应对低效回应、不回应等消极回应行为。回应监督一般以回应公开或者回应承诺的形式外在化权利行使。一方面,回应的主体、过程、评估结果和回应结果应当主动进行公开,社会公众及相关利益者可依法知晓、预判如何对评估结果的有效回应进行监督;另一方面,回应主体对评估报告中的相关问题与建议可向公众公告将于特定时间内作出有效回应。

---

[1] 参见戚攻:《论"回应"范式》,载《社会科学研究》2006年第4期。

第二种为纵向维度的三要素构成机制,即从回应机制发生的逻辑思维考量,可分为评估报告的有效性,回应的可选择性,回应结果的有责性三个要素。三个要素反映的是评估结果回应机制的思维逻辑过程,具有递进式的逻辑性(见图7-2)。

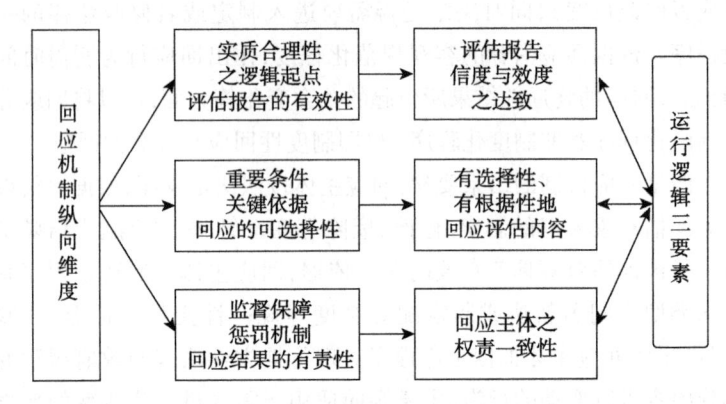

```
回应机制纵向维度
├─ 实质合理性之逻辑起点  评估报告的有效性 → 评估报告信度与效度之达致
├─ 重要条件 关键依据 回应的可选择性 → 有选择性、有根据性地回应评估内容
└─ 监督保障 惩罚机制 回应结果的有责性 → 回应主体之权责一致性
                                                    → 运行逻辑三要素
```

图7-2　回应机制纵向维度

评估报告的有效性,是指评估报告可作为评估结果回应机制实质性启动的前提性条件。由地方立法后评估所得之评估报告同时具备形式合理性与实质合理性,也就是具有效度与信度,同时具备准确的可操作性等特点。评估报告的有效性是回应机制实质合理性触发的基准条件,是机制运行的逻辑起点。

回应的可选择性,是指依据地方立法后评估所得出的评估报告,由回应决策机关根据地方立法的具体变动条件与实际执行情况,以及考量评估报告的实质合理性,根据评估报告中的立法建议合理性与否有选择性、有根据地进行评估回应。回应的可选择性是回应机制能否顺利运行的重要条件与关键依据。

回应结果的有责性,是指回应主体(机关)的权责一致性,既享有根据评估报告作出回应的权力,同时也对回应结果承担责任,若发生回应缺乏或者回应消极等负相关回应的情形导致评估流于形式,回应主体应当承担责任。回应结果的有责性是回应机制逻辑中的监督与惩罚机制。

通过对以上构成机制要素的分析,第一种五要素构成要件机制相比较而言系统化地实现了回应机制的运行程序与实践结果的统一性,符合辩证唯物主义下的平面化构置。第二种三要素构成机制比较客观地体现了回应机制的逻辑演变过程,更加符合回应机制的运行逻辑。我们在对评估结果回应制度分析与完善时采取以五要素构成机制为基础,参考三要素中的回应机制之发展运行逻辑,从横向与纵向双维保证具体化落实评估结果回应机制,实现评估之形式目的与实质目的统一,促进地方立法质量有效提升。

(四)评估结果回应机制的运行原理

良法是善治之前提,建设中国特色社会主义法治体系,必须坚持立法先行,发挥立法的引领和推动作用,抓住提高立法质量这个关键。相应地,"回应性是善治的基本要素之一,回应性越大,那么善治的程度就越高"。[1] 地方立法质量评估结果回应机制中在应然意义上具备回应性,并且一以贯之。

地方立法质量评估结果是对地方立法本身以及地方立法实施效果的综合评估,在一定程度上有效地反映了地方法治的实践。地方立法质量评估结果回应机制更是可以将评估理论结果与地方法治实践有效联系结合,遵循"实践—理论—再实践"的基本流程,先从地方法治实践中探寻地方立法后评估的结果,继而根据相关理论对评估结果进行理论分析与探讨,通过回应机制将评估结果反馈至地方立法实践。评估机制的创制与回应突破了传统的压制型法与现行自治型法,其结合回应型法的特点,逐步实现评估目的,从而追求地方立法后评估的应然价值和实然价值的统一。

在价值多元、矛盾多样的现代社会中,法律作为一个有机体,主动理性地回应社会需求,重整社会秩序,推动建立法治社会,不断地

---

[1] 俞可平:《权利政治与公益政治——当代西方政治哲学评析》,社会科学文献出版社2000年版,第118~119页。

消弭社会危机,由此可见,回应型法正当其时。一脉相承于压制型法与自治型法的正向功能,回应型法主动地寻求法律与政治的平衡关系,以应对处理社会的诉求。回应型法背景下,法治是以宪法为根基的规范化制度体系而非抽象性存在,[1]可以自身规范作矩尺反思审视当下制度模式与发展现状,并以诉求为导向重整制度安排,缓和社会矛盾,重解事实规范关系。[2]回应型法在处理社会诉求时,既可以实现自我的发展与改革,又可以在社会转型中凭借灵活的调和能力重新型构良好的社会秩序,这也在无意中实现了法律的权威。[3]

回应型法将突破机械性的程序正义,转向交涉性的程序正义,使评估结果回应机制突破固有的回应形式与僵化问题。地方立法后评估不再以评估结果或者形式上的结果回应为终结,其突破现有封闭断层状态——评估结果回应机制真正成为联系地方立法后评估和地方立法质量的桥梁,该机制通过不断地调整既有的评估制度方法和方略,促进评估结果反映之问题在时下立法体制内得以合理解决。此种理念与主张在内含共通性目标的前提下,偏向回应社会之重要发展基础——法律现实主义,同时追求在法律中融合更多以社会实践事实为基础的理性与系统性。

"世易时移,变法宜矣。"回应型法不断地回应变化的社会需求,积极地调整社会关系,充分凝聚出一种协商共识;在推动社会治理架构发展与完善的背景下,以反思社会与解决社会问题为己任。地方立法后评估带有明确的目的性——发现并解决地方立法问题,提升地方立法质量,促进地方法治实践良性发展。同理,地方立法质量评估结果回应机制通过程序的设定,对评估结果进行审查,并且及时有效地作出相关回应,依据评估实践为省域和市域的现代化治理积累

---

[1]参见刘静坤:《回应型法与法治的构建》,载《人民法院报》2013年10月25日,第7版。
[2]参见萧燕雄:《中国传媒法制变革路径与国家治理能力的提升》,中国书籍出版社2019年版,第89页。
[3]参见姚建宗、王旭伟、侯学宾主编:《中国的司法:一般理论、政治功能与纠纷解决》,法律出版社2018年版,第64页。

经验。

在上述背景下,更不难发现,地方立法质量评估结果回应机制同时包含制度性进路和价值性进路,非单一性的发展模式实现了对规则系统和行动结构的兼容,既符合建构唯理主义,又满足进化理性主义。地方立法质量评估结果回应机制建立在遵循建构唯理主义的情形下,符合建构式进路;回应机制起源于政府工作绩效回应,同时借鉴与设立评估体系中的回应主体、回应程序与回应监督等内容组建了地方立法质量评估结果回应机制;另外,其又符合进化论理性主义,地方立法质量评估结果回应机制不是封闭自固的,既考量政府绩效回应机制原理与工作机制,又结合立法的一般性与地方立法的特殊性,理性构建基于评估特性的结果回应机制,不断地在社会治理现代化背景下缓慢进化发展,规则系统与社会治理实践相结合,行动结构逻辑更加符合社会动态形势变化。

溯源于立法体例中的评估结果回应机制,同时也脱胎于地方立法后评估,其理应构成评估体系的关键环节。评估结果回应机制起点始于评估结果报告,由法定的回应主体按照回应程序对其进行审视,采取"立、改、释和废"等措施,即要么对评估地方性法规进行修改,要么对评估对象进行废除,或以此为范,制定类似地方性法规或规章。将地方立法质量评估结果真正体现于地方立法实践,而非以立法后评估报告作为评估程序的终点,这既可避免地方立法后评估流于形式,杜绝立法资源的浪费,又可促进地方法治实践。

二、评估结果回应机制的理论基础

地方立法质量评估结果的回应机制的理论基础综合是在知识社会学产生的学科背景下,其契合时代大背景省域治理与市域治理现代化,深化了其中的理性主义分析;在回应型法论证模式下,该理论基础辨析进化理性主义和建构唯理主义,促进了地方立法质量评估结果回应机制的建立。

（一）回应机制的知识社会学背景

量化法治在全球化的背景下，逐渐以一种新时代下普遍的数据价值席卷各国，量化的经验与实践更是如同巨浪一般涌向我国法治建设道路，激起了如余杭法治评估、香港法治评估等在内的多地法治实践，呈现出"遍地开花"态势。法治评估作为衡量不同地域之间法治发展与进步的重要标尺，在充分利用可量化之数据的基础上，结合定性方法赋予法治价值以一般化探析，以期通过法治评估指标评判分析法治实践。地方法治评估"标尺"得以实现勘验与检测的关键联结点即评估结果回应机制。地方立法后评估以检验和实现地方立法质量为前提，评估结果回应机制是将评估实践与地方立法实践联系的关键桥梁。

对"地方立法"的相关内容通过社会学研究方法进行概念操作化，是地方立法质量评估结果形成的根本方法与关键步骤。所谓概念操作化即是在界定明确概念的适用范围的基础上，用反映人们思想与特征的可具体观察和测量的具象指标，去观察研究抽象的社会结构和制度模式。[1] 量化指标构筑了一种新的权力确证方式，即通过对知识的认识与掌握，以之为手段再认识传统知识模型下的非理性世界，包含对理想社会的拆解与再次量化重构，内化了秩序、简化和评估的功能。在量化指标下的评估运动中，定量的评估方法将法治内涵价值简易化、可统计化，公众由此可以非专业化的术语重新认识法的价值与内涵。随着社会发展的变化，新知识不断地扩大内涵与强化运用，自然而然地刺激了新技术的产生，形成了以新知识为主的"技术—知识—技术"的知识社会性时代。现代化治理格局在知识与技术的转化互促发展中不断发展与改革，技术的爆炸性发展也成为隔离过去与现在的不可逾越的天堑。[2]

---

[1] 参见邓伟志主编：《社会学辞典》，上海辞书出版社2009年版，第245页。
[2] 参见[加拿大]尼科·斯特尔：《知识社会》，殷晓蓉译，上海译文出版社1998年版，第22页。

在知识社会学角度下,法治量化指数是认识研究当代社会现象的一种技术性工具,其改变了传统的经验性观点。由于在社会系统性结构模式下的理性文化与心理结构掺杂共生发展,对社会生活体验与观察不断融入新的知识与观点,总体知识量持续增长,互促互进下的法治量化指数与评估结果回应制度俨然成为衡量社会进步与否的重要标尺,更多难以量化的概念与价值逐渐转为可统计量化的指标数据,[1]由此引发的法治评估与法治实践发生强烈的化学反应,量化基础上的地方立法质量评估结果科学全面地反映出地方立法的缺陷与不足,回应机制作为连接桥梁也在不断促进地方立法的改良与完善。

事实上,对现代社会中的诸多领域进行评估,而后依据评估结果进行反馈回应已非罕见。比如工程质量评估的回应与重建,政府绩效评估的回应与改革,皆依赖于最重要技术因素的可靠性,基于数学、统计学和理性模式下精准试验的自然科学的特点,最终造就了资本主义的理想形态与现代状态。[2]在经济全球化的背景下,资本管理模式与技术逐渐融入国家现代化治理体系,使我国社会分工日益精细化与技术化;数据驱动管理已逐渐成为科层制管理模式下的主要工作方式和基本要求:以数据分析结果为根据制定政策与法规,评估规范性文件的执行效果与社会效果,并以评估结果为依据,对评估对象与评估内容进行修改。目前我国发展趋势已经是知识与社会的深度融合,并且在先进的科学技术管理和服务型社会的建设理念下,理解社会即是知识的产出与输入的循环过程。换言之,法治评估就是向社会输送"法治"内涵知识、深刻了解"法治"实践的知识。从知识与量化数据层面重新建构地方立法实践,既要知晓社会结构下地方立法的基本结构与表征,还需明确地方立法与社会现实的互动实

---

[1] 参见张永和主编:《社会中的法理》(第10卷),法律出版社2018年版,第70页。
[2] 参见[德]马克斯·韦伯:《新教伦理与资本主义精神》,马奇炎、陈婧译,北京大学出版社2012年版,第14~15页。

践。地方立法从立法准备之初、立法过程到立法质量评估结果反馈皆与社会现实相联系和呼应,以期通过诸多形式的互动回应机制最大程度实现地方立法的预期目的。

知识社会学的建构主义倾向并非是单纯的建构唯理主义,它不是仅依靠人类主体所称的理性主义与思想建构组成,而是蕴含着进化理性主义,需要在社会与个体之间完成互动与回应,其中自然包含了回应型法中的相关概念。

(二)反思理性主义下的回应型法论证理论

在知识社会学背景下,互动式的法治实践逐步成为法治的主要外在表现样态。法治的论证与发展经历了压制型法、自治型法和回应型法的三个发展阶段,[1]依据法律与社会的基本关系、法律与政治作为社会控制手段的融合,当前我国正处于自治型法阶段,在不断构建法律秩序的权威性与正统性,即通过法律的行使,约束政治权力,保证公民权利的行使,促进正义、平等、秩序等现代法治理念的实现。对法律的自治性与完整性的过分倚重,虽符合建构唯理主义下的法律社会系统的整体论与运行论,但它将政治、经济、文化和生态等非法律因素排除在外的纯粹法学主义倾向,很容易导致诸多压制因素的反弹,损害法律的权威,导致与应然价值相左的社会实践后果。

至此,不得不对当前理性主义进行反思,建构理性主义下的自洽而行的法治状态难以对社会的快速发展作出及时有效的回应,过于僵化和封闭的系统总是难以跳出法律与社会的单向型轨道,因此必须对回应型法的运作与实践作出考虑。

回应型法相较于压制型法和自治型法,更加主动地参与社会实践与回应社会需求。此时法治的存在以社会实践为依托,以社会发展需求为发展轨迹,来应对突出、亟待解决的社会问题,并通过具体

---

[1] 参见[美]诺内特、[美]塞尔兹尼克:《转变中的法律与社会:迈向回应型法》,张志铭译,中国政法大学出版社 2004 年版,第 43 页。

的解决方式调整矛盾冲突双方的权利义务关系,实现社会发展平衡。在结合定量分析与定性分析的基础上,针对地方立法中的文本质量问题与产生之社会实效问题,当前地方立法后评估需要一个链接机制作为桥梁将评估结果与地方立法实践结合起来,准确地说,就是将在地方立法中发现的问题,通过特定的程序予以回应到地方立法实践中,根据地方立法之目的与社会实践之需求,不断地调整其中的利益博弈与冲突,将问题的发现、回应与解决融于地方法治建设中,"解构—重构—再解构—再重构"的过程在社会发展变革中不断地重复进行,而对回应的灵活性与及时有效性的强调,也表明了当前问题的合理性与正当性。[1]

毫无疑问,评估指标的测量分析与评估数据的获得是地方立法后评估的中心,同时据此所得之评估报告结果更彰显了评估之核心价值,所以在评估结果回应机制的法律范式中,包含了大量以评估报告结果为基础的问题诉求,并以社会发展实践为根本的解决方法。地方立法后评估不断地反思地方立法实践,并以评估报告结果为参考依据,对地方立法实践作出有效回应。

(三)进化理性主义与建构唯理主义的辨析理论

在当前的中央与地方的分工制立法背景之下,地方事务的处理同时包含了建构论唯理主义和进化论理性主义的形式特点,随着法治实践的发展变化与社会发展,两种理性主义逐渐包含于回应型法治中,显示出一种融合性的特征。

中国的法治评估理论一直存在关于类型构造和进路选择的表征与建构之争,一方面主张中国的法治评估实践为独具特色的建构唯理主义;另一方面则坚持认为中国的法治评估实践既是舶来品,则必然是符合进化论理性主义而缺乏建构论唯理主义,但实则不然,广义上讲法治评估,狭义上包括的地方立法后评估,其制度性进路与价值性进路并非二元对立,而是具有同源同构的价值含义,是规则系统和

---

[1] 参见张志铭、于浩:《转型中国的法治化治理》,法律出版社2018年版,第93页。

行动结构的整合。

在世界范围内通过解构法治的基本理论构设与实践演变路径,一般表现为建构式和演进式。建构式多崇尚人之理性,主张以理性和智慧为价值基础重构基本法治;演进式以人之行动为根本驱动,理性的有限性与人的行为搭建起运行良好的制度。

"人生来就具有智识和道德的秉赋,这使人能够根据审慎思考而型构文明",以自然法理论与法律实证主义为基础,产生于建构论唯理主义下的社会秩序规则具有一元化特点,其主张人的理性具有无限性,形式法治高于实质法治,程序正义的位阶高于实体正义的位阶。地方立法后评估及其回应机制根据人的主观能动性设计评估机制,并且以人的主观能动性为前提,对评估结果进行针对性的回应,并且在回应体系中积极地回应缺陷和寻求解决问题的答案;评估程序与回应程序是保证评估结果科学、公正与回应结果及时、有效的重要保证,但非唯一保证,乃是充分不必要条件。但建构唯理主义将人之理性视为决定因素,模糊了国家、社会运行的基本原理,漠视了社会历史之发展规律,忽略了除程序正义以外的其他法治价值,轻视了社会实践的客观能动作用。

在进化理性主义下,社会结构的发展变化与社会制度的形成与发展基于人的行为结果,并非在遵从人的理性并且设计而出的结果,自生自发的社会秩序促进社会系统运行各种社会制度,社会系统的良好运行反向刺激社会秩序不断的自我发展与进化,内在构成要素的互相作用促进社会秩序不断地遵循变化中的社会规则。[1] 人的理性始终是有限的,社会系统与秩序的发展更倾向于以社会现实为基础,以发展实践为动因,因果机制不断地自生自发。但是仅靠此种进化理性主义,一般无法禁止权力的滥用,长时间的自发秩序会增加集体无意识的风险,理想状态下的可行性并未增加进化理性主义的

---

[1] See Roche George C. , *The Relevance of Friedrich A. Hayek*, New York University Press, 1976, p. 1 – 12.

现实可能性。

　　无论是建构论理性主义还是进化理性主义,在其指导衍生下,无论是法治发展的建构式模式还是演进型结构,都无法全面解释当前的中国法治实践,更无法阐明地方立法后评估及其回应机制。地方立法后评估作为中国法治与量化法治实践的缩影,兼备建构式与进化型的特点:一方面,在中央集权与地方分权的背景下,整个国家与地方的法治建设尤以重视法治话语体系建设的自主性与完备性,以国家权力为首的公权力建构模式将会有效地降低法治建设成本,加快国家法治建设进程。"当前中国法治实施中面临的拦路虎乃是规则意识的欠缺,这也是为何法治难以深入人心的主要症结。"[1]另一方面,因为建构模式存在易僵化属性,大规模的法规文本的现实运作总是保持应然效果与实然效果的一致性,导致权力走向内卷化状态,撕裂了传统规则内涵与现代法律发展之间的价值统一性,社会实践之诸多复杂样态无法一一体现并且反馈到法治实践。

　　因此,反思此二种理性主义,不能以一元观念视角待之,需凭借二象性思维辩证审视并且思虑其与地方立法后评估及其回应机制的内在关联,并以法律规则系统和社会行动结构的融合为视角,结合规则主义与结构主义,不断地调试建构与渐进,发掘隐藏于评估结果回应机制中的社会自治的作用,注重产生于社会规则系统中的内生秩序力量,充分发挥其在法治建设中应有的实效。

三、评估结果回应机制的价值导向

　　"价值这个普遍的概念是从人们对待满足他们需要的外界物的关系中产生的。"[2]通过拆解与剖析评估结果回应机制的相关含义、运行的多种理论基础等,不难发现,评估结果回应机制的价值实现涉

---

[1] 李亮:《法律体系到法治体系:从"建构理性主义"到"进化理性主义"——以中共十五大到十八届四中全会政治报告为分析基点》,载《甘肃政法学院学报》2014年第6期。
[2] [德]马克思、[德]恩格斯:《马克思恩格斯全集》(第19卷),中共中央马克思恩格斯列宁斯大林著作编译局,人民出版社2006年版,第406页。

及评估、地方立法与法治实践的多层维度,其价值导向具体如下所示。

(一)提高评估的理论价值与实践价值融合度

地方立法质量评估结果回应机制作为一个链接机制,不仅有效地发挥了地方立法后评估的理论价值和实践价值之间的桥梁作用,还更好地促进了两者之间的内化与融合。

一方面,评估结果回应机制作为联结地方立法与法治实践的关键纽结,虽以程序正义贯彻评估及回应过程始终,但是其本身仍具有理论价值。在知识社会学的研究时代背景下,评估结果回应机制的知识内涵不断增强,回应机制同时包含了地方立法原理、地方立法技术、法治评估内涵与实践、回应程序与价值等基本知识。在建构理性主义模式下,评估结果回应机制自身的程序价值愈加明显,以地方立法和评估实践为基础,程序正义贯穿地方立法后评估程序始终,通过坚持程序正义,逐步丰富了地方立法后评估的相关社会知识,促进了理性主义在回应型法治下的逐步完善,还将建构理性主义与进化论理性主义的优势融合,既充分发挥公权力的主观性,又不断地结合社会现实与地方法治实践,同时将出现的新问题、新情况与新特质等融入地方立法质量评估结果回应程序中,改变了以往仅关注评估实践的情况,将研究侧重点向地方立法质量评估结果及其回应机制的理论转移。

另一方面,地方立法质量评估结果回应机制作为关键环节,将地方立法后评估形成的评估报告真正反馈到地方立法实践中,使通过地方立法后评估形成的评估报告具有指导与借鉴意义。地方立法与法治实践依据评估报告结果作出制定同类地方立法、修改、解释与废除等广义的立法性活动,并通过以上活动赋予地方立法新的时代含义,将时代内涵以立法实践的样态反馈到地方法治实践,进而实现地方立法后评估的实然价值。

综上所述,地方立法质量评估结果反馈机制有力地实现了地方立法后评估应然价值和实然价值的统一性。

(二)促进实现地方立法的秩序价值

"秩序的价值在于赋予或维系社会关系和社会体制的模式和结构,从而为人类的生活与活动提供必需的条件。"[1]秩序正是我们所追求的,抑或是所渴望实现的社会形式样态,其体现了法的形式价值目标。当关涉到地方立法时,其中还包含立法模式、立法架构以及地方立法活动的参与性等。换言之,秩序之于地方立法的实现,体现在对地方立法的科学化、民主化和精细化的追求上。

秩序价值体现之一表现为地方立法的科学化,也即地方立法后评估及结果回应机制立法程序之要义与内涵,其也将不断促进立法程序各环节的科学化与合理化。立法程序自立法的准备阶段至完善阶段。[2]立法过程是一个持续的输入输出程序,立法质量的实现既需要诸多立法程序的配合,还需要不断地监督与审视,以剔除立法过程和结果中的不良因素。地方立法后评估是对地方立法的完善机制,系地方立法之原发型秩序,结果回应制度当然归属于地方立法后评估制度的重要环节和内在秩序,在程序上保证地方立法获得合秩序性的有效质量。评估主体遵守评估秩序与立法秩序,通过评估活动取得评估结果;回应主体按照回应程序,将评估结果反馈至法规规章执行之实践,可据此相对节约立法执法资源,提升立法质量,促进地方立法工作的科学化;另外保证执法工作的有序化,加强执法水平。

秩序价值体现之二表现为在地方立法工作中公民具有稳定有序地表达意愿,其参与立法程序中实现了民主化。[3]立法中的权利义务占比分配关系到一切个体之私有利益,评估结果回应机制延伸于立法程序,人民之权利、义务与利益体现于与衡量自然贯彻评估结果回应机制程序中,并转变为公众意志参与地方立法。当从主体角度

---

[1] 乔克裕、黎晓平:《法律价值论》,中国政法大学出版社1991年版,第145页。
[2] 参见彭真:《论新时期的社会主义民主与法制建设》,中央文献出版社1989年版,第91页。
[3] 参见黄文艺、杨亚非主编:《立法学》,吉林大学出版社2002年版,第54页。

出发时,地方立法后评估亦是对法规与规章是否反映民意的检验,是对其是否符合秩序形式化的检验。在地方立法后评估中,评估主体通过恒定的利益诉求机制,有序地扩大公众对相关法律、法规与规章的知情度与有限立法事务的参与度;回应主体通过公众的有序参与反应,在一定程度上补足了评估结果信息的失缺性,公权力机关以此为基础不断自我矫正和完善,尽可能减少甚至避免地方立法的偏离。地方立法性活动与评估结果的回应不仅是为了实现法治政府与法治社会的进程,更是通过有序的民主化途径缓解地方立法之利益冲突,解决地方立法中出现的问题,更好地实现公众之合法权益。

秩序价值体现之三表现为地方立法的精细化,即评估结果回应机制见微知著,以细节为支点,将法秩序的精细化内涵贯穿地方立法之全过程。地方立法通过立法后评估,再以评估结果为基础进行回应反馈,有助于从微观细节处对其本身进行纠偏和完善,更好地实现地方立法之应然价值,有效解决实际问题。

一方面,自规范化角度出发,关键即在于法律规范是否可以通过科学化的操作步骤达致实际效果;另一方面,地方人大在科层制结构中更容易接触到真实民意的表达,适用行政区域的集中性提高了法规规章运行的可行性,具有天然优势。[1] 地方立法通过评估,不断地发现立法中的问题所在,进而以问题意识为导向,从地方立法问题的精准性、迫切性和重要性等多方面齐头并进,进一步具体化地方立法之对象,明确地方立法规范所规定之社会关系,建立科学的沟通协调机制,以实现地方的粗犷式立法向精细化立法的过渡,有效促进实现地方立法的秩序性价值。

(三)丰富地方法治实践的正义内涵

"正义,是法所追求的(或人们希望法所体现的)社会实质性状,

---

[1] 参见丁祖年、粟丹:《地方立法精细化的内涵与路径》,载《地方立法研究》2020 年第 4 期。

这是法的实质价值目标。"[1]法之正义体现在具备主观指向时,兼具有实质性价值,法律制度体系所隐含之正义即在于系统内部的循环与交涉。质言之,评估结果回应机制通过促进地方法治实践中量化与质化的双向循环,有效地实现地方法治实践之正义价值。

法治发展理念、模式的普遍性与特殊性需要大量的法学研究深入监测与分析,通过对制度确立、制度运行过程的监测,对制度结果的有效性分析,进而对制度规范本身进行评估与估量,以改进、提升其质量与社会发展实践的磨合度。但是传统的制度规范分析与逻辑推理无法满足现代法学研究的需求,即定性分析难以实现制度评估的基本要求,定量研究在信息化高速发展的社会下赋予法学研究以新的活力,其中对于数据信息的产生、收集、合理掌握与运用已经逐渐影响、改变甚至决定整个世界。国内学者也开始将量化研究与实证研究融入法学研究,法治得以进行量化评估,质性概念由此转为量化指标,法治观念与法治建设也不再被上层建筑所垄断,而开始被人民大众以数据的形式开始接触,并且形成不同感知与理解,国家通过此种数据模式展开的评估与预估可以更好地清晰定位法治发展与国家建设方向,更好地寻求满足人民大众更高需求的法治改革路径。[2]

地方立法后评估作为量化法治实践的微观视角,其意欲提高地方立法质量,解决地方立法当前存在的诸多问题,对地方性立法和法规的执行与实践现状进行普遍与特殊性分析,进而为特定区域内的"立、改、废、释"提供实践经验性依据。地方立法质量评估结果回应机制将地方立法之实践通过具体程序反馈给权力主体,进而相关主体对评估结果做出有效回应,并以评估结果为法定依据,对地方法治现状进行问题分析与应用,最终在上层建筑层面对地方性法规与规章进行整改或废除,以此反馈至法治实践。经过地方性立法的修改,

---

[1] 李步云主编:《法理学》,经济科学出版社2000年版,第61页。
[2] 参见田禾:《量化研究——衡量法治的尺度》,载《中国应用法学》2017年第1期。

法治实践相应作出改变——当运行时长经过法定期间时,继续通过量化法治,即地方立法后评估对其运行时效加以评判。此间形成了一个量化评估法治与地方法治实践之间的良性循环系统,且有效地结合了程序正义与实质正义——既保证程序正义得以实现,又通过主张程序正义促进法治实质正义。

地方立法质量评估结果回应机制正是作为联结点,将以定量分析和定性分析为结合的微观量化法治与地方法治实践直接联系起来的,从而实现量化价值与实践价值之间的有效联系,完成两者之间的双向循环。

第二节　地方立法质量评估结果回应机制的现状与冲突

本节主要是从实践与理论角度分析地方立法质量评估结果回应机制的问题所在,即以地方立法质量评估结果回应机制的现实问题阻碍为实践样本进行类型化分析,既包括量化法治之缺陷,也有定量和定性分析的理念冲突,同时从国内立法实践中寻找困境根源,最后对评估结果回应机制之困境反思溯源,追寻因果机制。

一、本土视角下回应机制的现实探析

对于呈现全局性且日益复杂的国家法律体系的发展,任一法律在系统结构中的制定与修改等变动都会产生"牵一发而动全身"的连锁反应,这既是对法律体系的自洽性与系统性、进化理性与建构理性统一融合的考量,亦是对国家资源利用效率、公民适应法律变化能力提出的要求。如此,立法机关在社会情形既定的情况下,对法律的制定必须谨慎为之。[1] 因此,以提高立法质量为目的的评估系列活

---

[1] 参见蒋银华:《立法成本收益评估的发展困境》,载《法学评论》2017年第5期。

动在域内法域开展,其为中央立法或正式制度的建立担当"试错先锋"的责任。

(一)评估结果回应机制的规范化分析

1. 宪法、法律和行政法规规范

我国《宪法》第2条明确规定国家的一切权力属于人民,并且人民依法参与国家事务管理,第27条确定人民的意见和建议应当体现在国家机关及其工作人员的工作中。[1] 人民有权利通过包括立法在内的诸多途径参与到管理国家事务和社会事务中去,立法机关更负有法定义务保证公民可以有序地、合法地参与立法中去。[2] 立法机关既需要在立法准备阶段仔细了解利益冲突与群众需求,还需在实施之后不断地论证以权利义务为核心的制度设计与架构模式,以群众知晓程度和满意度作为重要参考指标之一。此外,《宪法》规定的"国家维护社会主义法制的统一"构筑了评估结果回应机制的宪法性基础,通过评估,可以剔除一切与上位法不相符合的规范,实现以宪法为基础的法律制度规范体系的科学合理性。[3]

在贯彻宪法意志的前提下,2023年《立法法》对立法后评估制度的部分方面,比如评估主体、对象和评估监督方面进行原则性规定,[4] 其中依法得出的评估报告结果需要向权力机关进行汇报。此基本制度雏形奠定了回应机制的发展。除却此类上位法依据外,行政法规和其他规范性文件也是可以参考的上位法基础。2004年《全面推进依法行政实施纲要》明确规定了立法后评估制度的整体进

---

[1] 参见吕世伦、公丕祥主编:《现代理论法学原理》,黑龙江美术出版社2018年版,第170页。

[2] 参见陈焱光、张耀方:《地方立法调研规范化研究》,载《江汉大学学报(社会科学版)》2016年第5期。

[3] 参见汪全胜等:《立法后评估研究》,人民出版社2012年版,第25页。

[4] 2023年《立法法》第67条规定:"全国人民代表大会有关的专门委员会、常务委员会工作机构可以组织对有关法律或者法律中有关规定进行立法后评估。评估情况应当向常务委员会报告。"

程[1],同时确定了的比较模糊的长效机制,其肯定了定期评估的开展与评估结果的相对性效力与参考性价值,为地方立法后评估及其回应提供了借鉴。

可见,法律与行政法规等上位法规范性文件都肯定了评估结果回应程序当然属于立法程序,尽管规范规定的篇章幅度较大,原则性规定与规则性制度各有千秋,但评估结果回应制度的建立至少在程序上得以健全,以促进立法质量的提升。

除此之外,原则性规范多散见于上位法规定,其指导性的效力与弱操作性导致自由裁量权在评估选择权的行使中占据不合理的比重等问题,仍然是不容忽视的问题。

除了对以上法律法规内容进行分析外,我们接下来将以评估主体与评估对象的差异作为区分要素,对当前的地方立法质量评估结果回应机制作规范化分析,具体从以下三个方面展开:地方人大及其常委会制定之评估办法、地方政府制定之规章评估条例办法、地方人大常委会制定的综合型评估办法(不对地方性法规与规章作区分)。

2. 针对地方性法规的回应机制规范

以地方人大及其常委会作为评估决策主体,地方性法规作为评估对象,结合表7-1,从数量、地域与内容方面对地方性法规回应机制规范进行分析。

表7-1 七部地方人大常委会制定之法规

编号	名称	生效时间
1	《安徽省人大常委会立法后评估办法》(2016年修订)	2016年10月1日
2	《兰州市人民代表大会常务委员会立法后评估办法》	2015年4月29日

---

[1] 2004年《全面推进依法行政实施纲要》第18条规定了立法后评估的定期开展与以此为依据的定期清理。

续表

编号	名称	生效时间
3	《广东省人民代表大会常务委员会立法评估工作规定(试行)》	2013年7月17日
4	《广州市人大常委会立法后评估办法》	2012年10月1日
5	《邯郸市人大常委会立法后评估办法(试行)》	2020年6月1日
6	《南京市人大常委会立法后评估办法》	2013年6月18日
7	《邢台市人大常委会立法评估工作暂行办法》	2019年6月11日

(1)数量方面:以北大法宝和国家法律法规数据库为核心数据库进行搜索,辅之以地方人大及常委会的网站,仅发现七部此类立法后评估办法,即存在七个市级及以上行政区域以专门法规形式制定了关于法规的立法后评估办法,其余地方或以地方立法条例的专章形式对立法后评估加以规定,或对立法后评估的运行不作具体规定,仅参考其他省份。

(2)地域方面:以上所列七部地方性法规除了《兰州市人民代表大会常务委员会立法后评估办法》,其他行政区域皆属于东中西三大区里面的东部地区;除了邯郸市、邢台市人大常委会的立法评估办法,其他行政区属于较发达区域。不难看出,人口数量、地域经济的发展对立法后评估办法的专门性法规的制定具有较大的影响力:人口数量规模的庞大与地域内经济的快速发展对地方性法规在数量与质量上提出了更高的要求,同时地方性法规数量的急剧增加与地方立法权的拥有迫使地方人大及其常委会制定专门性的法规或者专章规范评估与回应机制,提高地方立法的质量。

(3)内容方面:以七部地方性法规为评估样本,对评估报告的内容与评估结果的回应反馈机制进行分析研究。

第一,对评估报告的形成依据评估标准的界定,七部地方性法规中有六部包含合法性标准,即对地方立法是否符合上位法的相关要求、不相抵触标准,其与立法前评估中的合法性标准存在理解上的偏差。在地方立法前评估中,需要提前界定衡量所立之法是否符合立法原则与精神,不与上位法相违背抵触;而在地方立法后评估中,因为评估之地方性法规已经实施3~5年,所以合法性标准是法规与当前因社会经济发展变化而发生改变的上位法是否相符。立法前评估与立法后评估中高度相似甚至相同的合法性标准难免增加评估的诟病。

第二,依据评估规范,评估内容与报告中并非全部涉及文本质量与实施质量的评估,存在评估规范办法仅规定评估实施质量的情形,但兰州市评估办法中除却文本质量与实施质量的规定,还包含法规目标实现与否的评估。

第三,评估报告中多以法规实施的基本情况,法规实施对经济、社会和环境造成的影响,对法规的修改、废除等建议为基本内容,并非全部包含对评估过程的监督与反馈,即对评估时间、方式、方法和评估过程等情况的纸质化呈现。

第四,在地方人大及其常委会制定的立法后评估办法中,多规定评估报告交由主任会议审定,并且根据评估实际内容,分别交付于评估规范的制定者决定是否修改或者废除;传递给法规实施部门以对报告中的行政管理方面问题或者配套制度的建立、完善等问题作出有效回应。

第五,回应机制规范中,鲜有对回应时间作出明确规定,除个别地方性法规外,主要以"应当及时""及时""可以"等词表达对回应时间与回应要求的非迫切性。在一般确定之评估程序中,以评估报告的作出为程序末端,而后对评估程序的应用与反馈并不被视作评估程序的一般环节。除此之外,回应程序中因缺乏对回应相关主体的责任明确与惩罚措施,而导致回应机制形成虚置样态,义务性规则的缺少降低了地方立法后评估办法的可操作性与实践性。

综上,评估报告内容基本包括法规存在的问题与评估建议,同时规定依据评估建议由有关机关向地方人大常委会会议或者主任会议提交申请考核,继而决定是否修改或者废除,或者纳入年度立法计划与立法规划。但是评估内容的非统一性,对评估制度本身的缺乏监督,回应机制时间的不明确性,回应主体责任缺失的惩戒措施缺乏等导致地方立法后评估多以评估报告为终点,甚少反映于地方立法实践中。

3. 针对地方政府规章的回应机制规范

以地方政府作为评估决策主体,地方政府规章作为评估对象,规章评估依据存在两种表现形式:一种是以专门的地方立法后评估办法为评估依据,如表7-2所示;另一种是以立法工作规章中的专章内容规定规章立法后评估的相关内容,见表7-3五部规章制定办法。

表7-2 二十四部地方政府制定之规章

序号	名称	生效时间
1	《安徽省政府立法后评估办法》	2012年1月1日
2	《淮北市政府规章立法后评估办法》	2017年12月29日-2022年12月29日
3	《厦门市规章立法后评估办法》	2011年6月1日
4	《甘肃省政府规章立法后评估工作规定》	2023年2月17日
5	《苏州市规章立法后评估办法》	2012年3月1日
6	《南京市政府规章立法后评估办法》	2017年12月18日
7	《无锡市规章立法后评估办法》	2013年10月1日
8	《桂林市人民政府规章立法后评估办法》	2018年1月16日
9	《海口市政府规章立法后评估办法》	2020年8月15日
10	《广东省政府规章立法后评估规定》(2017年修改)	2017年7月20日
11	《河南省政府规章立法后评估办法》	2017年4月12日
12	《哈尔滨市政府规章实施后评估办法》	2017年12月30日
13	《西宁市政府规章立法后评估办法》	2013年10月1日
14	《本溪市人民政府规章立法评估办法》	2011年5月1日

续表

序号	名称	生效时间
15	《烟台市政府规章后评估办法》	2021年2月1日
16	《太原市政府规章立法后评估办法》	2016年8月5日
17	《西安市政府规章立法后评估办法(2020年修正)》	2020年12月31日
18	《陕西省地方立法评估工作规定》	2012年11月21日
19	《上海市规章立法后评估办法》	2017年12月15日
20	《达州市政府规章立法后评估办法(试行)》	2020年6月1日
21	《西藏自治区政府规章立法评估办法》	2017年8月10日
22	《舟山市政府规章立法后评估办法》	2020年7月15日
23	《宁波市政府规章立法后评估办法》(2022年修改)	2022年6月23日
24	《重庆市政府规章管理办法》	2022年3月1日

表7-3　五部规章制定办法

序号	名称	生效时间
1	《黑龙江省政府立法工作规定》	2021年4月1日
2	《成都市人民政府拟定地方性法规草案和制定规章程序规定》(2021年修订)	2021年3月15日
3	《山东省政府规章制定程序规定》(2021修订)	2021年2月7日
4	《河北省政府规章制定办法》	2020年2月1日
5	《晋中市人民政府规章制定程序规定》	2020年9月1日

除去专门式规章立法后评估办法,其余多以专章规定评估内容与回应机制,但是专章规定之篇幅无论是在字数还是在规定之详略程度上,都少于规章之专门评估办法。从数量、地域与内容方面对以上回应机制规范进行以下分析。

（1）数量方面：以北大法宝和国家法律法规数据库为核心数据库进行搜索，辅之以地方政府网站，发现二十四部地方性规章，即在二十四个市级及以上行政区域内部以专门地方政府规章的形式对立法后评估办法加以规定，其他地方或以地方立法条例中的专章形式加以规定，或对立法后评估的实践运行参考其他行政区域之实例。

（2）地域方面：在表7-2中，二十四部地方政府规章涉及区域多位于我国东部地区，如同上述所论的地方性法规的分布规律，人口数量规模的日益增加与地域内经济的不平衡性迅速发展对地方政府提出了更高的立法与行政执法要求，通过立法后评估以及评估结果回应机制逐步提高地方政府规章质量，促进法治政府建设。

（3）内容方面：以二十四部地方政府规章评估办法为分析样本，对评估报告的内容与评估结果回应程序进行比较分析。

第一，首先与地方人大制定的评估办法相类似，在二十四部地方政府制定的评估标准中大多数包含合法性标准，其同样存在上述所论及的合法性标准认定的混淆问题。其次，在评估规范中，也并非全然包含对法律文本与实施效果的双评估，但法规实施的质量与社会效果是评估的必备内容。再次，在被分析样本中，较为少数规范对评估过程与结果进行了监督，比如《西藏自治区政府规章立法评估办法》中规定，若市司法局发现评估报告在评估程序、内容和方法等方面存在重大问题的，应当要求评估实施机关在规定时间内进行整改，并且重新提交评估报告。一份良好且行之有效的评估报告是评估结果回应机制有效运行的重要前提。最后，地方政府规章回应机制规范中，多数以评估报告的作出为终点，但也存在明文规定对回应机制简单规定，比如经评估需要修改或者废除的规章应及时通知规章制定机关，配套制度的制定与完善也需要告知相关责任部门，若是在执法层面出现问题，行政执法部门应当及时被告知并且准备解决相关问题。

第二，针对上述评估报告与回应机制的总结与分析，在地方性法规与地方政府规章的立法后评估办法中具有极高的相似性，但两者之前仍存在较大差异。

一方面,在多数规章评估办法中存在对评估机关评估不当和回应机关消极回应的应对措施与责任处分。比如在《本溪市人民政府规章立法评估办法》第 19 条中规定,规章实施部门若不提供评估相关材料或者忽视评估报告不完善配套制度或者消极改进行政执法工作的,市政府法制办应当责令其改正;情形严重的,核减该部门依法行政的绩效考评成绩,同时建议相关责任部门对其追责;在《烟台市政府规章后评估办法》中,规定评估单位若未在规定时限内完成评估报告,市司法行政部门可以提请同级人民政府责令其改正。虽然此责任追究与惩戒措施并非行政强制类措施,但在法治政府建设实施纲要背景下,依法行政业绩的考核,同样具有较大威慑力。

另一方面,对规章立法后评估工作的完成与评估结果的有效回应,多数规章中明确规定应当将其纳入行政执法责任制和依法行政工作的考核范围。将规章立法后评估方面的工作纳入法治政府建设中,符合法治政府建设实施纲要,既可以提高地方立法中规章的质量,也可通过规章完善促进法治政府的建设与发展。

4. 综合型回应机制规范

在上述两种回应机制模式以外,仍存在对评估对象和评估依据不作明显区分的评估办法,比如《北京市关于法规规章实施准备和评估报告工作的若干规定》《贵州省政府立法第三方起草和评估办法》(已被修改)皆未对地方性法规和地方政府规章作明显的区分。在回应机制规范方面,《贵州省政府立法第三方起草和评估办法》(已被修改)规定了评估报告中若涉及相关配套制度、关乎执法实施工作,则负责部门应及时根据评估报告反映的问题与建议采取相对应的措施,并且给予有效性的回应。同时对于无论是政府规章抑或地方性法规提出的修改、废除建议,原法规规章起草单位制定者应当作出回应是否进行修改或者废除。但是未对回应时间与回应程序作出明确规定,且责任惩罚措施依旧不存在于此种混合型回应机制规范中。

从规范的类型化角度进行分析,可将之区分为地方人大及其常委会的地方性法规与地方政府的规章两类。首先从以上可看出,两者对于评估的侧重点以及回应的要求有所不同,地方性法规的评估不仅仅局限于具有可操作性法规,也包括对其立法质量的评估;在回应阶段,以修改措施为主,废除措施为辅进行回应,或者以此为基础制定同类型的法规。地方政府规章的评估多以运行实效为根本,回应阶段更是包含两个层面,第一层面为地方政府规章运行如何,是否具备了相应的实际效果;第二层面以评估结果为基础,对地方政府规章进行修改或者废除等立法性质活动。

无论是哪一种地方性规范文件,在回应阶段的规定上都缺乏回应主体的明确,回应的具体反馈与回复程序;此外,回应过程中的追责机制脱离了权力行使,权责不一致的状态加剧了地方立法后评估机制的非规范性与非制度化,使评估难以发挥预期功效。

(二)评估结果回应实践分析

选取武汉市政府近5年来已经完成的规章立法后评估报告,从评估时间,简要的评估建议,评估完成之后规章的实际变化情况进行简要分析,如表7-4 九部规章评估结果实际回应表所示。

表7-4 九部规章评估结果实际回应

编号	名称	评估时间	评估建议	实际回应结果	备注
1	《武汉市预拌混凝土和预拌砂浆管理办法》(武汉市政府令第217号)	2017年	尽快修订,明确部门职责和人员责任等	该办法经历了2016年、2017年、2021年三次修订,实质条款减少一条	法律规范语言表达简化,改变一个部门职责,减少一项手续办理,与其他规章联系加强

续表

编号	名称	评估时间	评估建议	实际回应结果	备注
2	《武汉市节能监察办法》（武汉市政府令第223号）	2017年	适时修订，明确节能监察对象	未发生修改	
3	《武汉市湖泊水库水上交通安全管理规定》（武汉市政府令第218号）	2017年	尽快修订，消除与上位法不相适应情况	2017年修订，无实质修改	
4	《武汉市住宅专项维修资金管理办法》（武汉市政府令第216号）	2017年	尽快修订，变办法为规章	2021年修订，无实质修改	
5	《武汉市房屋租赁管理办法》（武汉市政府令第214号）	2017年	适时修订，总则等规章修改	经历了2018年、2021年、2022年三次修订，无实质内容变化	
6	《武汉市城市管线管理办法》（政府令第225号）	2018年	无	2023年修订，规范法律语言，修改重复用语	属于2018年对8项规章打包评估的内容，但未找到评估报告
7	《武汉市长江隧道管理暂行办法》（政府令第227号）	2018年	无	2022年修订，无实质内容变化	

续表

编号	名称	评估时间	评估建议	实际回应结果	备注
8	《武汉市机动车安全技术和环保检验监督管理办法》(武汉市政府令第291号)	2020年12月	建议废止该办法	2020年7月17日废除	属于2020年对包含在内的10部规章打包评估
9	《武汉市国民经济和社会发展专项规划与区域规划管理办法》(武汉市人民政府令第250号)	2020年12月	建议废止,待上位法出台后再行制定相关规范	2020年7月17日废除	

通过对九部规章进行对比,可以得出当前评估结果的回应实践一共存在以下几种情况。

第一种,评估报告不公开,被评估的规章在评估后并未发生任何修订。比如在表7-4中所列举的2018年的2部规章的评估,通过官网及其他网站的搜索,以及申请文件公开,并未寻找到2部规章的评估报告。政府主体在已经完成评估的基础上,对2部规章进行语言规范修改,无实质内容变化。当然,并不排除2部规章运行效果良好,文本制作更是不存在明显的需要修改的问题的情况。

第二种,评估报告依法公开,被评估的规章在评估报告应该有所改动或者修订,但是实际未发生任何变化。比如在表7-4中,发生于2017年的2部规章评估,通过已经公布的评估报告所得参考建议为适时修订规章内容,尤其应明确规章的适用对象与具体操作化细则,并尽快修订相关内容,还应注意及时修改本规章中已经与变动的上位法不相适应的条款内容。但是自评估结束直至目前,2部规章没有任何修订与变化,回应机制没有起到作用,规章评估程序也以评估报告的制定与公布为终点。

第三种,评估报告依法公开,被评估的规章在评估结束后也已经进行修改,但修改的内容与参考内容相去甚远。比如表7-4中的第一件规章,经过评估得到的参考意见为尽快修订,继续明确部门职责与行业的相关权利义务;但是实际修订样态为2016年修订过一条,2017年修订一项,2021年修订一项,皆是关于部门职责与行业的从业资格等的规定,与参考意见内容具有较大出入。

第四种,评估报告依法公开,被评估的规章在评估阶段已经被废止。在表7-4中的最后两项规章评估时间起于2020年6月,12月得出评估报告,但是评估阶段中即7月已经被废止,最后得出的评估报告中的参考意见亦是废止,但是这种"巧合性修订"在一定程度上浪费了立法资源和专家资源,评估与回应更多变为一种政府的业绩考核,失去了原本的价值。

综上所述,尽管地方政府已经开展较为常态化的评估活动,但是依据评估所得评估报告与参考意见,被评估规章改动较少或者忽视参考意见不发生变动。对规章与地方性法规的开展的评估活动是提升地方立法质量与改善立法实践的关键性保障,但评估活动的常态化规定不仅需要专门的规章评估办法加以规定,还需要通过回应机制赋予评估活动以实践活力,从而真正提高地方立法质量。

二、评估结果回应机制之要素冲突

评估结果回应机制总的来说可以归结为存在三个方面的要素冲突,第一个即是在宏观下的基础理论要素矛盾,其发生在量化法治理论要素与法治现实之间;第二个是在微观视角下的方法要素矛盾,即评估方法之间的不协调、不合比例性;第三个是在回应机制内部的逻辑要素,以上要素的冲突也体现了回应机制的问题所在。

(一)宏观下的基础理论要素矛盾

宏观视野下,地方立法后评估属于量化法治,评估结果回应机制除具备回应机制的相关属性以外,仍以地方立法后评估的内涵为主,量化法治更是体现融合在其中。在宏观视野下寻求量化法治之理论与现实等基础理论要素矛盾,有助于厘清地方立法质量评估结果回应机制本体之理念冲突与逻辑张力。

法治评估作为近年来兴起的对法治状态进行量化评估的实践活动,引起了理论界和实务界的密切关注。从我国当前的实践发展样态来看,量化法治评估仍面临目标功能与实施效果的内在张力,这同样体现在地方立法后评估中。

量化法治自实践到理论不断发展,从 2006 年余杭法治指数以来,相关法治实践方兴未艾,在实践的指引下,有关量化法治的理论方面的发展既在客观表达上存在一种语言宽泛与模糊化的外观,又在实践中外化为一种具备多元差异范式的评估样态。量化法治诞生于管理型评估和治理型评估的模型之下,[1]但有关评估的理论假设与前提外在仅呈现一种规范化的形式样态,这实际上导致评估在实践中模式设置的混乱,[2]通过评估的实施所得效果也差强人意。量化法治的实践经过长久的积累与发展俨然不再是观念上的改变,而是一种切实具备实践特征的法治工程。但是,不可否认的是,当前量化法治仍存在理论与实践方面的衔接难题与重心移转的困境。

1. 理论层面的局限

理论层面的局限性存在以下几个方面。首先,量化的一般化属性加速了对法治内涵的科学性解构,包括对法治运行的量化拆解,同时也伴随着法治价值基准的缺失。量化法治的运行程序起始于对法治基本内涵的概念化操作,包括对法治进程的具体操作化;法治概念的历史脉络承载着特殊的意蕴,与时代内涵的结合具有了当代意义,新旧价值的统合赋予了法治以复杂化的概念和形态,因此基于概念与操作化的量化法治之运行实践不断地被削减内涵,且无法全面囊括法治建设的全部内容。法治与量化指标的转化中缺乏价值基准的

---

[1] 此处将评估类型分为治理型评估和管理型评估,在一定意义上具备了阶段性、发展性、试错性和以结果为导向性的特点。本书主张管理型评估和治理型评估的区分,可以更加凸显出建构唯理主义和进化理性主义的区分与杂糅,通过促进表象特征与机制构建的沟通,实现法治评估领域的多类型融合,加强评估的实际效果。参见钱弘道、杜维超:《法治评估模式辨异》,载《法学研究》2015 年第 6 期。

[2] 参见刘凯、白立士:《"法治评价"量化研究的方法论基础》,载《华南师范大学学报(社会科学版)》2016 年第 2 期。

衡量,导致法治评估陷入形式主义。其次,有关量化法治中形成的指标体系之价值取向、指标体系的设计原则、指标体系的具体内容不得不应对技术薄弱的客观障碍。于指标设计主体而言,多数情况下从自我主观角度出发预设指标体系的价值、判断与筛选指标,限制了评估指标实际效能的发挥。再次,量化法治的趋同性,难以凸显地方特色。"产生不同背景下的每个社会之法律在实质上却面临基本相类似的问题,尽管各自规定了风格迥异的解决办法与依据,但所得法律与社会结果却惊人的一致"。[1] 法律在普遍意义上是一种"地方性知识"。[2] 基于不同地区的社会实践产生的法治现状,差异性伴随特殊性必然存在。从评估角度看,法治中具有趋同性和近似一致性的量化标准存在体制性的缺陷[3]。最后,量化法治之功能定位往往面临古德哈特定律[4]所揭示的失效问题。当某一指标成为评估实践之重要参考、具备特定表征作用时,指标自身的指示与参考作用将效力大不如前,尤其是在内在激励机制缺乏的影响下,评估的可发挥的实际效果远低于预期。

2. 实践层面的难题

实践层面,仍然存在以下几个方面的操作难题。

第一,因法治评估文化的缺位,导致实践中缺少常态化与基础性的前置性工作。现行多数评估实践活动多以运动式和命令式为主,理论建设中的预设长效性与整体性价值难以实现。

第二,因实践操作中对量化技术的忽视和量化法治的政治工具

---

[1] [德]K.茨威格特、[德]H.克茨等:《比较法总论》,潘汉典、米健等译,法律出版社2004年版,第53页。

[2] [美]克利福德·吉尔兹:《地方性知识:阐释人类学论文集》,王海龙、张家瑄译,中央编译出版社2000年版,第222～296页。

[3] 参见戢浩飞:《量化法治的困境与反思——基于法治评估体系实施状况的视角》,载《天津行政学院学报》2014年第4期。

[4] 这个定律可以有多种解释,其中最常见的一种解释是:一项社会指标或经济指标,一旦成为一个用以指引宏观政策制定的既定目标,那么该指标就会丧失其原本具有的信息价值。因为政策制定者会牺牲其他方面来强化这个指标,从而使这个指标不再具有指示整体情况的作用。

性,导致所得数据可能失真,同时监控的形式价值高于实质价值。量化技术的不成熟使数据的获得与分析缺失科学性与整体性,同时评估报告的可信力与有效程度难以保证与核验,其实际效果不如预期所得。

第三,多种法治评估实践处于各自资源圈内,既缺乏整体性的统筹安排,而且社会评估力量的薄弱又使具备客观性的评估往往效果微弱,规范化、专业化的评估队伍的建设限制了法治评估的深度发展。

在上述理论与实践的多重困境下,以对法治评估与评估结果反馈机制方法研究的内在张力为基础,寻求量化法治方法的二元性质转入二象属性的有效途径,将科学性与人文属性结合,共同体现在法治评估领域和评估结果回应机制建设的路径中。[1]

(二)微观下的评估方法要素冲突

在法治评估中,微观角度下的评估方法等基本要素的冲突与矛盾亦不能忽视。法治评估的发展初始即在于通过量化科学的方式全面真实表达法治实施的现状。而评估过程中的客观测量,内涵兼备科学性与真实性,即要求在评估运行之端和实践中开始对基本方法要素的利用与整合研究,既要以本土实践情况为基础,又要对域外之基本方法在充分考量情况下,合比例性地引入与适用,发展研究出符合当前实际的基本方法理论模型与应用建构模式。而作为舶来品的法治评估,其在实证主义方法论的基础上,以定性与定量分析方法为基础的综合型方法搭建了评估方法的基础。

定性与定量分析若分而处之,任一对于地方立法后评估与量化法治而言都是片面的。定性研究以归纳为基础进行方法模式建构,以实地研究为基础,发现事物的特定属性,并且坚持"价值无涉论",反对某特定价值的主导模式;定量研究以演绎为基础进行量化实证研究,包括调查和文献研究等。

---

[1] 参见叶启政:《期待黎明:传统与现代的揉搓》,上海人民出版社2005年版,第6页。

进一步讨论,在社会科学领域中,有关定性与定量的研究也即质性与量化的研究可以从研究目标和研究焦点等八个方面进行对比,正如表7-5 质性研究与量化研究之差异对比。[1]

表7-5 质性研究与量化研究之差异对比

对比维度	质性研究	量化研究
研究目标	阐述多维角度的世界	通过变量之间的关系,检验学说
主体与客观现象的关系	客观现象由主体的经验构成	客观现象主要由量化数据构成和显示
客观现象性质	客观环境因为主体观感而发生变化	客观现象由稳定的客观现实组成
研究焦点	寻求客观物体和客观环境的整体样态	聚焦于客观环境的局部数据
研究过程	由客观资料演绎为一般理论	对既存的学说理论进行验证和研究
研究资料性质	研究数据具有主观性	研究数据具有客观性
研究场域	研究进程在自然情境中发生	研究进程在控制变量下发展
研究结果	研究结果具有可获得性和可理解性	研究结果可靠,科学,具有可重复检验性

不难发现,尽管定性与定量分别基于不同的理论与价值,但实质上质性研究的深层次理解与研究实际上建立在量化研究的基础上,量化研究又以初步的质性研究为基础,交互环节融合了感性与理性的认知,且为了更好地解决现实问题,还通过对现象的观察与总结,为问题办法的寻找与确定提供有效地回应。虽两者各有所长与侧

---

[1] See Halfpenny Peter, *The Analysis of Qualitative Data*, The Sociological Review, Vol. 27:4, p. 799-827(1979).

重,但结合研究与使用正成为必不可挡的趋势与潮流,在定性研究中理应吸收包含量化科学性,定量研究中始终隐含着基本的逻辑推理与价值关联属性。[1] 两者的平衡就如天平一般,平衡点的确定需要恰如其分的排列组合。若比例失衡,当偏向定性研究而减少定量研究时,所得数据缺乏科学性与客观性,尤其在地方立法后评估中,极大可能受到地方政府的影响,继而以政府绩效考核为主要价值功能之实现,很难将所要求法治观念进行概念化、量化和明确化。由于定量研究中所得数据较为基础,地方立法后评估对定量研究中数据若仅作基层处理,将使定量研究结果与定性研究产生冲突与矛盾。当偏向于定量研究缺少定性研究时,地方立法后评估容易陷入一种"价值无涉"主义,仅片面地追求"唯数字论",而忽略数字背后显示的法治价值,弱化法治指标的功能,降低法治评估的科学性,同时也不能有效地实现地方立法后评估的目的,建立有效地评估结果回应机制。

定性与定量分析有机统一的实现,有利于促进评估报告的信度、效度的整体性与一致性的发展,逐步扩大适用范围,并且不断地整合和优化各种研究模式,以回应特定的评估问题。[2]

(三) 内部的逻辑要素张力困境

在宏观量化法治研究的视野下,地方立法后评估亦无法克服其内含的一些缺陷,比如地方立法后评估及其结果回应机制中的价值衡量与取向问题,地方特色的贯穿和体现等困境;微观视野中,考量地方立法质量评估结果回应机制中的定量与定性分析冲突何在,统一结合运用定量分析与定性分析的平衡点的选择等问题。作为地方立法后评估中的应有环节,地方立法质量评估结果回应机制存在很

---

[1] See Thompson et al., *Increasing the Visibility of Coding Decisions in Team-based Qualitative Research in Nursing*, International Journal of Nursing Studies, Vol. 41:1, p. 15 – 20(2004).

[2] See Drnyei & Zoltan, *Research Methods in Applied Linguistics: Quantitative, Qualitative, and Mixed Methodologies*, Oxford University Press, 2007, p. 79 – 87.

难脱离上述问题的影响,同时又因为双向的沟通回应机制,评估结果回应机制尚有其内在逻辑困境。

针对逻辑困境方面主要是从地方立法质量评估结果回应机制本身出发,结合前面的两种方向,理念、理论的差异、方法论的不同导致的回应机制的路径选择、方法论选择,以及最后的价值取向都存在看似合理却又矛盾的逻辑冲突。

1. 应然价值与实然价值的矛盾

评估结果回应机制设定之初是评估程序的应有阶段与内涵,于地方立法后评估而言,具有补充完整法治实践评估的功能与效用;于回应机制本身而言,可以实现独立的程序性价值,保证程序正义得以实现。但实际中评估结果回应机制罕有被重视,或以成文法规范形式予以明确规定,或将回应程序与立法实践程序相联结,难以实现实然价值,以致应然价值与实然价值出现断层与脱节。

2. 形式逻辑与实体逻辑之张力

地方立法质量评估结果回应机制是将量化法治与实践法治结合起来的机制与桥梁,其作为调和剂应当不断地中和理论与实践之间的冲突。因我国所处的压制型法、自治型法与回应型法的阶段差异,且当前我国仍主要以压制性法和自治型法为主,仅个别法律部门或者法律规范体现出回应型法的特点。而对于地方立法质量评估结果回应机制,应当以个案回应与解决社会需求为主,但实践中多以原则性规范构建起基本框架,既缺乏实际可操作性,同时也缺少评估与地方立法的链接机制,从而在理论指导与具体实践中形成一种张力,使形式逻辑与实体逻辑增加嫌隙。

3. 适用的逻辑困境

在中国特色社会主义法律体系建成与完善之际,"科学立法、严格执法、公正司法、全民守法"俨然成为法治运行的基本遵循,按照具体明晰之规范,法治按照预定轨迹与各权利主体发生交涉关系,形成法治实践。地方立法后评估按照《立法法》与相关评估规范开展法治评估实践,形成地方立法质量评估结果报告,再以评估报告结果为基础对地方立法实施反馈。但无论是在中央法律或者地方性法规中都未涉及回应机制的实践操作规定,一方面通过未规定具体可操作实践性内容来体现出法的开放性,授予了地方较为宽泛的自由裁量权,以便使地方立法保持在灵活、适应和自我纠正错误的状态中;另一方面过于宽泛的规定模糊了评估责任的界限,适用也会被视作非必要的程序与步骤。

三、评估结果回应机制的问题发现

地方立法质量评估结果回应机制的法律效力与社会效力的实践统一因博弈的存在而产生诸多不确定性因素,首先在地方立法质量评估结果的载体与运行中发现评估结果回应机制的阻碍性因素,其次以评估报告与运行中的问题追究溯源,挖掘问题产生背后的深层次原因。

(一)回应机制载体之可行性悖论

对于地方立法后评估报告的考察将主要从其主要内容出发,即以地方立法后评估报告的信度与效度为研究维度[1],探讨地方立法后评估报告的法律效力,发现其操作与实践难题。

第一重困境:地方立法后评估报告的信度悖论。

信度概念取自测量学,系发生在多次测验中的一致性程度[2]。于评估角度,信度在评估结果中指的是用一致的方法多次评估同一特定对象所获得的结果的一致性程度。评估结论一般通过绩效指标表达,"绩效指标的信度主要是测量指标本身的客观性、准确性与可靠性"[3]。

地方立法后评估报告的信度就是评估结论的可靠性,其由评估

---

[1] 参见汪全胜、陈光:《立法后评估结果的回应机制》,载《郑州大学学报(哲学社会科学版)》2011年第1期。

[2] 参见吴建南:《公共管理研究方法导论》,科学出版社2006年版,第212页。

[3] [美]西奥多·H.波伊斯特:《公共与非营利组织绩效考核:方法与应用》,肖鸣政等译,中国人民大学出版社2005年版,第87页。

绩效信息的可靠性和所得数据的分析方法共同决定。在评估过程中,评估信息因主观原因与客观性情况的变化而不断发生变化,评估主体因此基于评估数据所得之评估结果可能会脱离真实结果,甚至与之相背离。"考评过程中的偶然性因素,经常导致数据失真,使得考核结果产生错误,而此错误中的随机性与无偏向性的程度几何,便是信度(可靠性)的考量。"[1]

在地方立法后评估过程中,评估信息与数据的内部一致性具有重要价值。比如,相同价值取向的评估者对于某特定评估对象适用评估要求一般具有一致性和等同性。此中当然包含两层意思:第一层,相同价值取向的评估者所面对的评估数据是同组数据;第二层,评估者所采取之评估办法具有同一性。事物的发展面同时具有普遍性与特殊性,把握事物的发展规律要求格外重视与分析矛盾的特殊性,特殊性决定了事物的发展性质。评估主体不论价值态度如何,取得评估对象的数据总会存在差异性,这也意味着即便是价值相同之评估者也会有不同的评估信息。内部一致性对于地方立法质量评估结果报告的信度而言是否具有形式必要性,当其实现内部一致性的时候是否具有实质合理性,这在信度实现问题上产生了一个形式合理性与实质合理性的悖论问题。

第二重困境:地方立法质量评估结果的效度多面性。

在信度基础上,效度代表着评估信息与评估结论的有效性问题。效度同样源于测量学,表示量化对于抽象之事物的特性或者功能可以实际表达与阐述的程度,即评估结果与预设目标中的相似度。[2]广泛的一般意义上的效度指以当前客观测量办法与工具所能获得的事物信息的程度。效度在地方立法后评估这一特定领域中则代表所得评估结论与法律实践相契合的程度,是评估结果在实践中的有效

---

[1] [美]西奥多·H.波伊斯特:《公共与非营利组织绩效考核:方法与应用》,肖鸣政等译,中国人民大学出版社2005年版,第87页。
[2] 参见吴建南:《公共管理研究方法导论》,科学出版社2006年版,第215页。

性表现。

法治量化评估指标至少需要与评估对象相吻合,才可更好地代表评估结果。但是,法治量化评估指标的实际价值存在争议,即使仅存在随机误差情形,评估结果效度也难以精确量化。若评估系统存在结构性偏见,则评估结果的可靠性和有效性将受到根本性削弱。正如表7-6评估报告之四维效度所示,四个维度下的效度在逻辑关系上具备并联性,而非串联属性,当其中任一维度无法达到时,对于评估结果报告的效度应该怎样衡量,有选择性地评定其效度是否具有一定的标准尚未明确。[1]

表7-6 评估报告之四维效度

效度维度	内容
表面效度	依据一般性、表面的直观感受,评估结论可信
一致性效度	一定数量的评估者所得评估结论具有共识性,大体一致性
相关性效度	所使用之评估工具、实用之绩效指标等同于或者相似于已经具备实效的评估工具、绩效指标
预见性效度	当前之评估结果具备预测功能

从上述分析来看,地方立法质量评估结果信度是说明结果的可靠性与否问题,地方立法评估结果效度则是说明研究结果的有效性程度问题。而要保证地方立法质量评估结果能得到权力主体的认可以及回应,则要求地方立法质量评估结果同时具备可靠性与有效性。当前的地方立法质量评估结果的信度与效度是地方立法后评估报告具备可操作性与实践性的基础,当信度与效度遭到质疑甚至否定时,地方立法后评估报告便不具备参考价值,遑不论地方立法后评估报告的法律效力之有无。

第三重困境:地方立法后评估报告效力的有限性。

---

[1] 参见[美]西奥多·H.波伊斯特:《公共与非营利组织绩效考核:方法与应用》,肖鸣政等译,中国人民大学出版社2005年版,第89~90页。

"立法后评估报告是指立法评估工作在完成评估活动后,向评估机关或部门提交的书面说明材料或文件,具体内容涉及立法评估目的、程序、标准、依据、结论以及对立法评估结果的分析等基本情况。体现是立法评估工作的最终完成。"[1]地方立法后评估报告或由国家权力机构得出,或由第三方独立机构调查得出,或由国家与社会通过联动共同得出,因评估主体的不同导致其产生的评估结果的约束力不同,评估结果是否具有法律约束力更是具备争议。

对于地方立法质量评估结果的法律约束力之确认与否还需从地方立法后评估的性质出发。首先地方立法后评估之性质本身并非被视为地方立法延续,而更多地被视为地方立法实施效果之监督。无论是从《立法法》还是各地规章条例而言,立法程序仅包括提出议案、审议、表决、通过和公布,并不包含立法评估;评估仅作为一项将地方立法向精细化转型的工具与基本步骤,以程序性监督和实体性效果监督为主要内容,因此,地方立法后评估是对地方立法的监督,是提升地方立法质量的关键一步。由于缺乏法律对地方立法后评估及其结果报告的明文细化规定,很难从法律规范层面赋予其法律约束力,评估结果报告缺乏根本的法律溯源性与宪法依据。但在《立法法》第67条中,又原则性地明确了评估情况的报告制度,相较于规则规范,原则规范的可操作性较差,仅凭借泛化的权利义务规定,很难同时具备明确的指导性和可操作性,因此,虽然发挥出了全部法律效力,但是其法律效果却有限;地方立法质量评估结果报告也具备有限性的法律效力,尚不具备完全的法律约束力,仅可作为地方立法进行修、改、废、释的参考性文件,不具有强制执行力。

---

[1] [美]西奥多·H.波伊斯特:《公共部门绩效评估:方法与应用》,肖鸣政等译,中国人民大学出版社2016年版,第83页。

(二)回应机制之双范式交叉混合

对于评估结果回应机制之运行困扰,可以地方立法质量评估结果回应机制研究范式为切入角度:因为本书所涉及评估对象之差异,所以对地方立法后评估主体存在两套体系研究范式,评估结果的回应机制也因回应对象的差异而有所不同。将地方立法后评估和回应机制相结合,可得地方立法质量评估结果回应机制范式包含回应主体、回应目的、回应方式、回应程序、回应内容、回应的主动性、回应监督与反馈、回应责任机制等基本维度,具体可如表7-7地方立法质量评估结果回应机制范式比较所示。

表7-7 地方立法质量评估结果回应机制范式比较

评估对象		地方人大及其常委会制定之地方性法规	地方政府制定之地方政府规章
评估主体	决策主体	地方人大及常委会	地方政府
	实施主体	法工委	法制办
	参与主体	第三方、公众	
回应主体		地方人大及常委会	地方政府
回应目的		试错与预测	
回应方式	回应的时间	即时回应	
		延时回应	
	回应的对象	单个回应	
		集中回应	
	回应的公开	公开回应	
		不公开回应	
回应程序		原则上应予公开,程序正义的实现	
回应内容		作出改变,阐明理由,改变包括立、改、废等活动	
		不作改变,阐明基本理由	

续表

评估对象	地方人大及其常委会制定之地方性法规	地方政府制定之地方政府规章
回应的主动性	主动回应:有关国家机关对评估报告中的应当回应的问题和建议,积极主动地采取措施反应与回复	
	被动回应:有关国家机关对评估报告中其有义务回应的问题和建议,迫于外界的压力,消极被动地反应和回复	
回应监督与反馈	缺乏元评估与人民群众满意度测评	
回应责任机制	落实立法人员、执法人员与回应人员的权责一致	
评估结果的应用	立:制定同类型的地方性法规和政府规章	
	改:修改被评估对象	
	释:解释被评估对象,更符合社会运行实践	
	废:废除原来的被评估对象	

一般而言,因为立法权力的特殊性——一般彰显国家主权与人民主权,是人民意志的体现,所以地方立法后评估主体与有权回应主体为同一主体;若回应主体为其他中立性第三方机构,其作出回应的内容对享有地方立法权主体——地方人大及其常委会和地方政府——约束力难免大打折扣,所以一般为同一主体。

当以地方人大及其常委会制定之地方性法规作为评估对象时,对地方性法规享有制定权之主体——地方人大及其常委会当然作为评估的决策主体,由地方人大法工委具体开展地方性法规之评估,公众作为反馈地方立法质量的关键以评估参与主体的身份,既从社会主体角度参与到地方立法后评估,明晰地方性法规的操作实践与缺陷,又可以在评估结果回应环节作为审查与监督主体,有效地对回应机制产生合理的监督,并且评估主体需要针对评估结果中出现的诸多程序与实质问题作出回复,当然回复内容不局限于作出回应与整改或者不作出回应与改变等,回应整改的内容包括对被评估对象的修改和废除,以及对同类地方性法规的制定等。此中之回应监督尚不同于元评估制度[1];回应监督是广泛意义上的监督,当然包括元评估制度,但是因为评估实践发展的缺陷,当前广义之回应监督尚不完善,仍缺乏相应的评估结果回应程序公开、评估结果回应信息公开、评估结果回复难以表现,地方立法之变动与评估结果联系薄弱,缺乏对地方立法后评估本身的评估。同时,通过评估结果回应制度,还需要对地方性法规与规章的立法人员与执法人员进行过错责任的认定,贯彻落实权责一致。

当以地方政府制定之地方政府规章作为评估对象时,对地方政府规章享有制定权主体——地方政府作为评估的决策主体,由地方政府部门之法制办作为评估之实施主体,第三方独立主体与公众既作为参与评估主体,反馈社会实际效果,又作为监督主体,监督地方政府规章之评估。评估结果回应机制将已经运行之地方性立法不断地试错与纠正,同时对其他同类型或者相近类型之地方立法之制定与修改进行预测指导,回应机制本身即具备试错与预测的功能。

当论及此,有一个问题需要进行考虑:人大权力机构的评估界限是否包含政府规章?一般而言,政府规范性文件的来源制定机关、上级机关和同级人大多享有评估权力。依据法律规定,地方人民政府不适当的决定,当然包括规范性文件,地方人大都有权改变撤销。根据2024年修订的《各级人民代表大会常务委员会监督法》专章规定,人大对法律法规实施情况有检查评估的权力。故而,同级人大及其常委会之评估建议对同级人民政府具有法律约束力,同级人民政府无正当理由应当予以采纳,若无正当理由不予采纳,应当向评估机构说明理由,否则需要承担一定责任。

---

[1] 元评估制度:为了更好地实现评估的实际效用、实践可行与精确适用等特点,而对涉及的相关信息采取的深度描述和准确性判断的制度,其还可以同步审视评估的功能价值、有效力、可靠度、体系的性质和程序的优缺点等,以达致高质有品的评估。

（三）回应机制的因果追溯探析

从回应机制载体评估报告的多重难题以及运行困扰来看,当前地方立法质量评估结果回应机制仍在包括法律理念在内的体现在逻辑运行和评估报告等方面的诸多问题。首先在地方立法质量评估结果回应机制的运行逻辑中,顶层建筑法律指导理念内含矛盾:量化法治的理论预设导致了实践中的价值缺位和对特殊性的忽略,淡化了价值属性与地域的特殊性;管理型评估和治理型评估的非单一适用性模糊了定量研究和定性分析的界限,在一定程度上降低了地方立法后评估的科学性;地方立法质量评估结果回应机制本身的内在逻辑困境,包括应然价值与实然价值之间的冲突,形式逻辑与实体逻辑之间的张力更加凸显出回应型法治思维的缺陷,以致很难将评估结果回应反馈到立法实践。究其根源,地方立法质量评估结果回应制度既需要充分考量二元模式下的建构唯理主义和进化理性主义,还需要以回应型法治思维为基础,结合地方立法评估之特性,实现实践与理论的闭路回环机制。

对地方立法质量评估结果回应机制的困境可以从理论建设、制度规范与实践角度进行因果溯源,探寻地方立法质量评估结果回应机制困境背后的原因。

在回应机制的法律指导理念中,当前仅适用评估相关理论,比如政策评估理论、法律实效理论和成本收益理论等,多倾向于评估指标的确定与评估过程等具体操作方面,其中更是贯彻量化法治基本理念,充分运用定量分析与定性分析等办法,尽管定量与定性尚不符合比例合理性原则,但回应机制仍与上述理念存在适用的脱节现象,回应机制中仅包含政府回应理论,但地方立法质量评估结果回应之性质、价值与法治实践又不同于服务型政府理念建设下的政府回应,同时具有立法与地方立法的特殊性,故回应机制虽为地方立法后评估机制程序中一环节,但评估结果回应机制仍具有其独立性的内涵与价值,同时具有普遍性与特殊性,是将评估结果真正体现在地方法治实践中的重要连接机制。

第三节　地方立法质量评估结果回应机制困境的三维分析

在提出上述问题——有关评估报告文本问题与评估结果回应机制研究范式困扰——的基础上,本节将从地方立法质量评估结果回应机制理论、回应机制之静态法律规范、回应机制之动态运行实践三个维度深究问题产生原因,以期完善地方立法质量评估结果回应机制。

一、评估结果回应机制困境理论维度分析

(一)回应型法治思维的固有缺陷

经历过压制型法与自治型法阶段之后,对回应型法之探求已成为现代法律理论和法治建设的一个持续不断的关注点,尽管当前处于规则主义下的中国特色社会主义法律体系仍多显示自治型法特点。正如同 J. 弗兰克所言:法律现实主义者的一个主要目的就是使法律"更多地回应社会需要"[1],其中的法律秩序应当是一种回应性的,具有责任意识的,能够对社会环境中的各种变化作出积极回应的理性秩序的探求。因此"法律相关因素的范围"[2]不断地被主张扩大,法律推理便更加会包含对法律行为之发生场景及其社会效果的认识。庞德之社会利益理论为了构建更加合适的回应型法模型而主张:程序正义仅是好的完备的法律的一个层面,应当是双轨并行下的程序正义与实体正义的共同实现。

回应型法作为对自治型法的破而后立,打破了自治型法的封闭

---

[1] Jerome Frank, *Mr. Justice Holmes and Non - Euclidian Legal Thinking*, Cornell Law Quarterly 17, p. 568 – 586(1932).

[2] Lon L. Fuller, *American Legal Realism*, University of Pennsylvania Law Review, Vol. 82, p. 429 – 434(1984).

系统与隔绝外界性,结合能动主义、开放性与认知能力,更加主动地调整社会及其发展变化,强调法律的工具主义价值,将权力思维与权利意识结合起来,促进实体正义的呈现。回应型法在正视压制型法和自治型法的基础上,认真地对待法治之目的价值,将开放中的社会形成的诸多压力作为认识的基准和自我矫正的机会。回应型法以法律目标制定的普遍性为主要特征,法律目标的普遍存在性提高了法律推理的合理性,此种以法律目的为基础的法律思维限制了自由裁量权的不断扩张与权力机关主体逃避责任的倾向,法律目的的明确性利于详尽阐述法律的任务,进而探求实质性结果和有效地履行诸多法律责任,即回应型法以社会结果为指向,同时在文化中不断清除各种地方性因素,克服共同体道德模式下的地方性观念,采用一种以问题为研究中心,以社会一体化为取向的公共秩序危机应对策略,重建社会关系。

但换个角度而言,回应型法在某些程度上加强了法律权威的不确定性,回应规则的缺失与自由裁量权的隐形扩大降低了对程序主义的重视与形式主义的尊重,将规则置于被怀疑状态下,将导致自由裁量权不受控制地扩大。过于开放的法律秩序对于控制权力的天然扩张起到反作用,会导致法律发展阶段的倒退,压制型法会重新占据主流。假如责任规范性缺失,极易增加因一味地追求灵活适度性而放松约束的风险,机会主义不断地滋生出权力寻租,摧毁回应型法模式下的新型社会关系。

地方立法质量评估结果回应机制以提高立法质量为根本目的,以建立和实现评估结果与地方立法实践的联系为直接目的,其隶属于回应型法模式下的子系统。回应型法的结果主义导向更好地促进评估结果从理论反馈到立法实践,其通过程序正义保证实体正义的实现,重新构建符合评估结果的体现立法价值和时代精神的新型法律事实关系。但是结果主义、工具主义与规则主义之间的比例失调,忽略了法律规则主义的约束作用,淡化了法律的权威性,扩大了地方立法后评估的自由裁量权的行使,加剧了地方立法后评估的形式主义,导致回应机制仅发挥原则性指导作用,而缺乏可操作性的本体价值。

(二)管理型评估与治理型评估概念含混不清

理论与实践之间一般存在差异,在法治评估领域与地方立法后评估中亦不例外。因为法治的概念理解的差异,便产生了法治评估与地方立法后评估的不同的模式:分别是治理中心主义的评估模式和管理中心主义的评估模式。在实质价值目标指导下,"治理型评估"从外部视角出发,内含对社会发展实践的"实验主义",更多实质性和超越性的行为措施被采取;而另外一种"管理型评估"则是在政治管理背景下,从系统结构的内部角度出发,以绩效评估作为主要核验手段,在形式上检验权力机关的执行性命令与措施是否到位。[1]

当前中国法治评估发展历程,兼具评估理论界与政府主导下的法治实践界,因评估事项与理由的差异,二者分处不同位阶。多元主体之多样利益诉求产生了群策共治的现象,遮掩了存在冲突与张力的不同法治评估模式,不同的阶层面对法治理解的差异,造成实践中评估路径逐渐产生两层分化。当前中国已经经历了"统治—管理—治理"三个阶段,其中治理概念被普遍的理解与认同,即在国家背景下,多元化权力与权利的认知、交互、协调与平衡。[2]

"厚"法治观念模式下的经过外部有效证成的实质性价值位阶高于内部论证下的形式价值,评估处于"治理"之系统结构化中,由此而形成的评估体系超然于国家权力机构体系,其以一种客观视角审视批判内部权力运行机制,挖掘现有不足。"指令—控制"型治理方式在现代化治理背景下弊端丛生,实验主义倾向的治理模式赋予了基层实践人员以充分自主权将治理目标充分落实到实践,中央管理层在宏观方面审核基层权力运作,包括收集与处理信息,以此保证治理的正向化发展,这也可称之为"递归过程"。在递归系统模式

---

[1] 参见钱弘道、杜维超:《法治评估模式辨异》,载《法学研究》2015年第6期。
[2] 参见俞可平主编:《治理与善治》,社会科学文献出版社2000年版,第9页。

下,同一目标下的不同实现路径通过比较,不断地更改与修正短期治理目标和路径偏差。[1] 按照此种治理模式下的标准程序,权力主体以所得评估结果为参考范本,对治理的预期、程序与实践衡量进行反思与纠偏。[2] 在上述运作体系形成的话语场域中,法治评估相对于科层制权力机制的运行具有外部视角的属性,开放型的权力秩序架构促进路径不断改变,同时使多元性主体具备统一的功能主义价值取向。

在"薄"法治观念的基础上,管理型的自我评估始终为核心评估路径。在现代政治理论下,科层制的内部权力运行模式与分权结构将关注焦点落位于法定事项的内部执行情况,尤其是权力的行使状态,即关注以法定职权为基础的管理事项。此种模式下的法治指标体系服务于行政事务的管理与绩效考核,是对既定的法定职责目标实现预期效果的内部核验测评,其中指标运行仅是管理体系的构成要素之一。管理型评估以封闭价值为设定目标,通过构建型路径以展开对权力体系的自我评估。

"管理"与"治理"模式下的评估模式的差异已经逐渐明晰化,但是在地方立法后评估中仍未就背后机制结合二者进行理性化的深入分析,一般而言,地方立法后评估并非单一的任一评估模式,中央与地方立法的结构式属性与差异、市域社会现代化治理的现实特征模糊了地方立法后评估及其结果回应机制的类型属性。

(三)建构唯理主义与进化理性主义失调

量化法治评估实验经过十多年之蓬勃发展已然证明,[3]实践法治观以社会真实生活为依托,不是单一的制度性进路或价值性进路

---

[1] See C. sabel & J. Zeitlin, *Experimentalist Governance*, in Levi – Faur D ed., The Oxford Handbook of Governance, Oxford University Press, p. 113 – 119(2012).

[2] See E. Szyszczak, *Experimental Governance: the Open Method of Coordination*, European Law Journal, p. 486 – 502(2006).

[3] 参见钱弘道:《中国法治实践学派的兴起与使命》,载《浙江大学学报(人文社会科学版)》2013年第5期。

的体现,也并非建构唯理主义或进化理性主义的二元对立,而是同源同构的,是规则系统和行动结构的相容统一。

以传统"法治范式"和法治建设之显露问题为鉴,当前中国的法治发展路径必须以时代发展特点为基础,还要对发展理念、建设模式、法治程序与基本路径及时作出回应,寻找属于中国法治巨变之专有节奏,据此实现社会自治与国家强制的双向循环。[1] 然而,当前评估类型的构造与评估进路选择与当前的行政模式存在制度逻辑的冲突,影响了评估的实际效能发挥,比如评估结果的社会认可度低、评估内容的弱实践性等。

基于"厚""薄"法治理念的迥异,透视法治的理论构架和实践路径,存在建构式和演进式两种不同的类型。"薄"法观念下的管理型评估模式存在建构式法治,其非常强烈地诉诸人类的理性和智慧,相信经由人类的理性设计就能够构筑完备的制度,充斥着建构唯理主义。"厚"法观念下的治理型评估模式存在演进式法治,认为人类的理性是有限的,良好制度的生成是人行动的结果而非设计的结果,体现着进化理性主义。我国地方立法后评估及其结果回应机制偏向于形式法治,在一定程度上夸大建构论唯理主义中相关知识与理性的作用,混淆了国家与社会的运行机制,自上而下的法治运行体制无法全面包含回应机制,拆解与分离了历时性与共时性,导致地方立法质量评估结果回应机制中的理性主义不合比例。

当前,地方立法质量评估结果回应机制中内涵理性主义的不合比例化状态仍在持续,回应机制规则系统与行动结构既无法实现对应,也难以在法治实践中发挥评估实践功效与法治应然实效。建构理性主义与进化理性主义分处于地方立法质量评估结果回应机制的不同阶段,其都有积极效用,但同时也存在负面效应,二者理应不断地进行调试与渐进试错,实现建构理性主义在回应机制建设中的奠

---

[1] 参见康兰平:《法治评估的开放空间:理论回应、实践样态与未来转型》,载《甘肃政法学院学报》2016年第6期。

基作用,发挥进化理性主义对回应机制的改造与发展,寻找出二种理性主义之间的界限与融合,缓解理性主义失调。

二、评估结果回应机制困境规范角度分析

地方立法质量评估结果回应机制在规范层面,总是无法消除法律形式相对持久的完备与法律内容对人类根本要求相对无法满足的不和谐,这既是法律本身的局限,同时也是人类的根本追求在绝对意义上的不确定性。

法律需要以规范作为连接、沟通与实现途径,否则个体之间、社会群体中和政府内部运行中难以融入法律中的有序关系,构造秩序社会。规范意指规则或者标准。当规范从个人、部族、社会迈向国家,则规范真正与法律过程相联系,此时其由自觉性条约转为一种命令、禁止或允许等调整性指令。[1] 依惯例,法律规范仅对一般情形作普遍性的处理,而不作为个殊性的独有依据。[2] 法律规范的基本内涵与功能特征就决定了坚持普遍性要素是法律概念的重要组成部分。法律始终是一种一般性的陈述,总括意义上,法律由静态的适用普遍性规范和动态的执行个例性行为组成,其同时面向群体与个体,兼具规范含义与事实关系。质言之,法律之规范性结构以规范为体,事实为用,体用结合,交互流转,二者任缺其一难以形成法律制度。社会法治得以良好运行的前置性条件即为规范性制度的存在以及严格贯彻执行。[3]

---

[1] 参见[美]E.博登海默:《法理学:法律哲学与法律方法》,邓正来译,中国政法大学出版社 2004 年版,第 246~247 页。

[2] 凯尔森把包含于司法判决(与审判该案件时所适用的制定法规则或法官创制的规则相区别)中的具体指令或命令称之为个别规范。See Hans Kelsen, *The Pure Theory of Law*, 2nd ed, trans. by M. Knight, Berkelery and Los Angeles, 1967, p. 19. 罗斯以相同的方式提出了单个或者偶然的规范,把规范这一术语作这种扩大使用的做法,与词源学而且也与日常语言使用方法完全相背离。

[3] 参见[美]E.博登海默:《法理学:法律哲学与法律方法》,邓正来译,中国政法大学出版社 2004 年版,第 239 页。

地方立法质量评估结果回应机制之法律规范与法律事实是其存在的基本外在形式,其中既应当包括一般性的法律规范表现形式,还需要特殊性的法律事实进行支持,二者缺一不可;与特殊法律事实相对应存在的具有个案性的特殊规范性是评估结果回应机制得以存在运行的基础条件。但是当前在普遍性与特殊性层面均出现阻碍回应机制发挥实效的制度性规范因素,这导致地方立法质量评估结果回应机制名存实亡。

(一)一般性规范文件的模糊化与简略化

一般性的法律规范应该具有普遍约束力,即法律规范是有效的,其根植于法律过程之中。但法律规定之有效性区别于其在社会秩序中的实效性,只有社会主体之行为符合规范标准或被认可,才由纸面上的条约转为动态规范。法律实效性并不必然等于法律规范有效性,二者需要法律行为与法律事实进行联结与沟通,通过分析与解构传统二元论下的法律的理想性与现实性,方可实现法律理想状态与法律实践样态的统一。

地方性立法后评估因空间区域的不同,同时具备一般性和特殊性。一方面,地方立法后评估相对于国家域内立法后评估具备地方性等特殊性,其以在特定行政区域内运行和调整特定的法律关系为基准实现其特殊价值。另一方面,地方立法后评估在特定行政区域内具有适用的一般性与普遍性,在《宪法》、《立法法》和《组织法》的原则指导与框架下,地方立法后评估相关规范性文件为特定区域内量化法治的开展与运行提供了原则指导性规范和规则操作性规范。评估结果应用与回应机制也在立法后评估的相关地方性法规与规章中以原则性规范体现,评估结果报告的形式并未以明确的形式得以规定,因此其呈现状态与样式并未统一化;而形式的非统一化为地方立法后评估运行比较与结果应用与回应增加了难度,降低了评估与试错的可能性。

除此之外,立法后评估在地方法律规范体系中多以规定评估主体、评估内容与评估对象为主,罕有明确地方立法质量评估结果形成后的回应程序(包括回应主体、回应方式、回应对象、回应内容等)，对评估结果的效力不再追问，导致评估机关与地方立法机关等其他有权回应机关或者利益相涉机构忽视评估结果，而仅将其视为地方政府等权力机关政绩考核的内部审核指标之一，内部评估的封闭状态缺乏回应的外部性与交流性等基本特征。以原则性内容为主的规范性文件对评估结果回应机制尚未产生强制性的执行力与约束力，反之亦然，地方立法后评估及其结果反馈回应并未对立法后评估的相关地方性规范产生一个实践推力，也未促进其在形式和内容上产生以社会实践为基础的解释和修改。地方立法后评估规范本体未与立法之社会实践发生密切联系，脱离了实践的法律规范总是会被束之高阁，在形式与内容上亦会逐渐远离地方立法实践现状。

地方立法后评估之一般规范性文件尽管在形式上符合有效性基本要件，具有普遍适用性，但其内容规定不健全，模糊了权力机关的权利义务配置，简化了法律责任的发生机制与承担方式；从法的一般性角度出发，其降低了地方立法质量评估结果回应机制运作与实现的可能性。

(二)特殊性规范文件的可操作性不足

法律规范之特殊性与一般性构成法律规范的完整性，二者缺一不可，否则会导致法律之形式有效性与实质有效性[1]的分离与割裂。法律规范的特殊性是对一般性的补充发展与说明，社会形势复杂多变，没有任何一部法律可以不经修改、不经变革而径直适用。因势利导，针对不同的特殊的社会发展实践，法律规范逐渐被赋予特殊性，并且调和法的一般性与现实性之间日益新增的矛盾，如此一来，既可以避免法律的朝令夕改现象出现，又可以发挥法律规范的预测与指导实践作用。

地方立法后评估因地方固定的差异性，理应使评估实践与结果

---

[1] 参见周旺生、朱苏力主编：《北京大学法学百科全书：法理学·立法学·法律社会学》，北京大学出版社2010年版，第445页。

回应发生较大改变,但从实践中不难看出,各地立法质量评估结果并无实质性差别,尽管在地方立法后评估指标体系中总是包含地方特色指标,但是评估结果存在一定的分数限定。想要客观地反映地方立法实践,首先需要明确地方立法后评估的性质与具体地位:虽需量化法治实践,但立法后评估不是法律工具主义下的绩效评估工具,而是监督并且预测地方立法的合理合法性渠道,其中评估结果回应机制是实现地方立法后评估从理论向实践过渡的关键环节。

评估结果回应机制是地方立法后评估制度中的应有环节,评估结果回应机制将地方立法后评估制度的特殊性发挥到实践中去,在应然法规范秩序发展中应当明确规定回应主体、回应方式、回应客体、回应内容与回应监督等回应体制建设相关内容,充分发挥立法后评估机制中的回应特殊性,将评估结果有效地反映到立法实践,进一步提高地方立法质量,促进精细化立法发展。

但是,评估结果回应机制并未实现应然价值,实然价值也仅仅是作为一种书面文件与象征意义存在,这减弱了地方立法后评估制度的特殊性,降低了立法后评估制度的作为可能性与可操作性,加剧了地方立法资源的浪费。与地方立法后评估相关的地方立法与政府规章具有特殊性,其既在特定行政区域内生效,同时仅针对特定评估对象,且按照既定的评估办法与评估程序所达致的评估结果具有特定唯一性,但评估指标内容一定意义上的非科学性、评估程序的非完全公开性等缺陷导致评估结果丧失信度与效度,进而导致评估结果回应程序丧失执行的根基与意义。由此一来,通过投入大量公共资源进行的地方立法后评估在评估结果阶段结束,回应机制无法实现。

三、评估结果回应机制困境实践维度分析

"评估价值的实现与否最终需要评估的效用如何来判断。"[1]评

---

[1] [德]赖因哈德·施托克曼、[德]沃尔夫冈·梅耶:《评估学》,唐以志译,人民出版社2012年版,第228页。

估的价值一般可以通过有效性加以确定,通过认识、信息的输出与最终的成果,还有实践中对回应者的行动决策的影响来证明评估的有效性。换言之,评估结果的得出和应用都贯彻着评估的有效性,并且依托评估结果的应用与回应,发挥评估效用,实现评估目的,当前对于评估效用实现的关键因素之一就是评估结果回应机制的实践运行良好。但是在评估实践中,因评估结果回应机制理念贯彻不足,回应机制的制度规范未得到发展,回应机制实践是在运行过程中难以实现,这导致评估结果回应实践难以实现应然价值,与评估目的相背离。

(一)评估结果回应机制主体不明

地方立法质量评估结果回应程序之运行,以评估结果报告为依托,起始于回应主体的确认,终止于在地方立法中有所反馈与实践。回应主体的确认对回应机制的运行具有关键奠基作用。

一般来讲,在评估实践中评估结果回应制主体会被等同于评估主体,但其会因为评估对象的不同而有所不同。当地方立法评估之对象为地方人大及其常委制定之地方性法规时,评估主体与回应主体是地方性法规的制定机关;当评估对象为地方政府制定之政府规章时,评估主体与回应主体都是地方政府。此种集多种任务于一体化的角色,既承担参赛者任务,又担任裁判,一方面可以让地方立法后评估顺利进行——地方立法后评估的数据与资源将更加容易获得,因此所得到的评估结果亦会更加顺利体现在地方立法实践中;另一方面,此种本我一体化模式下所得评估结果往往会优于被评估实践,若其评估结果低于或依数据所得将低于评估实践,评估结果将不会被接纳,甚至被按照既定分数要求被强行改变以符合评估主体所要求之评估结果。

地方立法后评估回应的法律规范中缺乏对回应主体的规定。一般而言,仅规定有权机关依照评估结果对地方性法规与规章进行修改、解释与废除等活动,但是并未明确规定有权机关为具有评估权力之机关,还是具有地方立法权力之机关,抑或是经具有回应权力之机关授权其他适合机关,即仅从法规与规章评估条例中无法得出何种机关是具有合法性规定权力的机关,只可依据地方立法与法治实践确定回应主体。尽管权力机关的发展中更加明确权责一致、责任终身追究制等现代法治理念,但在上述理念背景下,缺乏明文规定的权责明确会导致利益倾轧和责任的推诿,即地方立法主体及利益集团之间的权益失衡,部门归责的混乱导致无人担责或责任被隐形处置。地方立法后评估回应程序中主体的不明确导致了回应结果的不稳定性、延时性和滞后性等,在程序和实体两个层面降低了地方立法后评估制度的有效性,使其形式意义大于实践价值。

(二)评估结果回应机制程序模糊

地方立法质量评估结果回应机制程序的模糊性体现在两个方面:一个是回应机制程序本身规定不明确;另一个是回应机制程序与地方立法程序衔接不密切,甚至发生断层现象。

首先,地方立法后评估相关条例与实施办法中仅就评估结果的回应与反馈程序作原则性规定。简言之,评估相关条例与实施办法的重点内容落在评估主体的确定、评估标准的说明和评估办法的采用,对于评估报告的基本形式,大多办法与条例都尚未说明与统一规范化。此时遑论回应程序的规定:评估结果回应机制在当前阶段尚不被地方立法后评估制度实践所重视,评估结果回应机制至少在制度规范层面并未得以呈现。程序性规范的缺失在回应机制程序适用中,极有可能导致两种结果:一种是地方立法质量评估结果回应机制适用不准确,由地方立法后评估之主体或者其他有权主体依照便利性与最小归责和最大利益获得之原则对评估结果予以形式上或者实体上之回应,回应之价值取向与实际内容脱离立法后评估目的;另一种是地方立法质量评估结果成为评估程序的终点,评估报告的展现更倾向于政府绩效考核的内容或者是作为公权力机构审查的重要指标之一,至于评估报告内容如何、价值体现与否、是否符合评估目的则不予以考虑,回应程序既缺乏程序性规范又无实践结果。

其次,地方立法质量评估结果回应机制程序与地方立法程序缺乏衔接联系,造成地方立法质量评估结果与地方立法无实践关联。地方立法后评估是对地方立法质量的监督,是基于地方法治实践的地方立法质量由粗放型向精细转化的重要步骤,是考量地方立法与法治实践的关键程序。其中,评估结果回应机制是将立法后评估与地方立法程序联系沟通的通道,缺乏回应程序与地方立法程序的联结,立法质量评估结果将仅停留在评估阶段,从立法实践中所得之问题并不会有效反映给立法实践,评估报告中所体现之地方立法的优点或缺点仅落在纸面上,难以跃然实现于法治实体中去。

(三)评估结果回应机制整体缺乏监督与满意度测评

地方立法质量评估结果回应机制尚缺乏元评估制度和人民群众满意度测评。

除上述主体与程序方面不足,还应注意到当前地方立法质量评估结果回应机制仍缺乏两个方面的监督与测评:一方面是对回应机制本身的监督,可以称之为回应机制的元评估制度;另一方面是对回应机制操作如何的群众满意度测评,即对地方立法质量评估结果的回应机制的公开程度是否已经达致让公众知晓,回应机制之体现是否具有外在的公开表现形式与获得形式。

评估学角度下的元评估是对评估本身的科学性与准确性进行的再评估,[1]即系对地方立法后评估制度的整体监督与审视,其与法治评估自身的可行性、适用性密切相关,既审视由评估所引起的诸多外部客观效能,又反思评估机制内在的主观优缺点,以实现建造高质量的评估制度。

当前地方立法后评估制度尚缺乏一种对其评估本身的判断、监测与监督,包括对评估结果回应机制缺乏价值判断与衡量,对于回应机制的有效性亦是无从评判。监督机制的不足使对评估结果回应机制同时缺乏描述性和推断性,因此无法以评估回应实践为基础对评

---

[1] See Scriven & Michael, *An Introduction to Meta-Evaluation*, Educ Prod Rep, Vol. 36, p. 2–5(1969).

估结果回应机制不断地试错和纠正,评估回应机制的描述性概念与预测性发展因此也停滞不前。无论是评估主体还是回应主体都无法基于缺乏的元评估制度去检验或者论证已经完成实施评估的信度和效度以及形式上的回应机制实施,并向实施者与操作者提供有效的反馈信息。

除此之外,现代政治体制下与人民利益密切相关的制度之运行与实践仍需要人民群众满意度测评。地方立法后评估与结果回应制度中缺乏公众参与和人民满意度测评,评估过程与结果回应机制的低公开化和非透明化限制了公众参与评估及回应的途径和方式,限缩了公民权益表达的渠道,且不能保证公民及时获得公权力机关合法有效信息。公民参与途径的短缺就决定了人民群众满意度测评既不能在形式上合法、合理有效地开展,也不能在实体上真正发挥人民群众的监督作用。公民既无法有效地监督评估制度的运行与回应机制的操作实践,也难以通过回应机制表达己方的利益诉求,即便评估报告结果中切实有效反映了地方立法实践中的若干问题,回应的匮乏与回复的欠缺也让公民远离了科学的利益表达机制,降低了对公权力机关的认同与支持。

第四节 地方立法质量评估结果回应机制之完善

我国各地立法后评估制度不断地进行实践,并且探索符合特色法治道路的完善的评估制度。应注重的是,地方立法后评估制度的完善应当是形式的完备性与实际效果的可实现性。但当前,评估结果回应制度的规范性缺失导致地方质量陷入停滞不前的困境,评估结果回应的制度性建设与完善可能加重地方立法后评估的形式主义,从而变成地方立法中的短板。因此,如何更好地完善评估结果回应机制,赋予评估以实践有效性,避免形式政绩化,是迫切需要研究和解决的问题。本节通过对上述困境的分析,将从以下三个维度出发探索回应机制。

一、评估结果回应机制理论完善

(一)建构唯理主义与进化理性主义的同源同构性

世界范围内,理论维度与实践维度的法治建设发展在价值方向选择和模式建构上呈现出纵向的历时性和横向的共时性等特点,一方面关于法治的普遍有益性已经成为共识性内容,但另一方面社会的复杂现实性投影到法律实践中并不契合,甚至出现无法可依或者法已落后不符现实的情形。在地方立法后评估制度的理想境界与实践场景之间,评估结果回应机制的理想价值与实践场域之间皆存在彼此互异性,这反映了评估主体与回应主体的主观愿望与社会客观环境的错位、理性化的法律规则形式与情理化的朴素公道正义观等诸多因素。透视评估结果回应机制理论架构与实践路径亦存在建构式和演进式两种不同类型,建构式强烈地诉诸人类的理性与智慧,相信经由人类的理性设计就能构筑完备的制度;演进式则主张人类理性并非无穷尽的,是存在限度和标尺的,良好制度的生成是人行动的结果而非设计的结果。

无论是建构唯理主义还是进化理性主义,都具备积极作用,但是也存在负面效应,这就要求相关主体既需要具备回应、交流意识,还应当拥有破和立的辩证思维,合理地看待评估结果回应机制的建构模式,同时结合掌握回应机制的创新进化模式。评估结果回应机制在参考回应型法治下的服务型政府建设模式下,由权力机关按照法定程序,遵循法治办法,制定评估制度及其结果回应程序,并实现法定权利。评估结果及回应程序的建构既要符合理性主义,又要包含中国特色社会主义法治思想与价值,当然应当包含地方立法之特色。在地方立法质量评估结果回应机制的发展过程中,既要兼顾地方立法之普遍性和特殊性价值,又要统合行动结构和规则系统。

我国当前的评估结果回应机制建设中,建构唯理主义和进化理性主义都应当摒弃传统的表征与建构的二元之争,溯求根源,其皆生于对法治范式的发展要求,或者是对规范法治范式的修改,或者是对行动法治范式的调整,都主张对既有法治模式进行修补与融合。尽管法律体现方式有所差异,但二者都致力于探究法治评估的实践运行逻辑,并通过评估发现特定时空维度内地区法治发展存在的问题,并及时向权力机关作出反馈,更好地辅佐法治实施。因此对于评估结果回应机制的构建,应同时结合建构唯理主义和进化理性主义,充分认识二者的同源同构性,自发地实现国家推进与社会自发的双向循环。

(二)反思理性主义下的回应型法治理论下的质化与量化

"从经济领域到政治领域,从跨国到国际联合区域,法治实践逐渐成为关注的核心要点,甚至于在一国内的基本法治实践评估已然成为一种现实客观需要。"[1]在一国内部,区域法治与地方法治隐然含有成为关键要素之势,对其实践的评估也愈来愈重要。而对于当前某区域的法治状况评估的关键就是"不断地回应社会需要",在回应型法治模式下,仔细地考究与探寻法治的目的、地方立法的目的、地方立法后评估的目的价值所在,以现实的社会需要为基础,正确地认识开放状态下的社会压力,将其作为对地方立法后评估中量化与质化方法试错与纠正的标杆,合理地适用量化评估中的定量分析与定性分析。

在对质化与量化方法进行研究时,应当反思回应型法模式下的普遍性与特殊性的价值失衡;尽管法律目的的普遍性存在强化了法的普遍价值,相对弱化了其中的特殊性,但其结果导向主义中的问题研究中心思想仍可以相对有效地解决地方立法后评估及结果回应机制中的方法选取与价值衡量问题。

量化研究方法尤其契合回应型法,该方法包含描述普遍性和整体性的功能,尽管"法治很难绝对量化,但也不是说绝对不能量

---

[1] 钱弘道、戈含锋等:《法治评估及其中国应用》,载《中国社会科学》2012年第4期。

化"[1]的说法被普遍认可,理论界与实务界诸多学者也怀有一种建设理性观点:希冀可通过量化统计方法具化法治发展实践的抽象内涵。理论上越主张倾向量化法治方法,实践中更应当考虑到量化方法在地方立法质量评估结果反馈机制中的限制、制约与缺陷,否则地方立法后评估及结果回应机制可能会陷入形式主义怪圈,浪费国家立法资源与行政资源。可较为有效缓解甚至解决量化方法的缺陷与限制、实现地方立法后评估及结果回应机制有效性的方法就是质化方法在其中的调和,即兼顾量化与质化的比例安排等方法。首先,评估指标量化应当考量基于地区法治实践的经济、社会、民族与文化等多种变量因素,在评估开始前合理化指标权重;其次,重大问题应作为节点性事件计入定性研究方法,也正如世界正义工程倡导之定性定量的融合复检。[2] 定量方法适用于整体一般性研究,定性研究集中于个案或者具备个殊性的特定问题,二者之融合促进了对重大社会事件的背景研究与特殊性研究,同时结合定量研究和定性研究的优点,使地方立法质量评估结果回应机制不再是一种纸面制度,而是可以发挥地方立法后评估实效、提高地方立法质量的有效制度。

(三)制度变迁理论下的评估结果回应制度化建设

虽然从短期来看,法律仍需维持一定的稳定性,但是长远来看,法律制度的更替轮换是常态。法律制度受到多种原因的影响产生更替:从法律系统外部来看,政治制度的变革(法律制度环境的改变)、经济发展的飞跃(经济增长可以推动制度变迁,制度是经济变化的内生力量)、科学技术的进步或者其他多元化的原因的共同作用都可引起制度的更替。从法律系统内部来讲,影响法律变更的因素之一就是法律实施产生的效益,也即运用以经济分析方法在内的多种分析方法从法律实施的成本—收益之差判断法律制度变迁的必要

---

[1] 钱弘道、戈含锋等:《法治评估及其中国应用》,载《中国社会科学》2012年第4期。
[2] See Mark Agrast, Juan Carlos Botero & Alejandro Ponce, *The World Justice Project Rule of Law Index* 2011, The World Justice Project Publish, p.116(2011).

性。当法律实施成本大于收益之时,法律具备变迁的可能性。

制度变迁理论为地方立法评估结果回应机制的变化与完善提供了正当性。形式理性主义下的规则体系具有逻辑完整和内在一致统一性的特点,也意味着该体系尽可能地囊括理性考虑内的所有事态,以避免产生秩序漏洞。[1] 法之概念、原则与规则构成了法律的基本要素,无论何种法律秩序与规范,法律要素的完备性与否、合理化程度如何都彰显着法律的质量。[2] 其中法之可预测性是形式理性制度最显著的特征,制度的可预测性能够提高主体行为的效率并有利于引导社会主体对结果进行预测。因此,可以从以下三个方面更加合理化地方立法质量评估结果回应制度。

1. 评估结果回应机制概念准确界定

"概念是解决法律问题所必需的和必不可少的工具。"[3] 法律概念作为法律体系中最基本的要素,是法律原则与规则的最小构成单位。通过法律概念,立法者可以表达国家治理意志,公民可以知晓法律规定,规范自身行为。法律概念是构成法律制度的基础元素,必须加以清晰明确界定,若存在语意不清、词不达意的现象,将误导法律的适用,并影响公众的守法行为。法律概念同时是法律制度规范运行与实践操作的基本前提。当前对地方立法质量评估结果回应机制尚没有统一专门化概念,其属于地方立法后评估中的程序性概念,对此可以从地方立法后评估中寻求其制度概念背景和价值依据,进而创设并且完善评估结果回应机制概念。

2. 评估结果回应机制规则逻辑链条完整

法律规则主要由假定、处理和制裁三要素构成,这是规定明确法

---

[1] 参见[德]马克斯·韦伯:《经济与社会》(第2卷),阎克文译,上海人民出版社2010年版,第798页。

[2] 参见张文显主编:《法理学》(第5版),高等教育出版社2018年版,第112页。

[3] [美]E.博登海默:《法理学:法律哲学与法律方法》,邓正来译,中国政法大学出版社1999年版,第486~487页。

律权利与义务责任的准则。[1] 完整的法律规则应包含三要素才可指导人们的行为。假定条件是告知人们在何种条件下可以适用该条款。评估结果回应机制的触发条件隐含于地方立法后评估制度中，当地方立法后评估制度启动，评估报告或者评估结果形成，此时触发评估结果回应机制，回应主体根据评估结果报告中显示出的地方性法规相关问题进行处理则是一个规定权利、义务的过程（告知相关主体具有的权利以及应尽的义务）。回应主体具有权责一致的个体属性，其既享有针对评估中出现的问题及时作出回应的权力，同时亦对其作出之回应承担相应责任，而非止于作出回应。制裁意味着违反禁止性规定或者命令性规定必须应承担的责任。例如，当评估报告中包含具体可操作的立法改革与完善建议，回应主体应当及时启动回应机制，但是却并没有开展启动回应机制，或者回应机制启动仅流于形式，而不作具体回复和变动，此时回应主体应当承担相应责任。当前地方立法质量评估结果回应机制仅作为评估程序中一个环节依附于立法后评估存在，缺乏独立性，其中的法律规则缺乏完整的运行逻辑，制度概念尚不明确，违反制度行为也缺乏惩戒措施与责任承担的确定。

3. 评估结果回应机制原则具有恰适性

法律原则是为其他法律要素提供基础的综合性原理。[2] 法律的恰适性指制度对其存在的环境和对于制度相关人的恰当性、适应性，是制度与环境和人的和谐有机统一。[3] 法律原则作为法律制度的根本价值性体现，必须与法律外部因素相融合，同时又可以实现对法律体系内在的指导。偏离了法律内容的法律原则形同虚设，法律原则的关联性和约束力是制度可预测性的前提要求。

现行之地方立法后评估制度及其结果回应机制多以客观公正、

---

[1] 参见张文显主编：《法理学》（第5版），高等教育出版社2018年版，第117页。
[2] 参见张文显：《法理学》（第5版），高等教育出版社2018年版，第121页。
[3] 参见秦国民、高亚林：《恰适性：推进国家治理现代化的制度建设原则》，载《中国行政管理》2015年第9期。

公开透明、科学合理、公众参与与注重实效等为法律原则,但仍缺乏关涉监督、效率之指导原则;评估结果回应制度在遵循上述原则的基础上,理应重视回应主体采取措施的及时性与效率性,立法后评估中发现的问题必然在社会实践中已经长期存在;随着社会实践的快速发展,法治实践问题呈现一种不可知化状态发展;除此之外,当前之地方立法后评估及结果回应机制缺乏监督与测评机制,不能保证其合法性与合理性,因此完善监督规范,注重效率原则势在必行。

二、评估结果回应机制规范完善

法律非经解释不得适用。无论是法律规则还是法律原则,都需要经过解释,确定法律概念的精准含义,从而实现法律适用的"真"。在中国语境下,确定性法律规则不在少数,除此之外,法律渊源中还包含着概括性的法律原则、灵活性法律政策和政府部门的行政命令。正因为某些灵活性法律政策与行政命令的流通、灵活程度与适用范围要广于法律规范,所以这也是基于两种场景下的法治实践状态。其实在我国法律语境下,确定性法律规则遍布中国绝大多数法律规范,当然除此之外还有概括性的法律原则、灵活性的法律政策与政府部门的行政命令等也发挥着作用。因此,即便是在大量确定性规则存在的前提下,仍要继续规范、完善相关机制规范,以切实保障制度实践。

(一)评估结果回应机制规范依据完善

对于地方立法质量评估结果回应机制的规范建设理念,可以从人民主权理论与法律有效性角度出发,合理地构建评估结果回应制度规范。

1. 人民主权原则

法的合法性源自以人民主权原则为基础的立法程序。[1] 人民

---

[1] 参见[德]哈贝马斯:《在事实与规范之间——关于法律和民主法治国的商谈理论》,童世骏译,生活·读书·新知三联书店2003年版,第167页。

主权理论深刻阐释和说明了国家权力来源的合法性、人民性以及最终归属性。人民主权原则的发展历经了弥尔顿、洛克、卢梭等近代学者,内涵逐渐扩大并且拥有现代化特点。人民既是法律共同体中多元主体的必需主体,[1]也是享有最高及最终立法权之主体。立法权因其特殊性质当属于国家最高权力,隶属于最根本主体。[2]自各国宪法的基本内容观察不难发现,人民主权原则的规定主要以三种形式呈现,分别是以专门原则进行规定;以确定和保证国家权力行使的基本方式来体现人民主权;以规定基本权利义务的有关规范体现人民主权。以上,当公民参与评估结果回应程序中时,自然体现人民主权原则下的基本内涵。基于以上分析,人民主权原则在评估结果回应机制中的规范价值和理论价值体现在以下几个方面。

第一,人民主权原则在评估结果回应机制中缓和了人民与权力机关的利益冲突,不再将人民置于国家之对立面,而是放置于平等协商的位置,达致规范价值实现的基础;第二,通过在平等协商的对等地位上建立对话机制,将人民对于立法之实践效果与文本意见反应在评估报告中,继而以回应的形式对公权力进行制约,有效地缓解立法机关的压力,提升立法质量。另外,公民以评估报告的形式表达利益诉求,也是通过非直接的方式行使另一类型的立法权的表现,在某种程度上即人民主权原则的体现。

相较于现行的地方立法质量评估结果回应机制,健全齐备的评估结果回应制度更能体现人民主权原则,其既可以针对评估中出现的问题进行有效回应,又可以限制自由裁量权,打破权力垄断,减少权力寻租和腐败的滋生。

2.法律的有效性原则

法律的有效性按照法律规范与社会事实的构成特点来看,当然

---

[1] 参见任懿:《"人民"内涵的法理释义》,载《河北法学》2013年第5期。
[2] 参见[英]约翰·洛克:《政府论》(下篇),叶启芳、瞿菊农译,北京大学出版社2014年版,第23页。

包含规范的有效性和事实的有效性;其中,规范的有效性为前提性条件,事实有效性代表实体价值的追求,规范有效性是实现事实有效性的前置性要件,事实有效性是规范有效性的终极价值体现。二者同构统一形成法律的有效性原则,并以商谈交涉理论作为二者的连接机制。"所有利益相关者认可的行为,需同时满足所有人已经合法行使参与权,所有行使参与权的人已经同意。"[1] 由此,法规范的形成需要具备有效性,即人民已然行使立法权,行使立法权之人民已经全部同意具体规范,此时方可产生法之规范的有效性,规范得以合法化。

以上,公民将自己意志通过合法手段转为国家公意,既需要转变为法律主体角色,又需要参与到规范形成过程并且认可规范,经此,法律才成为具备有效性的法。[2] 自此角度,法应当是公民对自我的理解与对他人的认可的合一产物。地方立法质量评估结果回应机制内含有法律的有效性理论,规范的有效性不仅体现在地方立法中,还体现在评估结果报告与回应机制中。评估报告的形成既需要多方主体参与,亦需要多元化的主体认可评估报告之基本内容;回应机制同样需要回应主体、相关权利主体与人民的多方参与,并且互相理解与认可回应结果。在前述法律规范形成的基本框架下,评估事实与回应事实不断地与基本规范互动与回应,评估报告的产出与回应结果的获得促使事实有效性与规范有效性形成一个完整的呼应与交涉。因此,法律的有效性原则为评估结果回应机制的建立与完善提供了理论借鉴。

(二)评估结果回应机制内容完善

评估结果回应机制在坚持人民主权和法律有效性的原则下,应不断地创制和完善回应机制的相关规范,既可以包括形式规范,也包

---

[1] [德]哈贝马斯:《在事实与规范之间——关于法律和民主法治国的商谈理论》,童世骏译,生活·读书·新知三联书店2003年版,第174页。
[2] 参见任岳鹏:《哈贝马斯法律合法性思想与西方马克思主义传统之关联》,载《河北法学》2010年第4期。

括实体性规范,或者是特殊性规范和一般性的规范。当然,评估结果回应机制之完善需要评估以报告结果的有效性为前提性条件;因此,可以从以下两个方面出发。

1. 评估报告的前提性完善

评估报告形成于地方立法后评估活动,作为回应机制的前提性条件,评估报告需要既具备可靠性,又具备可信性,同时尽可能避免法律的有限性。评估报告的形成应在人民主权原则之下,即公民通过法定的程序,按照法定权利与义务的要求,参与地方立法,形成包含公意性的地方立法;除去立法者身份与角色,公民即作为多元化主体之一参与到地方立法后评估实践中去,依照量化法治标准,通过表达公意与输出意愿之活动,评估报告得以有效形成。评估结果回应机制的有效性已经具备法律有效性的一般条件。事实有效性需要评估报告在后续过程中可有效反馈应用到地方法治实践中去。评估报告只有同时具备了效度与信度的情形下,才会实现评估结果回应机制的创制性发展。

2. 评估结果回应机制的规范体系完善

在回应机制程序中,良好运行的规范体系可有力地保证回应机制从制度规范落实到法治实践根本。一般而言,与评估报告内容一一对应,回应机制需要对评估报告中的文本质量要求与实施效果改进。一方面,为了保证文本质量,实现回应文本质量的需求,回应活动需要遵守立法的客观规律,同时观摩研究客观事物的规律变通性、语言阐释的逻辑性与合理性。另一方面,回应活动在兼顾地方立法与评估活动的逻辑连贯性的同时,还需掌握社会整体的公意追求实现之价值目标,社会个体之利益诉求也应当及时地得以反馈与实现。[1] 无论是社会公意还是个体之利益诉求,权利义务分配的恰当性与合比例性必然以社会正义为指导原则,且始终以人的正当化利

---

[1] 参见冯玉军、王柏荣:《科学立法的科学性标准探析》,载《中国人民大学学报》2014年第1期。

益实现为最终的价值准则。[1] 除此之外,回应机制的规范体系中需要具备对行政执法质量的回应。对于行政执法之评估审核,或建立完善相关的配套措施与制度,或改进行政执法工作之细节,贯彻文明科学执法,增强法规范与回应机制的可操作性。[2]

(三)评估结果回应机制程序完善

对于评估结果回应机制程序的完善,本部分将从微观层面细化回应程序。具体包括对于立法质量与行政执法质量的回应,以及对回应报告的作出、审核与公告等微观程序。

首先,回应机关按照法定程序及时取得评估报告,也即原制定之立法机关和行政执法机关要按照法定要求与程序及时审议评估报告,或者将其列入年度立法规划,或依法进行法律变更活动。其次,若论回应机制中行政执法之内容,此时针对评估报告的执法实施问题,应将行政执法机构作为回应主体,或更改行政执法的配套制度,或对执法人员的行为进行相关处理;当然在适用前,回应机关应及时对评估报告进行可行性审核与合法性检验。若未通过基础之可行性审核,回应主体应当及时告知评估机关,或更改评估报告,或停止评估进程。最后,依据回应程序所得之回应报告应在特定公共空间内公布回应过程与回应结果,便于监督与查阅。

概言之,对于以上权力机关之回应可统称为制度回应,即制度整合。此制度整合又因社会客观发展条件的不同而兼具有分层性和局限性,但是其始终以维护和实现公众利益最大化为根本性原则。依据回应信息的规范化程度、回应时间的持久性、回应结果所产生的影响程度等方面,可以将回应分为制度化和非制度化。[3] 地方立法后评估中权力机关之制度回应一般体现在权力机关依据评估内容对被

---

[1] 参见崔卓兰、孙波:《地方立法质量提高的分析和探讨》,载《行政法学研究》2006年第3期。

[2] 参见邓功成:全面提升立法质量是依法治国的根本途径》,载《国家行政学院学报》2015年第1期。

[3] 参见戚攻:《论"回应"范式》,载《社会科学研究》2006年第4期。

评估对象作出立、改和废等相关立法活动，此种回应适用限度小、范围窄、强制约束力强；相较而言，权力机关的非制度回应也即社会回应具有形式多元性，可通过多种方式有效反映群众意见，维护公众利益，促进地方立法质量评估结果回应机制程序完善。

如图7-3所示，知情性回应是非深度性回应的初级形式，即可以包含地方立法后评估相关信息，包括评估公告、评估主体与评估方法等的公开，以及知晓后的参与与否；中级形式则有协商合作式回应：协商式回应乃是一种在主体之间以自主协商为基础而达成的共识或者纠偏性协商；合作式回应首先应当共同认同政府之基本诉求，与公共政策进行合作。高级形式有参与决策回应，如提出提案、社会监督和公民投票表决等。辨识性回应在地方立法后评估回应中多指立法后评估的前期准备工作。调整性回应则是权力机关作为回应主体开始对评估结果作出回应与否。承诺性回应在地方立法质量评估结果回应机制中泛指对回应机制本身的监督，也即可以考虑为元评估制度与人民群众满意度测评。通过这四种非深度性回应，搭配回应机制自身制度性回应，保证地方立法后评估回应机制程序日趋呈系统化和完善。

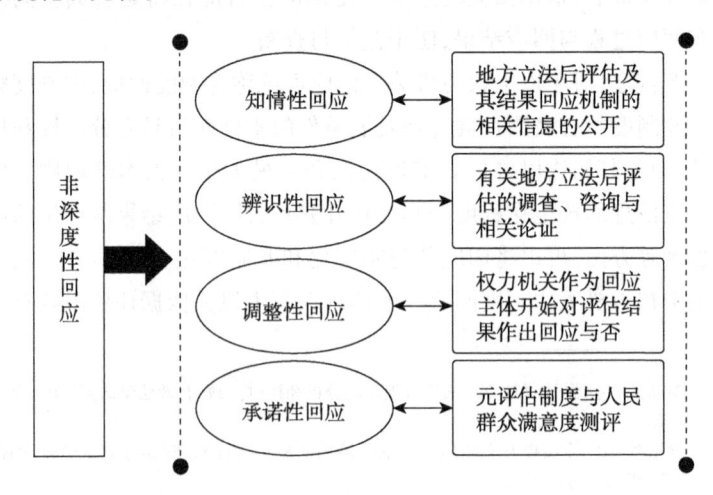

图7-3 非深度性回应拆解分类

三、评估结果回应机制实践完善

(一)实现地方立法质量评估结果回应主体的权责一致

"法律的真理知识,来自于立法者的教养。"[1]在评估结果回应制度化建设的背景下,回应主体与立法者具有大概率的重合性。回应主体的模糊性与不确定性导致评估结果回应机制启动与运行的随机性,使得回应主体权力与责任不相匹配。

当前,关于回应主体有如是说:"回应主体是回应法律关系的主体,包括回应的权力主体与义务主体。"[2]而对于回应义务主体的范围则由启动、组织、实施和参与主体组成,上述回应义务主体的广泛界定造成危机模式下的责任推诿。

回应主体随着评估报告中主体的变化与发展而改变,回应义务主体更是内含在回应主体中,都是特定的国家机关。具体来讲,包括三种类型的回应主体,其中,立法回应主体专职文本质量的改进与修改废释等立法性活动,执法回应主体以提高行政执法质量为回应的主要内容,司法回应主体多以司法行为为核心开展回应活动。回应主体又可分为回应权力主体和回应义务主体,依照"有权主动启动并且组织立法评估工作的特定权力机关"之界定,回应权利主体包括地方立法机关,比如地方人大及其常委会和地方政府。

回应主体之权责以回应主体的类型化不同而产生差异。回应权利主体既可以直接实施评估、接受回应报告,也可以审核回应内容;而回应义务主体仅在特定范围内就评估结论作出直接有效回应。回应主体范围的明确界定,更加明晰了回应主体的责任,使权责相统一。

(二)促进评估结果回应机制的程序一体与完整性

地方立法质量评估结果回应机制程序的一体化与完整性主要是

---

[1] 龙卫球:《法律主体概念的基础性分析(下)——兼论法律的主体预定理论》,载《学术界》2000年第4期。
[2] 汪全胜等:《立法后评估研究》,人民出版社2012年版,第370页。

从两个方面出发阐述其程序价值的体现以及程序完整对程序正义和实体正义实现的基本前提。

1. 回应机制程序与评估程序的完整性

地方立法质量评估结果回应程序虽然亦是为了实现地方立法后评估的目的,促进粗放型立法向精细化立法的过渡与转型,提高立法质量,但因其具有独立的程序,所以回应程序的独立性价值与程序价值理应被重视。评估结果的回应是地方立法质量评估结果得以应用、反馈到立法实践的关键和唯一环节,通过合理化的回应,地方立法质量评估结果方才得以有效实现。

对于回应程序的独立性而言,需具备独立权力机关作为回应主体,且回应主体之责任义务承担不同于评估主体:回应主体无须考虑制定评估指标,赋予评估结果合理性、可行性与科学性,仅以评估报告结果为依据,向群众以及立法机关作出有效回应,确保评估结果于程序上落到实处;至于实体价值之实现,回应主体尚不具备相应职责。也就是说,需要严格地区分回应权利主体与回应义务主体,清楚界定回应权利主体与评估主体之职责差异性。

于回应程序的程序价值而言,回应程序是以实体价值实现为目的,外部表现为程序价值之证成与实现。但其程序价值之证成不是独立的,其依赖于并且组成了完整的地方立法后评估程序。回应机制程序与地方立法后评估程序的完整性以评估报告为串联凭证,通过评估报告结果,以评估主体、回应主体的权利义务为联结,以期实现评估结果的应然价值和实然价值的统一。

2. 评估结果回应机制程序与地方立法程序的衔接

地方立法质量评估结果回应机制尽管只是评估制度中的一个应有环节,但是其为实现地方立法质量评估结果实践价值的关键环节,而这实践价值实现的关键就是通过对评估结果作出回应,将相关建议反馈到地方立法中,促进地方立法的制定、修改解释或者废除等。

当前地方立法实践中评估结果多作为草案的形式对地方立法提出修改建议或者参考,但是并未明文规定程序将二者进行明确联结。

现行权力机关的法治运行理念与责任追究制度模糊了回应程序与地方立法程序联系的机制,淡化了二者之间的联系。

一般而言,依照《立法法》、地方各级人民代表大会和地方各级人民政府组织法,地方性法规草案由负责统一审议的机构提出审议结果的报告和草案修改稿,其中地方立法质量评估结果并不在地方性法规草案之列,这在程序衔接机制上出现了断层,导致无法可依,造成评估结果适用与应用的合法性存疑。显然,若对地方立法程序进行修改,则意味着要对现行宪法、立法法以及地方各级人民代表大会和地方各级人民政府组织法进行修改,按照成本收益分析法,因之而产生的立法成本与资源远超机制联结配套所产生的预期收益,因此评估结果回应机制与地方立法后评估制度应逐步作出改变。由原来的参考地方立法后评估的结果逐渐转变为依据,将其与地方各级人民代表大会中的主席团、常委会或各专门委员会、人大代表之议案相联系,将评估结果之体现于反馈置于议案的前置性环节,衔接好评估结果回应机制与地方立法程序。

(三)增强评估结果的监督与测评机制

1. 元评估制度的建立

除却对评估的纠错与补充作用,元评估制度更多的是评估双方的交涉对话平台。元评估监督制度通过追踪外在程序的运行、核查产生之结果,时刻调试运行评估之偏差。但是,时下之评估理论与法治实践缺乏对法治评估的系统性自我认证,因此元评估制度仍缺失理论的正当性与合理性;论及地方立法后评估及结果回应机制,同样缺乏系统性的理论自洽性。失去佐证的评估结果因价值基准的缺失导致评估难以实现实效性,这又进一步形式化了评估活动与反馈实践。因此,元评估制度由理论到实践,有助于打破评估的封闭怪圈,构建起对评估的反思审视与回应机制,型构法治评估之新内涵。基于元评估监督制度的建设与威慑作用,对元评估制度建设可从以下两个方面展开。

第一,建立内部视角下的多维监督回应体系。通过监督"闭合"

回路路径的开展,不断地优化升级评估回应环境与监督等级与范围。多维监督包括自上而下的监督,自里向外的监督以及自下而上的监督等方式,多元化的监督方式混合辅助使用,可实现评估结果回应制度的有效运行。

第二,加大对消极回应行为的惩戒力度,建设规范的责任承担机制。通过监督检查评估结果回应工作,尤其对消极回应、模糊回应、拖延回应甚至不回应等行为严格核查和追究问责,通过高效规范的责任承担机制确保评估结果回应机制建设与发展。呈系统化、常态化的监督机制,自主观与客观的双重角度促进评估结果回应机制发挥实效,不仅是短期实效性的体现,其更是建立长效回应机制的必备手段。

2. 公众满意度测评机制的建立

法律得以重新获得活力的关键与重要途径即更加广泛的公众参与。除非人们觉得那是属于他们自己的法律,否则就不会尊重法律。[1]

地方立法后评估及其结果回应机制的直接目的即提高地方立法质量,其根本目的系为人民服务,提升人民群众的满意感与幸福度。将公众满意度作为衡量评估结果回应工作的标尺,以此为比照,将评估结果回应机制真正落到实处。

第一,建立公众满意度调查机制。公众满意度量化的评估指标可有效地将公众看法与态度集中地反映为具象化意见,调查机制的规范化与制度化集中形象地处理并且表达了公民意见,可以此为据发现回应机制的缺陷,并促进评估结果回应制度更优化发展。

第二,建立再回复机制。当前评估结果回应机制仍存有诸多弊端、缺陷和质疑,公民之不满意态度仍可以在客观上促进回应机制改善和发展。满意度调查机制并非仅以满意作为评估指标,不满意也

---

[1] 参见[美]伯尔曼:《法律与宗教》,梁治平译,中国政法大学出版社2003年版,第35页。

是重要衡量因素,权力机关通过对不满意的收集与评估量化集中进行处理,自第一视角发现问题,将评估结果回应机制的弊端与不足尽力解决在初始阶段。满意度调查机制与不满意的再回复机制互相配合,一体两面,共促评估结果回应机制建设。

结　语

就中国的法治建设而言,地方立法无疑在推动国家治理现代化的进程中发挥了重要作用。在我国全面深化改革的大背景下,立法工作面临的形势已经发生了重大变化。正如习近平总书记所强调:"人民群众对立法的期盼,已经不是有没有,而是好不好、管用不管用、能不能解决实际问题。"[1]中共中央印发的《法治中国建设规划(2020—2025年)》也对地方立法工作提出了新要求,明确有立法权的地方要结合本地实际需要,突出地方立法的特色性、针对性和实效性,避免越权立法、重复立法、盲目立法。作为提升立法质量的重要方式,立法评估制度对于完善我国的法律体系具有重要的价值。地方立法质量评估是狭义上的立法评估,注重立法后评估。然而,根据"为何评估—谁来评估—评估什么—如何评估—评估何用"的操作流程,我国的地方立法质量评估机制并没有发挥出应有的作用,在现实中产生了诸多问题,这既需要在实践中加以反思,也需要从理论上进行总结,促使实践与理论相结合。

在现有的地方立法质量评估中,以立法机关为主导的内部评估模式为主流。该模式通过自查自纠的方式,发现立法工作中存在的问题,以实现对立法成果的检验。然而,评估虽以提高立法质量为目的,但一定程度上却沦为各地方立法成绩的竞争工具。在这种"工

---

[1] 习近平:《在十八届中央政治局第四次集体学习时的讲话》,载中共中央文献研究室编:《习近平关于全面依法治国论述摘编》,中共中央文献出版社2015年版,第43页。

具主义"观念下,立法评估的预期目标和实践效果存有较大差距,并没有达到提升立法质量的目的。因而,我们认为,对立法质量评估机制优化,首先要注重多元主体的参与,即在第三方的组织下,吸收利益相关者、社会公众等主体,以确保立法评估的专业性、民主性。然而,人的理性是有界限的,这种界限不仅指人类在理性能力上的不足,而且还指理性能力本身受到非理性、无理性因素的限制。在强调第三方立法作用的同时也需要明确其缺陷,如第三方主体在评估过程中,受到主观认知与评估环境的影响,真正做到理想化的独立、专业性评估是很难的,但可以通过诸多措施尽量保证评估主体的中立,以期实现评估结果的有效。

地方立法质量评估需要一定的评估标准,这是确保评估科学有效的重要保障。评估要想达到检验立法质量的目的,就需要内化为一种可操作化的手段,于是追求指标的技术性成为理论界和实务界的目标。也正是因为技术的可借鉴,国内的法治评估借鉴世界正义工程所构建的"法治指数",立法评估主要受"成本—收益"评估或者"影响性评估"来构建指标。实际上,立法质量评估体系是服务于评估的目的和需求,标准或者指标应当致力于评估的发展需求和阶段性目标。立法质量评估体系是以一国立法为作用对象的,其中必然夹杂着各国的立法价值;而立法价值是一国最高权力机关运用法律治理国家的意识形态的表现,必然与一国的政治体制、经济体制、社会体制、文化体制相适应。我国的地方立法质量评估体系在重构过程中,需要区分评估的技术和价值,立足于本土国情,防止被他国同化。同时,基于我国的现实,各地方立法情况呈现多样性,评估体系也需要注重"地方性知识",以实现评估结果的客观化和评估结论向立法转化。其实,就地方立法质量评估的研究而言,其方法论基础在于法治"规范"和"实效"的结合,因而,评估指标的构建与运用应当坚持主观和客观相统一、定量与定性分析相融合。一方面,评估不能以价值无涉的态度对立法进行机械的分解,另一方面也不能过度地以价值关联的立场对立法进行抽象解读,而应当是在主观与客观、确定性与不确定性中找寻到一个契合点,真正地使立法质量评估能够对我国的地方立法有益,对法治建设的推进有用。当然,当前对于评估或者评估研究的质疑在于评估本身的科学性与评估结果的有效性没有有机结合,两者属于不同的轨道。而注重"规范"与"实效"相结合的理论,正是要跳出单一的评估路径,以使我们的研究能够摆脱"虚化"的困境。于是,在注重"规范"与"实效"相结合的基础上,本书构建出了以价值、规范和实效为体系的评估标准。

然而,地方立法总是受限于特定的政治、经济、社会环境,不同的自然条件、历史文化和风俗习惯造就了地方法规范的差异性。试图以一套评估标准来检验各地方的立法质量可能存有局限,这决定了各地方要根据自身需要对评估标准及指标有所侧重,而非以权重"平均"的做法忽视立法的特性和目的。此外,不同类型法规对评估标准的要求也是不同的。例如,经济类立法的评估应该注重其对社会的经济效益,社会、环境效益可能是次要考察的目的;而环境保护类立法则更注重生态环境的保护、人与自然和谐发展等方面,经济效益要放在次要位置。本书并没有对指标的权重和不同类型法规的评估标准进行设立,这是一种遗憾。因此,在未来的研究过程中,要拓宽视野,针对不同立法的对象来设计不同的评估体系,并且指标的设计更需要注重地方的特色。

参考文献

一、中文专著

1. 陈小君、张绍明主编:《地方立法之实证研究:以湖北省为例》,中国政法大学出版社2009年版。
2. 陈雪平:《立法价值研究——以精益学理论为视阈》,中国社会科学出版社2009年版。
3. 杜健荣:《卢曼法社会学理论研究:以法律与社会的关系问题为中心》,法律出版社2012年版。
4. 范柏乃:《政府绩效评估与管理》,复旦大学出版社2007年版。
5. 高洪成:《"异体评估"视域下的政府绩效评估研究》,东北大学出版社2009年版。
6. 顾培东:《我的法治观》,法律出版社2013年版。
7. 郭道晖主编:《当代中国立法》,中国民主法制出版社1998年版。
8. 黄俊尧:《政府绩效评价、公众参与与官僚自主性》,中国社会科学出版社2014年版。
9. 黄文艺、杨亚非主编:《立法学》,吉林大学出版社2002年版。
10. 季卫东:《法治秩序的建构》(增补版),商务印书馆2014年版。
11. 江传月:《评价的认识本质和真理性——刘易斯价值理论研究》,中山大学出版社2005年版。
12. 李林:《立法理论与制度》,中国法制出版社2005年版。
13. 李林主编:《立法过程中的公共参与》,中国社会科学出版社2008年版。
14. 李龙主编:《良法论》,武汉大学出版社2005年版。
15. 李伟权:《政府回应论》,中国社会科学出版社2005年版。

16. 李允杰、丘昌泰:《政策执行与评估》,北京大学出版社 2008 年版。
17. 凌斌:《法治的中国道路》,北京大学出版社 2013 年版。
18. 刘少军等:《立法成本效益分析制度研究》,中国政法大学出版社 2011 年版。
19. 刘作翔、冉井富主编:《立法后评估的理论与实践》,社会科学文献出版社 2013 年版。
20. 罗传贤:《立法程序与技术》,台北,五南图书出版股份有限公司 1996 年版。
21. 苗连营:《立法程序论》,中国检察出版社 2001 年版。
22. 彭真:《论新时期的社会主义民主与法制建设》,中央文献出版社 1989 年版。
23. 强世功:《立法者的法理学》,生活·读书·新知三联书店 2007 年版。
24. 任尔昕等:《地方立法质量跟踪评估制度研究》,北京大学出版社 2011 年版。
25. 阮荣祥、赵泹主编:《地方立法的理论与实践》(第 2 版),社会科学文献出版社 2011 年版。
26. 沈国明、史建三、吴天昊等:《在规则与现实之间——上海市地方立法后评估报告》,上海人民出版社 2009 年版。
27. 孙伟平:《事实与价值》,中国社会科学出版社 2000 年版。
28. 汤唯、毕可志等:《地方立法的民主化与科学化构想》,北京大学出版社 2002 年版。
29. 汪劲:《地方立法的可持续发展评估:原则、制度与方法——以北京市地方立法评估制度的构建为中心》,北京大学出版社 2006 年版。
30. 汪全胜等:《立法后评估研究》,人民出版社 2012 年版。
31. 汪全胜:《立法成本效益评估研究》,知识产权出版社 2016 年版。
32. 王人博、程燎原:《法治论》,广西师范大学出版社 2014 年版。
33. 吴浩、李向东编写:《国外规制影响分析制度》,中国法制出版社 2010 年版。
34. 徐汉明、林必恒、郭川阳等:《"法治中国"建设指标体系和考核标准研究》,法律出版社 2019 年版。
35. 徐向东:《道德哲学与实践理性》,商务印书馆 2006 年版。

36. 杨景宇:《法治实践中的思考》,中国法制出版社 2008 年版。
37. 俞可平:《权利政治与公益政治》,社会科学文献出版社 2003 年版。
38. 俞可平:《治理和善治》,社会科学文献出版社 2000 年版。
39. 俞可平主编:《国家治理评估——中国与世界》,中央编译出版社 2009 年版。
40. 俞荣根主撰、主编:《地方立法后评估研究》,中国民主法制出版社 2009 年版。
41. 袁曙宏主编:《立法后评估工作指南》,中国法制出版社 2013 年版。
42. 原丁:《服务型政府回应力研究》,中央编译出版社 2013 年版。
43. 张德淼等:《中国法治评估理论与实践探索》,湖北人民出版社、长江出版传媒 2019 年版。
44. 张德淼:《中国地方法治实施效能评价指标体系研究》,法律出版社 2019 年版。
45. 张丽清编译:《法治的是与非——当代西方关于法治基础理论的论争》,中国政法大学出版社 2015 年版。
46. 赵立玮:《规范与自由:帕森斯社会理论研究》,商务印书馆 2018 年版。
47. 郑宁:《行政立法评估制度研究》,中国政法大学出版社 2013 年版。
48. 周大鸣、秦红增:《参与式社会评估:在倾听中求得决策》,中山大学出版社 2005 年版。
49. 周实:《行政评价法制度研究》,东北大学出版社 2014 年版。
50. 周旺生:《立法学》,法律出版社 2004 年版。
51. 周旺生、张建华:《立法技术手册》,中国法制出版社 1999 年版。
52. 周雪光:《中国国家治理的制度逻辑》,生活·读书·新知三联书店 2017 年版。

二、中文译著

53. [奥]凯尔森:《纯粹法理论》,张书友译,中国法制出版社 2008 年版。
54. [奥]凯尔森:《法与国家的一般理论》,沈宗灵译,商务印书馆 2013 年版。
55. [德]伯恩·魏德士:《法理学》,丁晓春、吴越译,法律出版社 2013 年版。
56. [德]贡塔·托依布纳:《魔阵·剥削·异化——托依布纳法律社会学文

集》,泮伟江、高鸿钧等译,清华大学出版社 2012 年版。
57. [德]哈贝马斯:《在事实与规范之间——关于法律和民主法治国的商谈理论》,童世骏译,生活·读书·新知三联书店 2003 年版。
58. [德]黑格尔:《法哲学原理或自然法和国家学纲要》,范扬、张企泰译,商务印书馆 2009 年版。
59. [德]卡尔·拉伦茨:《法学方法论》,陈爱娥译,商务印书馆 2003 年版。
60. [德]赖因哈德·施托克曼、[德]沃尔夫冈梅耶:《评估学》,唐以志译,人民出版社 2012 年版。
61. [德]马克斯·韦伯:《经济与社会》(第 2 卷),阎克文译,上海人民出版社 2020 年版。
62. [德]马克斯·韦伯:《韦伯作品集Ⅲ——支配社会学》,康乐、简惠美译,广西师范大学出版社 2004 年版。
63. [德]尼克拉斯·卢曼:《法社会学》,宾凯、赵春燕译,上海人民出版社 2013 年版。
64. [德]尼可拉斯·鲁曼:《社会中的法》,李君韬译,台北,五南图书出版股份有限公司 2009 年版。
65. [法]布尔迪厄、[美]华康德:《反思社会学导引》,李猛、李康译,商务印书馆 2015 年版。
66. [法]卢梭:《社会契约论》,何兆武译,商务印书馆 2003 年版。
67. [法]皮埃尔·布尔迪厄:《实践理性:关于行为理论》,谭立德译,三联书店 2007 年版。
68. [古希腊]亚里士多德:《政治学》,吴寿彭译,商务印书馆 1965 年版。
69. 《立法评估:评估什么和如何评估——美国、欧盟和 OECD 法律法规和指引》,席涛等译,中国政法大学出版社 2012 年版。
70. [美]R. M. 昂格尔:《现代社会中的法律》,吴玉章、周汉华译,中国政法大学出版社 2008 年版。
71. [美]伯尔曼:《法律与宗教》,梁治平译,中国政法大学出版社 2003 年版。
72. [美]E. 博登海默:《法理学:法律哲学与法律方法》,邓正来译,中国政法大学出版社 2004 年版。
73. [美]布赖恩·Z. 塔玛纳哈:《法律工具主义:对法治的危害》,陈虎、杨洁译,北京大学出版社 2016 年版。

74. [美]布雷恩·Z. 塔玛纳哈:《论法治——历史、政治和理论》,李桂林译,武汉大学出版社 2010 年版。

75. [美]布鲁斯·阿克曼:《我们人民:宪法的根基》,孙力、张朝霞译,法律出版社 2004 年版。

76. [美]富勒:《法律的道德性》,郑戈译,商务印书馆 2005 年版。

77. [美]格罗弗·斯塔林:《公共部门管理》,陈宪等译,上海译文出版社 2003 年版。

78. [美]霍姆斯:《法律的生命在于经验——霍姆斯法学文集》,明辉译,清华大学出版社 2007 年版。

79. [美]罗伯特·S. 萨默斯:《美国实用工具主义法学》,柯华庆译,中国法制出版社 2010 年版。

80. [美]罗斯科·庞德:《法理学》(第 3 卷),廖德宇译,法律出版社 2007 年版。

81. [美]诺内特、[美]塞尔兹尼克:《转变中的法律与社会:迈向回应型法》,张志铭译,中国政法大学出版社 1994 年版。

82. [美]庞德:《通过法律的社会控制》,沈宗灵译,商务印书馆 2010 年版。

83. [美]司马贺:《人类的认知:思维的信息加工理论》,荆其诚、张厚粲译,科学出版社 1986 年版。

84. [美]塔尔科特·帕森斯:《社会行动的结构》,张明德、夏遇南、彭刚译,译林出版社 2012 年版。

85. [日]田中成明:《现代社会与审判:民事诉讼的地位和作用》,郝振江译,北京大学出版社 2016 年版。

86. [英]安东尼·吉登斯:《社会的构成:结构化理论纲要》,李康、李猛译,中国人民大学出版社 2016 年版。

87. [英]边沁:《道德与立法原理导论》,时殷弘译,商务印书馆 2000 年版。

88. [英]哈特:《法律的概念》(第 2 版),许家馨、李冠宜译,法律出版社 2011 年版。

89. [英]霍布斯:《利维坦》,黎思复、黎廷弼译,商务印书馆 1985 年版。

90. [英]洛克:《政府论》(下),叶启芳、瞿菊农译,商务印书馆 2004 年版。

91. [英]约瑟夫·拉兹:《法律体系的概念》,吴玉章译,商务印书馆 2018

年版。

三、期刊文献类

92. 曹刚:《立法促德如何可能——关于文明行为促进条例的伦理学思考》,载《湖北大学学报(哲学社会科学版)》2021 年第 2 期。
93. 车传波:《综合法治论——兼评形式法治论与实质法治论》,载《社会科学战线》2010 年第 7 期。
94. 陈柏峰:《党政体制如何塑造基层执法》,载《法学研究》2017 年第 4 期。
95. 陈柏峰:《中国法治社会的结构及其运行机制》,载《中国社会科学》2019 年第 1 期。
96. 陈俊荣、魏红征:《地方立法后评估框架性体系探析》,载《地方立法研究》2018 年第 1 期。
97. 陈珺珺:《论行政立法后评估制度之构设》,载《兰州学刊》2006 年第 11 期。
98. 陈林林:《法治指数中的认真与戏谑》,载《浙江社会科学》2013 年第 6 期。
99. 陈伟斌:《地方立法评估成果应用法治化问题与对策》,载《政治与法律》2016 年第 3 期。
100. 陈伟斌:《地方立法评估的立法模式与制度构建》,载《法学杂志》2016 年第 6 期。
101. 杜承秀、朱云生:《地方立法评估的实践审视与制度完善》,载《地方立法研究》2018 年第 1 期。
102. 封丽霞:《大国变革时代的法治共识——在规则约束与实用导向之间》,载《环球法律评论》2019 年第 2 期。
103. 封丽霞:《认真对待地方法治——以地方立法在国家法治建设中的功能定位为视角》,载《地方立法研究》2016 年第 1 期。
104. 封丽霞:《中央与地方立法事权划分的理念、标准与中国实践——兼析我国央地立法事权法治化的基本思路》,载《政治与法律》2017 年第 6 期。
105. 冯玉军:《中国法律规范体系与立法效果评估》,载《中国社会科学》2017 年第 12 期。

106. 付子堂、张善根:《地方法治实践的动力机制及其反思》,载《浙江大学学报(人文社会科学版)》2016 年第 4 期。
107. 何鹏:《知识产权立法的法理解释——从功利主义到实用主义》,载《法制与社会发展》2019 年第 4 期。
108. 胡玉鸿:《法理的功能及与其他评估标准的异同——清末变法大潮中的法理言说研究之三》,载《法制与社会发展》2020 年第 4 期。
109. 黄锫:《地方立法"不重复上位法"原则及其限度——以浙江省设区的市市容环卫立法为例》,载《浙江社会科学》2017 年第 12 期。
110. 姜永伟:《法治评估的科层式运作及其检视——一个组织社会学的分析》,载《法学》2020 年第 2 期。
111. 蒋银华:《立法成本收益评估的发展困境》,载《法学评论》2017 年第 5 期。
112. 瞿郑龙:《当代中国的国家立法模式及其原则重塑——实证政治视野的分析》,载《法制与社会发展》2016 年第 6 期。
113. 康兰平:《法治评估理论的跃升空间:实效法治观与我国法治评估实践机制研究》,载《法制与社会发展》2017 年第 4 期。
114. 雷磊:《法教义学能为立法贡献什么?》,载《现代法学》2018 年第 2 期。
115. 雷磊:《立法的特性——从阶层构造论到原则权衡理论》,载《学术月刊》2020 年第 1 期。
116. 李朝:《法治评估的类型构造与中国应用——一种功能主义的视角》,载《法制与社会发展》2016 年第 5 期。
117. 李朝:《量化法治的权利向度——法治环境评估的构建与应用》,载《法制与社会发展》2019 年第 1 期。
118. 李店标、冯向辉:《地方立法评估指标体系研究》,载《求是学刊》2020 年第 4 期。
119. 廖奕:《法治中国道路的价值逻辑问题》,载《法治研究》2019 年第 4 期。
120. 刘松山:《党领导立法工作需要研究解决的几个重要问题》,载《法学》2017 年第 5 期。
121. 刘艳红:《以科学立法促进刑法话语体系发展》,载《学术月刊》2019 年第 4 期。
122. 刘艺:《国家治理理念下法治政府建设的再思考——基于文本、理念和指标的三维分析》,载《法学评论》2021 年第 1 期。

123. 刘志鹏:《我国村民自治地方立法质量评估》,载《武汉大学学报(哲学社会科学版)》2011 年第 3 期。

124. 裴洪辉:《合规律性与合目的性:科学立法原则的法理基础》,载《政治与法律》2018 年第 10 期。

125. 钱大军:《立法权的策略配置与回归——一个组织角度的探索》,载《现代法学》2020 年第 2 期。

126. 钱弘道、杜维超:《法治评估模式辨异》,载《法学研究》2015 年第 6 期。

127. 钱弘道、方桂荣:《中国法治政府建设指标体系的构建》,载《浙江大学学报(人文社会科学版)》2016 年第 4 期。

128. 钱弘道、王朝霞:《论中国法治评估的转型》,载《中国社会科学》2015 年第 5 期。

129. 钱弘道:《中国法治评估的兴起和未来走向》,载《中国法律评论》2017 年第 4 期。

130. 秦前红、底高扬:《在规范与现实之间:我国地方立法质量评价标准体系的重构?》,载《宏观质量研究》2015 年第 3 期。

131. 尚虎平:《"结果导向"式政府绩效评估的前提性条件——突破我国政府绩效评估简单模仿窘境的路径》,载《学海》2017 年第 2 期。

132. 尚虎平、王春婷:《政府绩效评估中"第三方评估"的适用范围与限度——以先行国家为标杆的探索》,载《理论探讨》2016 年第 3 期。

133. 尚虎平:《政府绩效评估中"结果导向"的操作性偏误与矫治》,载《政治学研究》2015 年第 3 期。

134. 沈国明:《改革开放 40 年法治中国建设:成就、经验与未来》,载《东方法学》2018 年第 6 期。

135. 石佑启、谈萧:《论民间规范与地方立法的融合发展》,载《中外法学》2018 年第 5 期。

136. 宋方青、姜孝贤:《立法法理学探析》,载《法律科学(西北政法大学学报)》2013 年第 6 期。

137. 宋方青:《立法能力的内涵、构成与提升以人大立法为视角》,载《中外法学》2021 年第 1 期。

138. 宋方青:《立法质量的判断标准》,载《法制与社会发展》2013 年第 5 期。

139. 孙波:《论行政立法后评估制度的完善》,载《江西社会科学》2020 年第 11 期。

140. 谭波:《论体系化背景下地方立法质量评价机制的完善》,载《河南财经政法大学学报》2020 年第 1 期。

141. 汤唯、黄兰松:《立法合宪性评估中的社会效能和司法效能探究》,载《甘肃政法学院学报》2013 年第 5 期。

142. 万方亮:《有限理性视角下法治评估的模式重构及逻辑遵循》,载《行政法学研究》2020 年第 4 期。

143. 汪全胜:《法治指数的中国引入:问题及可能进路》,载《政治与法律》2015 年第 5 期。

144. 汪全胜、黄兰松:《论立法的正当性——以立法成本效益评估制度的建立为视角》,载《山东社会科学》2016 年第 1 期。

145. 汪全胜:《论立法后评估主体的建构》,载《政法论坛》2010 年第 5 期。

146. 汪全胜:《美国行政立法的成本与效益评估探讨》,载《东南大学学报(哲学社会科学版)》2008 年第 6 期。

147. 汪习根:《习近平法治思想的人权价值》,载《东方法学》2021 年第 1 期。

148. 王称心:《立法后评估标准的概念、维度及影响因素分析》,载《法学杂志》2012 年第 11 期。

149. 王浩:《论我国法治评估功能的类型化》,载《河北法学》2018 年第 2 期。

150. 王家峰:《西方政治科学中的有限理性研究》,载《教学与研究》2020 年第 5 期。

151. 王利军:《论法治评估功能的定位》,载《法学杂志》2019 年第 6 期。

152. 王锡锌:《公众参与和中国法治变革的动力模式》,载《法学家》2008 年第 6 期。

153. 王锡锌:《公众参与、专业知识与政府绩效评估的模式——探寻政府绩效评估模式的一个分析框架》,载《法制与社会发展》2008 年第 6 期。

154. 王秀哲:《公共安全视频监控地方立法中的个人信息保护研究》,载《东北师大学报(哲学社会科学版)》2019 年第 5 期。

155. 魏建国:《当代中国地方法治竞争的兴起:原因、意义及完善趋向》,载《北方法学》2019 年第 1 期。

156. 魏治勋、刘一泽:《地方立法的"地方性"》,载《南通大学学报(社会科学版)》2020 年第 6 期。
157. 伍德志:《论法治评估的"伪精确"》,载《法律科学(西北政法大学学报)》2020 年第 1 期。
158. 席涛:《立法评估:评估什么和如何评估(上)——以中国立法评估为例》,载《政法论坛》2012 年第 5 期。
159. 姚建宗、侯学宾:《中国"法治大跃进"批判》,载《法律科学(西北政法大学学报)》2016 年第 4 期。
160. 易卫中:《地方法治建设评价体系实证分析——以余杭、昆明两地为例》,载《政治与法律》2015 年第 5 期。
161. 尹奎杰:《我国法治评估"地方化"的理论反思》,载《东北师大学报(哲学社会科学版)》2016 年第 6 期。
162. 俞祺:《设区的市立法及规范性文件领域分布研究》,载《法制与社会发展》2017 年第 5 期。
163. 俞祺:《重复、细化还是创制:中国地方立法与上位法关系考察》,载《政治与法律》2017 年第 9 期。
164. 俞荣根、刘艺:《地方性法规质量评估的理论意义与实践难题》,载《华中科技大学学报(社会科学版)》2010 年第 3 期。
165. 曾赟:《法治评估的有效性和准确性——以中国八项法治评估为检验分析对象》,载《法律科学(西北政法大学学报)》2020 年第 2 期。
166. 张德淼:《法律多元主义及其中国语境:规范多元化》,载《政法论丛》2013 年第 5 期。
167. 张德淼:《法治评估的实践反思与理论建构——以中国法治评估指标体系的本土化建设为进路》,载《法学评论》2016 年第 1 期。
168. 张德淼、李朝:《中国法治评估进路之选择》,载《法商研究》2014 年第 4 期。
169. 张德淼、李朝:《中国法治评估指标体系的生成与演进逻辑——从法治概念到评测指标的过程性解释》,载《理论与改革》2015 年第 2 期。
170. 张德淼、刘琦:《立法后评估制度的科学性及其限度——以〈《闲置土地处置办法》实施后评估报告〉为例》,载《湖南科技大学学报(社会科学版)》2016 年第 1 期。
171. 张继成:《从案件事实之"是"到当事人之"应当"——法律推理机制及

其正当理由的逻辑研究》,载《法学研究》2003年第1期。
172. 张继成:《逻辑规则何以能够作为立法质量的评价标准——法律与逻辑的内在关系》,载《社会科学论坛》2020年第6期。
173. 张玲:《第三方法治评估场域及其实践逻辑》,载《法律科学(西北政法大学学报)》2016年第5期。
174. 张琼:《法治评估的技术路径与价值偏差——从对"世界正义工程"法治指数的审视切入》,载《环球法律评论》2018年第3期。
175. 张琼:《立法评估完整性研究及建设路径》,载《宏观质量研究》2016年第2期。
176. 张淑芳:《地方立法客体的选择条件及基本范畴研究》,载《法律科学(西北政法大学学报)》2015年第1期。
177. 张文显:《习近平法治思想的理论体系》,载《法制与社会发展》2021年第1期。
178. 赵雷:《行政立法评估之成本收益分析——美国经验与中国实践》,载《环球法律评论》2013年第6期。
179. 赵一单:《依法立法原则的法理阐释——基于法教义学的立场》,载《法制与社会发展》2020年第5期。
180. 郑方辉、尚虎平:《中国法治政府建设进程中的政府绩效评价》,载《中国社会科学》2016年第1期。
181. 郑少华、齐萌:《生态文明社会调节机制:立法评估与制度重塑》,载《法律科学(西北政法大学学报)》2012年第1期。
182. 郑文睿:《立法后评估的体系化思考:解构与重构》,载《江汉论坛》2019年第8期。
183. 郑智航:《法治中国建设的地方试验——一个中央与地方关系的视角》,载《法制与社会发展》2018年第5期。
184. 周尚君:《地方法治竞争范式及其制度约束》,载《中国法学》2017年第3期。
185. 周尚君:《地方法治试验的动力机制与制度前景》,载《中国法学》2014年第2期。
186. 周尚君:《中国立法体制的组织生成与制度逻辑》,载《学术月刊》2020年第11期。

187. 周赟:《作为提供一种行动理由的立法——立法本质的社会学解释》,载《求索》2019 年第 2 期。
188. 周祖成、池通:《国家法治建设县域试验的逻辑与路径》,载《政法论坛》2017 年第 4 期。
189. 周祖成、杨惠琪:《法治如何定量——我国法治评估量化方法评析》,载《法学研究》2016 年第 3 期。
190. 朱景文:《法治的可比性及其评估》,载《法制与社会发展》2014 年第 5 期。
191. 朱景文:《法治评估中的问题指标——中国法治建设面临的难题》,载《中国法律评论》2017 年第 4 期。
192. 朱景文:《论法治评估的类型化》,载《中国社会科学》2015 年第 7 期。
193. 朱景文:《中国特色社会主义法律体系:结构、特色和趋势》,载《中国社会科学》2011 年第 3 期。
194. 朱未易:《地方法治建设绩效测评体系构建的实践性探索——以余杭、成都和香港等地区法治建设为例的分析》,载《政治与法律》2011 年第 1 期。

四、外文文献

195. Alexandre Flückiger, *Case - law Sources for Evaluating the Impact of Legislation: An Application of the Precautionary Principle to Fundamental Rights*, The Theory and Practice of Legislation, Vol. 2:4(2016).
196. Aristotle, *The Nicomachean Ethics*, trans. by H. Rackham, Loeb Classical Library ed., 1947.
197. C. Sabel & J. Zeitlin, *Experimentalist Governance*, in: Levi - Faur D ed., The Oxford Handbook of Governance, Oxford University Press, 2012.
198. Drnyei & Zoltan, *Research Methods in Applied Linguistics: Quantitative, Qualitative, and Mixed Methodologies*, Oxford University Press, 2007.
199. Evgeny Guglyuvatyy, *Climate Change Policy Evaluation - Method and Criteria*, Environmental Policy and Law, Vol. 6(2010).
200. Greef & Martin, *Beverage Container Legislation: A Policy and Constitutional Evaluation*, Texas Law Review, Vol. 52(1974).

201. Herbert A. , *Simon Bounded Rationality in Social Science:Today and Tomorrow*, Mind and Society, Vol. 1(2001).
202. James W. Dean & David e. Bowen,*Management Theory and Total Quality:Improving Research and Practice through Theory Development*, Academy of Management Review, Vol. 19(1994).
203. Jeremy Waldron, *The Concept and the Rule of Law*, Georgia Law Review, Vol. 43(2008).
204. Jessica Chappell, Laura German, Kyle McKay & Cathy Pringle, *Evaluating Mismatches between Legislation and Practice in Maintaining Environmental Flows*,Water(Water Resources Management, Policy and Governance), Vol. 8:12(2020).
205. John A. C. Conybeare, *Evaluation of Automobile Safety Regulations:The Case of Compulsory Seat Belt Legislation in Australia*, Policy Sciences, Vol. 12(1980).
206. John Bronsten,Christopher Bucafusco & Jonathan S. Masur,*Happines and the Law*,University of Chicago Press,2012.
207. John H. Farrar, *Reasoning by Analogy in the Law*, Bond Law Review, Vol. 9(1997).
208. Jonathan Z. Cannon, *The Sounds of Silence:Cost – Benefit Canons in Entergy Corp. v. Riverkeeper, Inc*, Harvard Environmental Law Review, Vol. 34(2010).
209. J. Rawls, *A Theory of Justice*, Harvard University Press, 1971.
210. Koen van Aeken, *From Vision to Reality:Ex – post Evaluation of Legislation*, Legisprudence, Vol. 1(2015).
211. Koen van Aeken,*From Vision to Reality:Ex – post Evaluation of Legislation*,Legis – prudence,Vol. 1(2011).
212. Lloyd L. & *Weinreb,Legal Reason:The Use of Analogy in Legal Argument*, Cambridge University Press, 2016.
213. Mark Agrast,Juan Carlos Botero & Alejandro Ponce, *The World Justice Project Rule of Law Index* 2011, The World Justice Project Publish, 2011.

214. Mastenbroek, Ellen; van Voorst, Stijn; Meuwese, Anne, *Closing the Regulatory Cycle? A Meta Evaluation of Ex – post Legislative Evaluations by the European Commission*, Journal of European Public Policy, Vol. 9:23(2015).
215. Mila Versteeg & Tom Ginsburg, *Measuring the Rule of Law: A Comparison of Indicators*, Law & Social Inquiry, Vol. 12(2017).
216. Morten Skou Nicolaisen & Patrick Arthur Driscoll, *Ex – Post Evaluations of Demand Forecast Accuracy: A Literature Review*, Transport Reviews, Vol. 4:34(2014).
217. N. Roughan & A. Halpin, *In Pursuit of Pluralist Jurisprudence*, Cambridge University Press, 2017.
218. Rebecca Kysar, *The Sun Also Rises: The Political Economy of Sunset Provisions in the Tax Code*, Georgia Law Review, Vol. 40(2006).
219. Seth S. & Andersen, *Judicial Retention Evaluation Programs*, Loyola of Los Angeles Law Review, Vol. 34(2001).
220. Sherry R. Arnstein, *A Ladder of Citizen Participation: Journal of the American*, Institute of Planners, Vol. 5(1969).
221. Simon & Herbert A., *The Sciences of the Artificial*, MIT Press, 1996.
222. Stijn van Voorst & Ellen Mastenbroek, *Enforcement Tool or Strategic Instrument? The Initiation of Ex – post Legislative Evaluations by the European Commission*, European Union Politics. Vol. 4:18(2017).
223. Stijn van Voorst & Ellen Mastenbroek., *Evaluations as a Decent Knowledge Base? Describing and Explaining the Quality of the European Commissions Ex – post Legislative Evaluations*, Policy Sciences. Vol. 9:10 (2019).
224. Tarek Azzam & Cristina E. Whyte, *Evaluative Feedback Delivery and the Factors that Affect Success*, Evaluation and Program Planning, Vol. 5:11 (2017).
225. Thomas I. Vaughan – Johnston & Jill A. Jacobson, *Naïve Beliefs Shape Emotional Reactions to Evaluative Feedback*, Cognition and Emotion, Vol. 2:35(2021).

226. Thomas van Golen & Stijn van Voorst, *Towards a Regulatory Cycle? The Use of Evaluative Information in Impact Assessments and Ex-post Evaluations in the European Union*, European Journal of Risk Regulation, Vol. 2:7(2016).

227. Tom Tyler. *Procedural Justice, Legitimacy, and the Effective Rule of Law*, Crime and Justice, Vol. 30(2003).

228. Ulrich Karpen, *Implementation of Legislative Evaluation in Europe: Current Models and Trends*, European Journal of Law Reform, Vol. 2 (2004).

229. Van Voorst·S. & Zwaan·P., *The (non-) use of Ex-post Legislative Evaluations by the European Commission*, Journal of European Public Policy, Vol. 3:26(2018).

230. Werner Bussmann, *Evaluation of Legislation: Skating on Thin Ice*, Evaluation, Vol. 3:16(2010).